ACTING CLASS
NICK DRNASO
AUS DEM AMERIKANISCHEN VON
KAREN KÖHLER UND DANIEL BESKOS

DIE ORIGINALAUSGABE UNTER DEM TITEL
"ACTING CLASS" ERSCHIEN 2022
BEI DRAWN & QUARTERLY,
A CLIENT PUBLISHER OF FARRAR,
STRAUS & GIROUX, NEW YORK, USA.
WWW.DRAWNANDQUARTERLY.COM

ISBN 978-3-351-05102-0

BLUMENBAR IST EINE MARKE
DER AUFBAU VERLAGE
GMBH & CO. KG

1. AUFLAGE 2022

EINBANDGESTALTUNG ZERO-MEDIA.NET, MÜNCHEN
UNTER VERWENDUNG EINES MOTIVS VON © NICK DRNASO
SATZ LVD GMBH, BERLIN
DRUCK UND BINDEN DZA DRUCKEREI ZU
ALTENBURG GMBH, ALTENBURG, GERMANY
PRINTED IN GERMANY

WWW.AUFBAU-VERLAGE.DE
WWW.BLUMENBAR.DE

Blumenbar

ACTING CLASS

ROSIE?
BIST DU DENNIS?
SCHÖN, DICH ZU TREFFEN. WARTEST DU SCHON LANGE?
NEIN, GAR NICHT.
NORMALERWEISE MACH ICH SO WAS NICHT.
HA, ICH AUCH NICHT. WILLST DU WAS TRINKEN?
ACH, KEINE EILE. WIE GEHT'S DIR DENN?
GANZ GUT. LANGER TAG.

NA, DANN ERZÄHL MAL VON DIR.
HM, DANN ÜBERLEG ICH MIR WAS INTERESSANTES, WOMIT ICH EINEN GUTEN ERSTEN EINDRUCK MACHE.
SORRY, MEIN LETZTES DATE IST SCHON EWIG HER. ICH WEISS GAR NICHT, WAS MAN DA REDET.
IST DOCH OKAY. WARUM, DENKST DU, IST DAS SO?
NA JA, ICH WAR JETZT LANGE BEWUSST SINGLE. MEINE LETZTE BEZIEHUNG WAR ECHT FURCHTBAR.
WAS WAR DENN MIT DEINER LETZTEN BEZIEHUNG? FALLS DU ERZÄHLEN MAGST.
VIELLEICHT SOLLTE ICH NICHT FURCHTBAR SAGEN. ER HAT JA NICHTS GEMACHT. ES WURDE NUR IRGENDWANN UNERTRÄGLICH.
HM. DAS TUT MIR LEID.
ICH HAB SCHON ZU VIEL ERZÄHLT.
NEIN, NEIN. ICH WEISS JA AUCH NICHT RECHT, WAS ICH ERZÄHLEN SOLL.
WORAN LIEGT'S BEI DIR?
HAHA, KEINE AHNUNG. AUF DEM WEG HIERHER DACHTE ICH, "ICH KANN SEIN, WER ICH WILL. EIN RICHTIGER NEU-START."
ABER JETZT, WO ICH HIER SITZE, GLAUB ICH, ICH HAB'S VERKACKT.
NA, ES HILFT NICHT, WENN DU ES NOCH EXTRA BETONST.
DU HAST RECHT. IMMER MUSS ICH MICH HINTERFRAGEN. TOTAL BESCHEUERT.

SCHON OK. VIELLEICHT JETZT EIN GETRÄNK?
VIELLEICHT. SORRY. ICH DACHTE, ES WÜRDE IRGENDWIE ORGANISCHER.
ICH HASSE DAS WORT. ORGANISCH. SO EINE LEERE PHRASE.
HM. WAS WÄRE DENN BESSER? NATÜRLICH?
DAS IST JA NOCH SCHLIMMER! WIE VERHALTE ICH MICH DENN BITTE "NATÜRLICH"?
STIMMT. KÖNNEN WIR VON VORNE ANFANGEN?
ZU SPÄT, GLAUB ICH.
VIELLEICHT KÖNNEN WIR DAS THEMA WECHSELN?
MACH MAL.
OKAY. ICH FÜHL MICH TOTAL OVERDRESSED.
HM.
WAS SOLL DAS DENN HEISSEN? FINDEST DU, ICH BIN UNDERDRESSED?
DAS HAB ICH DOCH GAR NICHT GESAGT. OKAY, ICH HOL MAL DRINKS. WAS MÖCHTEST DU?
EINEN MAI TAI.
BLEIB DA.

BLEIB DA.
O GOTT, WAS MACH CH NUR? ICH MUSS HIER RAUS.
DENK DIR WAS AUS.
BITTE SEHR.
CHEERS.
DASS DU EINEN FREMDEN EINFACH SO TRIFFST, GANZ SCHÖN MUTIG.
WIE MEINST DU DAS?
ICH HAB NUR ÜBERLEGT, WIE MAN JEMANDEN KENNENLERNT. ICH WEISS NICHT, WAS GERADE IN DEINEM KOPF VORGEHT, UND DU WEISST NICHT, WAS ICH VORHAB.
ABER ICH KANN MICH DOCH DRAUF VERLASSEN, DASS DU EHRLICH ZU MIR BIST.
ABER SICHER! AUF MEINE EHRLICHKEIT BIN ICH STOLZ.
DU FINDEST DAS, WAS WIR HIER MACHEN, EHRLICH?
COME ON.
DENNIS. KÖNNEN WIR AUFHÖREN? ES WIRD PEINLICH.
SICH KENNENLERNEN IST NICHT EINFACH, ABER ICH …
ERNSTHAFT, DAS FUNKTIONIERT NICHT. SPRICH NORMAL MIT MIR.

ICH DACHTE, ES KÖNN-TE SPASS MACHEN.
ICH HAB MICH VON ANFANG AN BLÖD DABEI GEFÜHLT.
DANN WAR'S DAS?
IST DOCH DOOF.
WIE WAR DEIN TAG?
ICH, ÄH, WAR ARBEITEN ... HAB DEIN REZEPT ABGEHOLT UND ...
IST OK. BERUHIG DICH.
TUT MIR LEID, ROSIE.
LASS DAS THEATER.
NEIN, ERNSTHAFT, ICH HAB WIRKLICH GEDACHT, DAS KÖNNTE AUFREGEND SEIN.
WENN ICH EHRLICH BIN, VERLETZT MICH DAS. LANGWEILST DU DICH MIT MIR?
NATÜRLICH NICHT. ICH HAB NUR ANGST, ICH HAB NACH VIER JAHREN NICHTS INTERESSANTES MEHR ZU SAGEN.
WÜRDE DIESE EHE FUNKTIONIEREN, WÄRE DAS GAR KEIN THEMA.
FANGEN WIR NEU AN?
GENAU DAS MA-CHEN WIR DOCH.

DU KANNST ALLES ERREICHEN, MARCUS. GEMEINSAM WERDEN WIR ETWAS EINZIGARTIGES ERSCHAFFEN. ICH BIN TOTAL ÜBERWÄLTIGT VON DIESEM GEFÜHL DER DANKBARKEIT UND DER ENDLOSEN MÖGLICHKEITEN. ICH MUSS MIR DIESEN AUGENBLICK EINPRÄGEN, HALB ZEHN, 15. MÄRZ. DU BIST DREIEINHALB, ICH BIN FAST 30, UND ALLES IST GENAU AM RICHTIGEN ORT.
ICH FRAGE MICH, OB DU DICH AN DIESE WOHNUNG ERINNERN WIRST, WENN DU ÄLTER BIST. MANCHMAL BETRACHTE ICH DIE GEGENSTÄNDE IM HAUS AUS DEINER PERSPEKTIVE, UND DAS LEBEN ERSCHEINT MIR DANN WENIGER VORHERSEHBAR UND ÖDE. ICH WETTE, WENN ICH DICH IN DIE NÄHE DIESER LAMPE HALTE, WIRD SIE FÜR DICH AUF RÄTSELHAFTE WEISE BEDEUTSAM WERDEN, UND DU WIRST EINE LEBENSLANGE BEZIEHUNG ZU IHR ENTWICKELN.
UND DAS IST DAS PROBLEM. WENN MAN JUNG IST, HAT ALLES BEDEUTUNG. WENN MAN ALT IST, HAT NICHTS MEHR BEDEUTUNG. FÜR MICH IST DAS DANN NUR DIE BILLIGE LAMPE, DIE ICH AUF DEM FLOHMARKT GEKAUFT HABE.

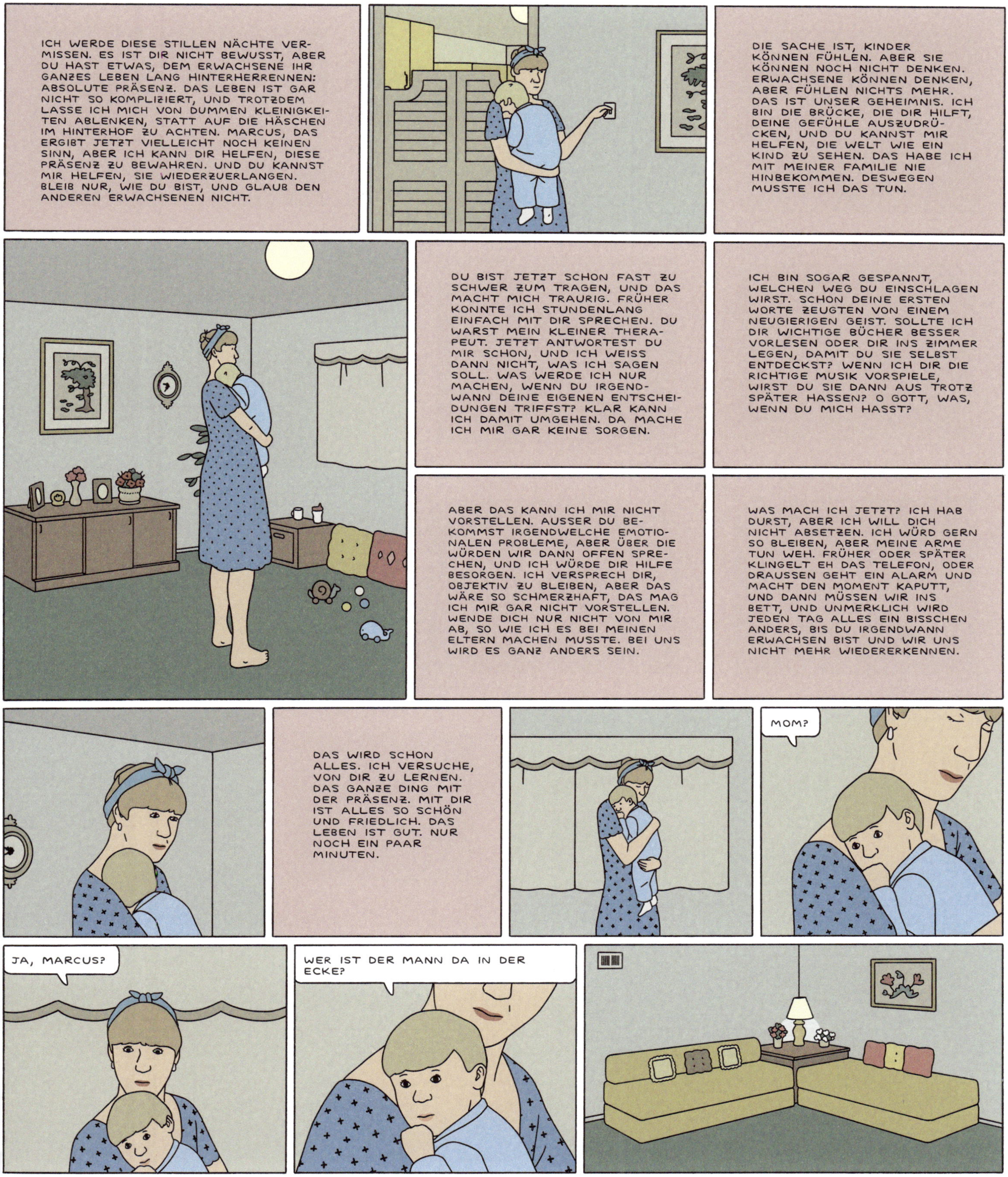
ICH WERDE DIESE STILLEN NÄCHTE VERMISSEN. ES IST DIR NICHT BEWUSST, ABER DU HAST ETWAS, DEM ERWACHSENE IHR GANZES LEBEN LANG HINTERHERRENNEN: ABSOLUTE PRÄSENZ. DAS LEBEN IST GAR NICHT SO KOMPLIZIERT, UND TROTZDEM LASSE ICH MICH VON DUMMEN KLEINIGKEITEN ABLENKEN, STATT AUF DIE HÄSCHEN IM HINTERHOF ZU ACHTEN. MARCUS, DAS ERGIBT JETZT VIELLEICHT NOCH KEINEN SINN, ABER ICH KANN DIR HELFEN, DIESE PRÄSENZ ZU BEWAHREN. UND DU KANNST MIR HELFEN, SIE WIEDERZUERLANGEN. BLEIB NUR, WIE DU BIST, UND GLAUB DEN ANDEREN ERWACHSENEN NICHT.
DIE SACHE IST, KINDER KÖNNEN FÜHLEN. ABER SIE KÖNNEN NOCH NICHT DENKEN. ERWACHSENE KÖNNEN DENKEN, ABER FÜHLEN NICHTS MEHR. DAS IST UNSER GEHEIMNIS. ICH BIN DIE BRÜCKE, DIE DIR HILFT, DEINE GEFÜHLE AUSZUDRÜCKEN, UND DU KANNST MIR HELFEN, DIE WELT WIE EIN KIND ZU SEHEN. DAS HABE ICH MIT MEINER FAMILIE NIE HINBEKOMMEN. DESWEGEN MUSSTE ICH DAS TUN.
DU BIST JETZT SCHON FAST ZU SCHWER ZUM TRAGEN, UND DAS MACHT MICH TRAURIG. FRÜHER KONNTE ICH STUNDENLANG EINFACH MIT DIR SPRECHEN. DU WARST MEIN KLEINER THERAPEUT. JETZT ANTWORTEST DU MIR SCHON, UND ICH WEISS DANN NICHT, WAS ICH SAGEN SOLL. WAS WERDE ICH NUR MACHEN, WENN DU IRGENDWANN DEINE EIGENEN ENTSCHEIDUNGEN TRIFFST? KLAR KANN ICH DAMIT UMGEHEN. DA MACHE ICH MIR GAR KEINE SORGEN.
ICH BIN SOGAR GESPANNT, WELCHEN WEG DU EINSCHLAGEN WIRST. SCHON DEINE ERSTEN WORTE ZEUGTEN VON EINEM NEUGIERIGEN GEIST. SOLLTE ICH DIR WICHTIGE BÜCHER BESSER VORLESEN ODER DIR INS ZIMMER LEGEN, DAMIT DU SIE SELBST ENTDECKST? WENN ICH DIR DIE RICHTIGE MUSIK VORSPIELE, WIRST DU SIE DANN AUS TROTZ SPÄTER HASSEN? O GOTT, WAS, WENN DU MICH HASST?
ABER DAS KANN ICH MIR NICHT VORSTELLEN. AUSSER DU BEKOMMST IRGENDWELCHE EMOTIONALEN PROBLEME, ABER ÜBER DIE WÜRDEN WIR DANN OFFEN SPRECHEN, UND ICH WÜRDE DIR HILFE BESORGEN. ICH VERSPRECH DIR, OBJEKTIV ZU BLEIBEN, ABER DAS WÄRE SO SCHMERZHAFT, DAS MAG ICH MIR GAR NICHT VORSTELLEN. WENDE DICH NUR NICHT VON MIR AB, SO WIE ICH ES BEI MEINEN ELTERN MACHEN MUSSTE. BEI UNS WIRD ES GANZ ANDERS SEIN.
WAS MACH ICH JETZT? ICH HAB DURST, ABER ICH WILL DICH NICHT ABSETZEN. ICH WÜRD GERN SO BLEIBEN, ABER MEINE ARME TUN WEH. FRÜHER ODER SPÄTER KLINGELT EH DAS TELEFON, ODER DRAUSSEN GEHT EIN ALARM UND MACHT DEN MOMENT KAPUTT, UND DANN MÜSSEN WIR INS BETT, UND UNMERKLICH WIRD JEDEN TAG ALLES EIN BISSCHEN ANDERS, BIS DU IRGENDWANN ERWACHSEN BIST UND WIR UNS NICHT MEHR WIEDERERKENNEN.
DAS WIRD SCHON ALLES. ICH VERSUCHE, VON DIR ZU LERNEN. DAS GANZE DING MIT DER PRÄSENZ. MIT DIR IST ALLES SO SCHÖN UND FRIEDLICH. DAS LEBEN IST GUT. NUR NOCH EIN PAAR MINUTEN.
MOM?
JA, MARCUS?
WER IST DER MANN DA IN DER ECKE?

Angel?
KANN ICH DIR NOCH IRGEND-WAS BRINGEN?
NEIN. IHR WART SO TOLLE GASTGEBER! ICH BIN WUNSCHLOS GLÜCKLICH.
JESSIE, WARUM GEHT SIE NICHT?
ICH VERSUCH IHR SCHON DIE GANZE ZEIT DEUTLICHE SIGNALE ZU GEBEN.
ICH BITTE SIE ZU GEHEN. ES IST VIER UHR MORGENS.
JA, ICH MUSS ECHT INS BETT. DIE VÖGEL ZWITSCHERN SCHON.
ALLES KLAR.
SCHÖN, DASS DU HIER WARST, ANGEL, UND DANKE FÜR DEN WEIN. DEN HEBEN WIR UNS FÜR WAS BESONDERES AUF.
IST DER OK? MEIN KOLLEGE HAT MIR DEN EMPFOHLEN. ICH BIN IMMER ETWAS UNSICHER. IM GETRÄNKEMARKT GIBT ES SO VIEL AUSWAHL, UND ICH HAB ANGST, WAS KAPUTTZUMACHEN.
HEUTE HAT DA EIN TYP WODKA VERTEILT, DAS WAR MIR TOTAL UNANGENEHM. ICH WUSSTE NICHT, WAS ICH SAGEN SOLLTE, ABER ICH WOLLTE AUCH NICHT UNHÖF-LICH SEIN, ALSO HAB ICH VIEL ZU VIEL GEREDET. DAS ERLEBT DER BESTIMMT DEN GANZEN TAG, UND DANN BRAUCHTE ICH EINE AUSREDE, WEIL ICH DEN WODKA NICHT KAUFEN WOLLTE, ABER GEFÜHLT HATTE ICH SCHON SO VIEL SEINER ZEIT VERSCHWENDET, ALSO HAB ICH EINE FLASCHE FÜR 40 DOLLAR GEKAUFT.
WOW, DAS HÄTTEST DU BESTIMMT NICHT GEMUSST. ALSO ...

IST OK. EURE PARTY HAT MICH ECHT INSPIRIERT, AUCH EINE ZU MACHEN. UND JETZT KANN ICH AUCH WAS ANBIETEN, ABER ICH MUSS BIS NÄCHSTEN MONAT WARTEN, BIS ICH WIEDER GELD FÜR APPETIZER HABE. ICH MOCHTE EURE SEHR. WAREN DIE TEUER?
NEIN, ICH WEISS NICHT. JESSIE HAT ALLES SELBST GEMACHT, ALSO WAR ES NICHT SO TEUER.
AH, SEHR GUT. ICH GLAUB, MEINE MACH ICH ABER LIEBER FREITAGS. ABER SONST ÄNDER ICH NICHTS. ICH GLAUB, FREITAG IST BESSER, DANN HAT MAN NOCH DAS WOCHENENDE. FALLS DIE LEUTE NOCH WAS VORHABEN.
STIMMT. OH, HÖRST DU DAS? GOTT, DIE VÖGEL ZWITSCHERN. ES IST ECHT SPÄT.
OH, WOW. BRAUCHT IHR HILFE BEI WAS?
NEIN, ALLES GUT. ENTSCHULDIGE MICH.
ACH, COME ON.
HAST DU DAS MITGEKRIEGT? ICH KAM KAUM ZU WORT.
WILL SIE ETWA HIER ÜBERNACHTEN? SOLLEN WIR IHR DIE COUCH ANBIETEN?
WIR KENNEN SIE DOCH GAR NICHT. KAM SIE MIT RACHEL?
HEY, LEUTE, TUT MIR LEID, ABER ICH GLAUB, ICH MUSS MAL LOS JETZT. IST DAS OKAY?
JA, KLAR. DANKE FÜRS KOMMEN.
ES WAR SEHR NETT MIT DIR.
DIESER ABEND HAT MIR VIEL BEDEUTET. DEN WERDE ICH NIE VERGESSEN.
ICH WERD EUCH AUF JEDEN FALL AUCH ZU MEINER PARTY EINLADEN. JETZT, WO ICH EURE ADRESSE HABE.
DAS WÄRE WUNDERVOLL. MACH DAS.

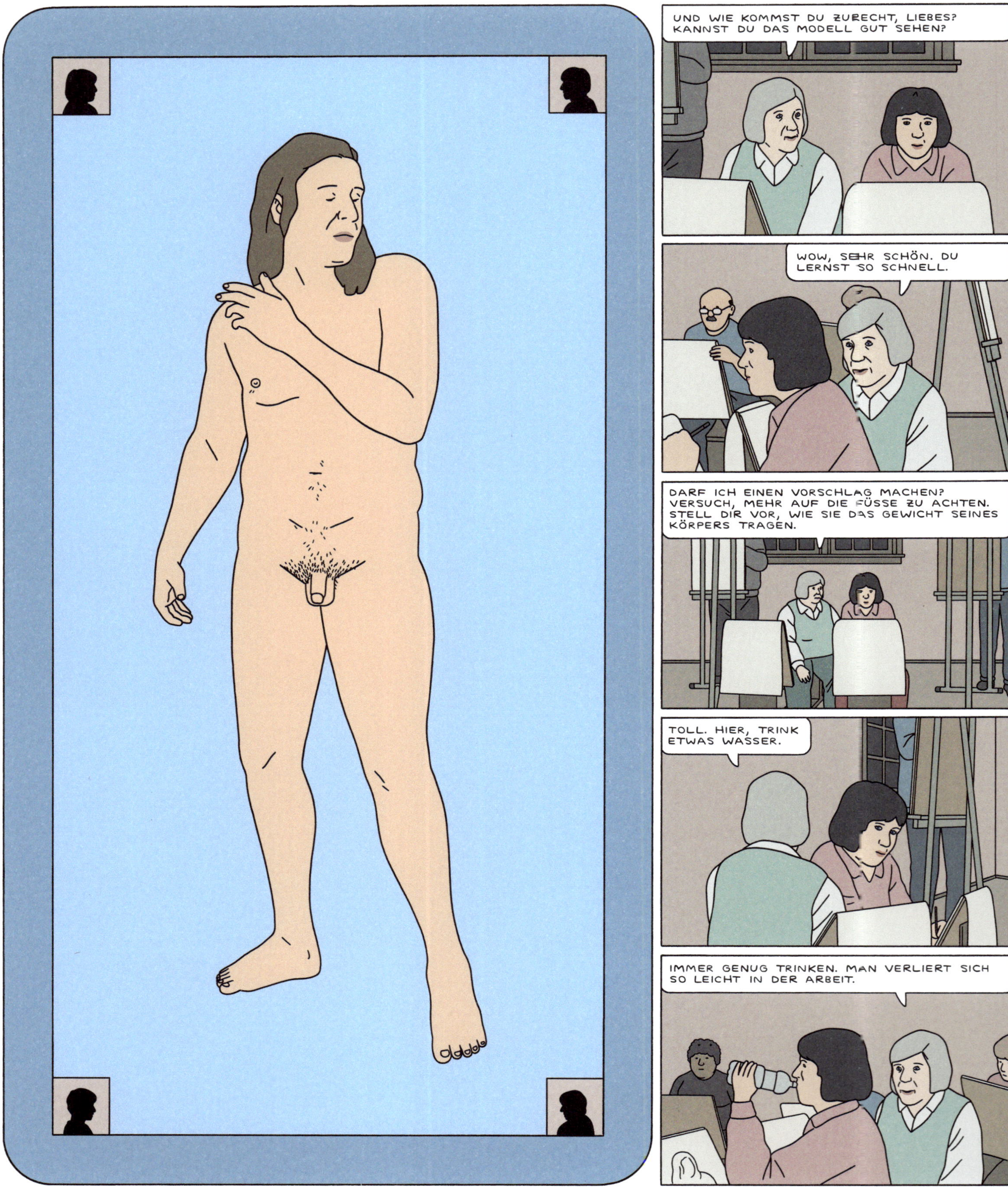
UND WIE KOMMST DU ZURECHT, LIEBES? KANNST DU DAS MODELL GUT SEHEN?
WOW, SEHR SCHÖN. DU LERNST SO SCHNELL.
DARF ICH EINEN VORSCHLAG MACHEN? VERSUCH, MEHR AUF DIE FÜSSE ZU ACHTEN. STELL DIR VOR, WIE SIE DAS GEWICHT SEINES KÖRPERS TRAGEN.
TOLL. HIER, TRINK ETWAS WASSER.
IMMER GENUG TRINKEN. MAN VERLIERT SICH SO LEICHT IN DER ARBEIT.

WIE SCHÖN, DASS DU HEUTE DABEI SEIN KONNTEST. DEINE OMA IST DER STAR DER KLASSE.
UND WIE FANDEST DU'S?
OCH, ICH HATTE SPASS.
WIRST DU DICH JETZT FEST ANMELDEN?
HM, MAL SEHEN.
ICH SAG'S EUCH, BETH KANN EINFACH ALLES. SIE WAR SCHON IMMER SO.
EIN TAUSENDSASSA, HM? DA HAT SIE JA GLÜCK.
ICH MUSS LOS.
GENAU. WIR MÜSSEN NUR NOCH RAUSFINDEN, WO ES HINGEHEN SOLL.
SORRY, LIEBES, ICH SPRECHE HIER ÜBER DICH, ALS OB DU NICHT DA WÄRST.
SCHON OKAY.
DANKE, LEUTE.
DANKE DIR, THOMAS! GUTE ARBEIT HEUTE!
DARF ICH DIR MEINE ENKELIN BETH VORSTELLEN?
WIE MACHST DU DAS NUR? DU SCHEINST DICH SO WOHLZUFÜHLEN IN DEINEM KÖRPER.
WEISS NICHT, FÜHLT SICH EINFACH GUT AN.

WIR HABEN GERADE ÜBER BETH GESPROCHEN. SIE HAT SO VIEL POTENZIAL. WIR MÜSSEN ES NUR NOCH RICHTIG BÜNDELN.
ICH WERDE BEI SO EINEM SCHAUSPIELKURS MITMACHEN, ABER DER SOLL AUCH MIT KREATIVITÄT UND SO SACHEN HELFEN.
ECHT?
DER FREUND EINES FREUNDES HAT MIR DAVON ERZÄHLT. DER KURS HABE SEIN LEBEN TOTAL VERÄNDERT.
DIE ERSTEN VIER STUNDEN SIND KOSTENLOS, ABER ER MEINTE, ALLE HABEN DANACH WEITERGE-MACHT.
ICH HAB DIE ADRESSE, ABER ICH WEISS GAR NICHT, WO DAS IST. IRGENDWO IM SÜDEN DER STADT.
WOW. WAS DENKST DU, BETH?
KLINGT INTERESSANT.
ICH BRING EUCH DIE INFO NÄCHSTE WOCHE MIT. BIST DU DANN HIER?
DENKE SCHON.
SUPER. WAR SCHÖN, DICH KENNENZULERNEN.
MACH'S GUT.
ER IST NETT, FIN-DEST DU NICHT?
WAR TOLL, IHN ZU MALEN.
BETH! DU SCHON WIEDER!

DIE SEHEN GUT
AUS, FIND ICH.
HAT DIE SCHON
JEMAND PROBIERT?
(FÜR
EUCH
– LOU)
DENKEN
WIR GERADE
ALLE DAS
GLEICHE?
HA.
GIBT'S 'NEN
ANLASS?

HEUTE IST DOCH NICHT ETWA SEIN GEBURTSTAG? WEISS DAS JEMAND?
KEINE AHNUNG. SEIT ICH HIER ARBEITE, HAT ER SO WAS NOCH NIE GEMACHT.
OH, GEIL. VON WEM SIND DIE KEKSE?
LOU.
PROBIER MAL EINEN.
HA.
WO IST DER WITZ?
ACH, WIR BRAUCHEN NUR EIN VERSUCHSKANINCHEN.
WOVOR HABT IHR ANGST? IST DOCH EIN NETTER TYP.
DU BIST NOCH NICHT SO LANGE HIER, NE? ER HAT VIELE SEITEN.
COME ON, WAS SOLL SCHON SEIN?
ICH HAB NICHTS GESAGT. PROBIER DOCH EINFACH MAL EINEN.
(FÜR EUCH – LOU)
VIELLEICHT SPÄTER. ICH GEH EINE RAUCHEN.
RAUCHEN TÖTET.
HEY, TONY.
OH – HEY, LOU.

MEINE KEKSE SCHON PROBIERT?
OH, ES GIBT KEKSE? WIE NETT VON DIR. ÄH, HAPPY BIRTHDAY?
NEE, NEE. ICH WOLLTE EUCH NUR WAS GUTES TUN.
DANN HOL ICH MIR MAL EINEN, BEVOR ALLE WEG SIND.
MEINE SPEZIALITÄT.
OKAY. WIR SEHEN UNS GLEICH.
(FÜR EUCH – LOU)
Acting Class
Alle sind willkommen, bei dieser

JETZT IST ES ACHT. ES GEHT GLEICH LOS, LIEBES.
ALSO, DEIN SOHN IST DREI – DANN KANN ER SCHON SPRECHEN, ODER?
ICH MAG DIE ALTEN HÄUSER HIER IN DER GEGEND. ICH WÜRDE GERN IN EINEM WOHNEN, MIT EIN PAAR HUNDEN.
DU HAST ALSO GUTES HIERÜBER GEHÖRT? WIR SIND BEREIT, ALLES ZU PROBIEREN.
MEINE TANTE PASST AUF IHN AUF. SIE MEINTE, ICH MUSS ECHT MAL RAUS UND LEUTE KENNENLERNEN.
IN DIESER GEGEND HABEN FRÜHER DIE ARBEITER AUS DEM STAHLWERK GEWOHNT.

TSCHULDIGUNG! IST DAS HIER NEUN EINS DREI?
JA, GENAU. HIER ENTLANG.
HI. SIND SIE DIE KURS-LEITERIN?
OH, NEIN. ICH NEHME NUR TEIL.
ICH BIN THOMAS.
GLORIA.
BETH.
ROSIE.
RAYANNE.
DENNIS.
ANGEL.
LOU.
HI. ICH BIN DANIELLE.

HALLO ZUSAMMEN.
WOW, DAS IST JA TOLL. SO VIELE. DANKE EUCH ALLEN FÜRS KOMMEN.
WER NERVÖS IST, HAND HOCH.
GEHT MIR IN DIESEM MOMENT AUCH SO, ABER ICH LIEBE DAS.
NUN, IST JA KEIN GROSSES GEHEIMNIS, WAS WIR HIER MACHEN WERDEN, ALSO SETZT EUCH NICHT UNTER DRUCK.
IN ALL DEN JAHREN, DIE ICH DAS JETZT SCHON MACHE, BEOBACHTE ICH EINS IMMER WIEDER: JEDE PERSON HAT ETWAS EINZIGARTIGES AN SICH, DAS MAN NICHT KÜNSTLICH HERSTELLEN KANN. UND GENAU DARAUF WERDEN WIR UNS KONZENTRIEREN.
DIESER PROZESS IST GROSSARTIG, GENAU WIE MEINE ARBEIT. ES IST SCHÖN, DASS IHR ALLE GEKOMMEN SEID UND EUCH DRAUF EINLASST. DAS IST IMMER AUFREGEND, DENN JEDE KLASSE IST ANDERS. ICH FREUE MICH DARAUF, MIT EUCH ZU ARBEITEN.
SO VIEL ZU MIR. HABT IHR IRGENDWELCHE FRAGEN AN MICH?
WAS IST IHR HINTERGRUND?
ICH ARBEITE SEIT ÜBER 35 JAHREN IN DER EIN ODER ANDEREN WEISE ALS LEHRER, ÜBERALL IM LAND.
KENNT MAN SIE IRGENDWOHER?
ICH DENKE NICHT. MIR WURDE FRÜH KLAR, DASS MEINE EINZIGARTIGKEIT NICHT AUF DIE BÜHNE GEHÖRT. NOCH WAS?

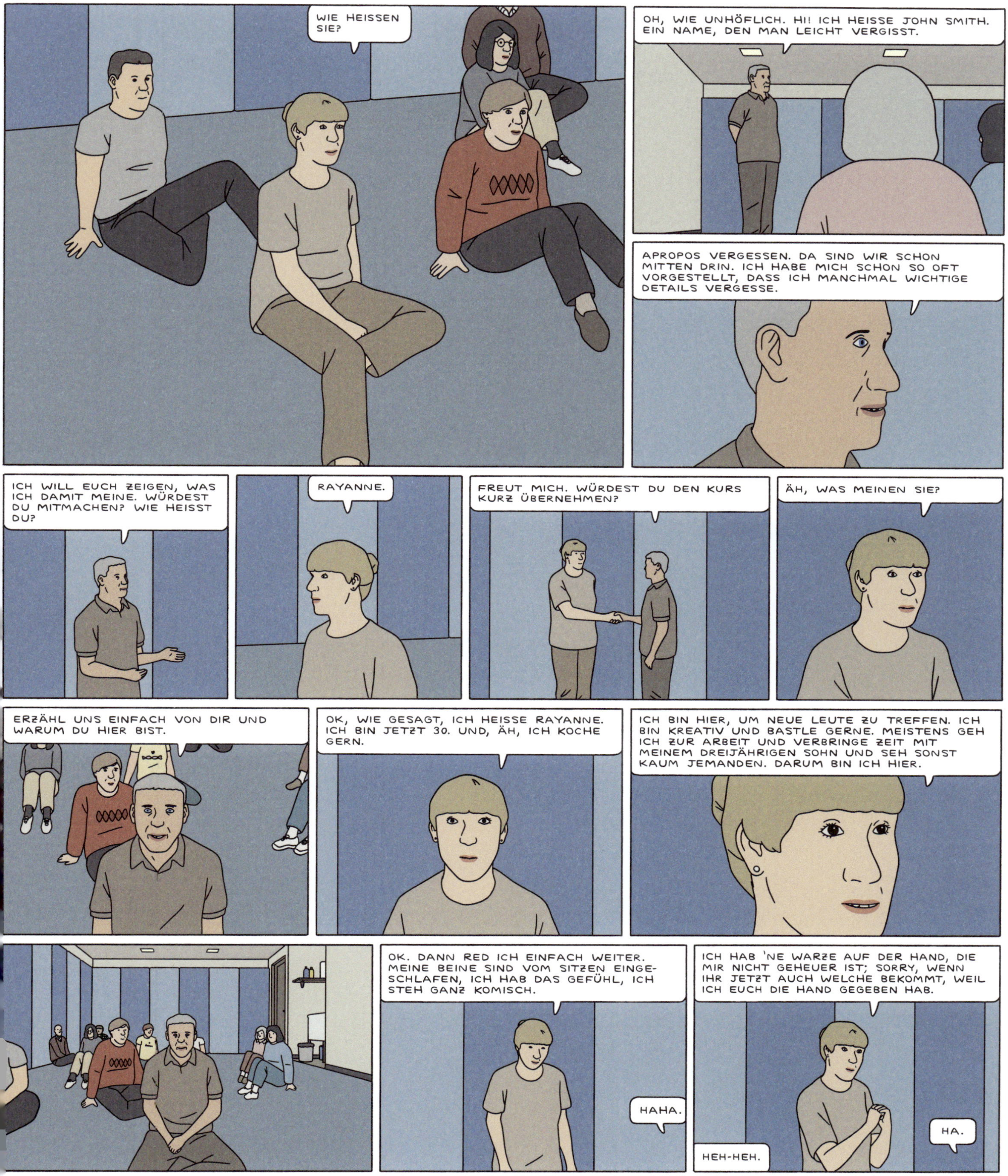
WIE HEISSEN SIE?
OH, WIE UNHÖFLICH. HI! ICH HEISSE JOHN SMITH. EIN NAME, DEN MAN LEICHT VERGISST.
APROPOS VERGESSEN. DA SIND WIR SCHON MITTEN DRIN. ICH HABE MICH SCHON SO OFT VORGESTELLT, DASS ICH MANCHMAL WICHTIGE DETAILS VERGESSE.
ICH WILL EUCH ZEIGEN, WAS ICH DAMIT MEINE. WÜRDEST DU MITMACHEN? WIE HEISST DU?
RAYANNE.
FREUT MICH. WÜRDEST DU DEN KURS KURZ ÜBERNEHMEN?
ÄH, WAS MEINEN SIE?
ERZÄHL UNS EINFACH VON DIR UND WARUM DU HIER BIST.
OK, WIE GESAGT, ICH HEISSE RAYANNE. ICH BIN JETZT 30. UND, ÄH, ICH KOCHE GERN.
ICH BIN HIER, UM NEUE LEUTE ZU TREFFEN. ICH BIN KREATIV UND BASTLE GERNE. MEISTENS GEH ICH ZUR ARBEIT UND VERBRINGE ZEIT MIT MEINEM DREIJÄHRIGEN SOHN UND SEH SONST KAUM JEMANDEN. DARUM BIN ICH HIER.
OK. DANN RED ICH EINFACH WEITER. MEINE BEINE SIND VOM SITZEN EINGE-SCHLAFEN, ICH HAB DAS GEFÜHL, ICH STEH GANZ KOMISCH.
HAHA.
ICH HAB 'NE WARZE AUF DER HAND, DIE MIR NICHT GEHEUER IST; SORRY, WENN IHR JETZT AUCH WELCHE BEKOMMT, WEIL ICH EUCH DIE HAND GEGEBEN HAB.
HEH-HEH.
HA.

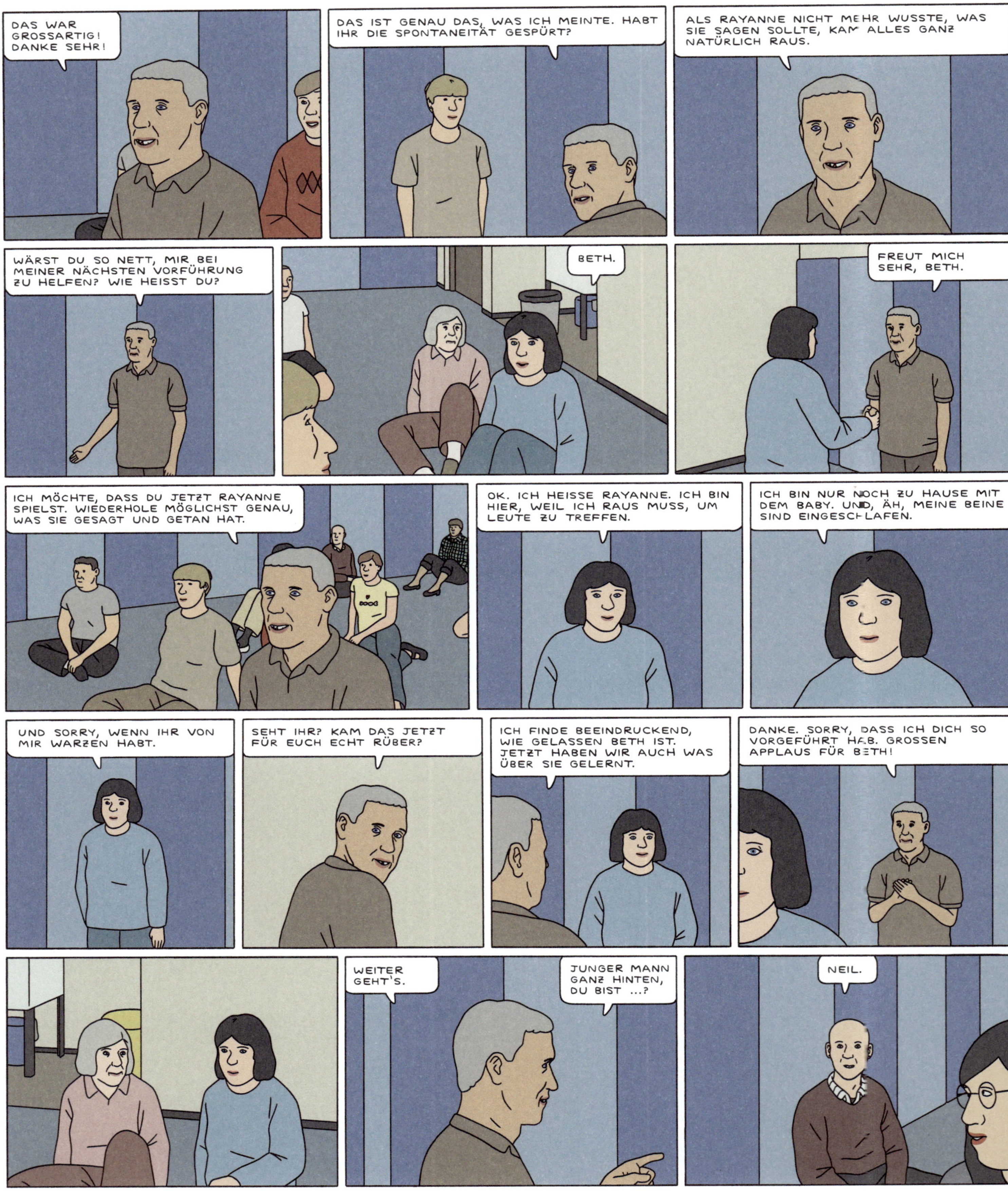

DAS WAR GROSSARTIG! DANKE SEHR!
DAS IST GENAU DAS, WAS ICH MEINTE. HABT IHR DIE SPONTANEITÄT GESPÜRT?
ALS RAYANNE NICHT MEHR WUSSTE, WAS SIE SAGEN SOLLTE, KAM ALLES GANZ NATÜRLICH RAUS.
WÄRST DU SO NETT, MIR BEI MEINER NÄCHSTEN VORFÜHRUNG ZU HELFEN? WIE HEISST DU?
BETH.
FREUT MICH SEHR, BETH.
ICH MÖCHTE, DASS DU JETZT RAYANNE SPIELST. WIEDERHOLE MÖGLICHST GENAU, WAS SIE GESAGT UND GETAN HAT.
OK. ICH HEISSE RAYANNE. ICH BIN HIER, WEIL ICH RAUS MUSS, UM LEUTE ZU TREFFEN.
ICH BIN NUR NOCH ZU HAUSE MIT DEM BABY. UND, ÄH, MEINE BEINE SIND EINGESCHLAFEN.
UND SORRY, WENN IHR VON MIR WARZEN HABT.
SEHT IHR? KAM DAS JETZT FÜR EUCH ECHT RÜBER?
ICH FINDE BEEINDRUCKEND, WIE GELASSEN BETH IST. JETZT HABEN WIR AUCH WAS ÜBER SIE GELERNT.
DANKE. SORRY, DASS ICH DICH SO VORGEFÜHRT HAB. GROSSEN APPLAUS FÜR BETH!
WEITER GEHT'S.
JUNGER MANN GANZ HINTEN, DU BIST ...?
NEIL.

SEHR SCHÖN, NEIL. WILLKOMMEN. STEH DOCH EINFACH MAL AUF UND ERZÄHL UNS EINE GESCHICHTE.
WAS FÜR EINE DENN? EINE WAHRE?
ICH WILL DICH NICHT BEEINFLUSSEN. IRGENDETWAS, DAS DU INTERESSANT FINDEST.
JOA, ABER ... ICH GLAUB, ICH KANN NICHT EINFACH SO LOSREDEN.
IS' OK.
ICH, ÄH ...
ICH KANN NICHT.
ICH GLAUB, ICH MUSS PASSEN.
DANKE TROTZDEM, NEIL. WIE FÜHLST DU DICH?
FRUSTRIERT.
EXAKT. VIELLEICHT BEREUST DU ES SCHON, HIER ZU SEIN?
JA.

UND IST DAS NICHT DIE ANGST, DIE DICH LETZTE NACHT WACHGEHALTEN HAT? EIN RAUM VOLLER FREMDER, DIE DICH ANSTARREN, UND DU HAST NICHTS ZU SAGEN?
GENAU.
DANN LASS UNS MAL RAUSFINDEN, WAS DIESE FREMDEN DAVON HIELTEN. WIE HEISST DU?
ROSIE.
HI, ROSIE. WAS DENKST DU ÜBER NEILS DARBIETUNG?
VIELLEICHT GING'S NICHT ALLEN SO, ABER ICH HAB DIR DIE DAUMEN GEDRÜCKT.
KEIN GRUND, SICH UNWOHL ZU FÜHLEN. ABER ALS ZUSCHAUERIN LÄSST SICH DAS LEICHT SAGEN.
JEP.
SEHE ICH GANZ GENAUSO.
ICH BIN FROH, DASS NEIL UND ROSIE UNS HELFEN KONNTEN, DAS DIREKT AUS DEM WEG ZU RÄUMEN. WIR MÜSSEN UNS MIT DIESER SCHOCKSTARRE BEFASSEN, WEGEN DER UNS DIE WORTE IM HALSE STECKEN BLEIBEN.
DU GUCKST INS PUBLIKUM UND DENKST: "WAS WOLLEN DIE VON MIR? WARUM BEWEGEN SICH MEINE HÄNDE SO KOMISCH?"
DAS LÄSST SICH LEIDER NICHT VERMEIDEN. ICH LEHRE KEIN BLINDES VERTRAUEN. ES WIRD UNANGENEHME MOMENTE GEBEN.
DIE LEKTION IST: NA UND? DU BIST NOCH HIER, ODER?
JA.
ALSO KEIN GRUND ZUR SORGE! DAS KRIEGEN WIR HIN.
NA GUT, WORÜBER REDEN WIR ALS NÄCHSTES ...
DENK, DENK.
HM-HM.
GIBT ES ZWEI FREIWILLIGE?

ICH BIN THOMAS.
DANKE. SEHR SCHÖN. NOCH JEMAND?
HAST DU DICH AUCH GEMEL-DET?
NEE. ABER ICH MACH'S.
DANIELLE.
WILL-KOMMEN.
IHR IMPROVI-SIERT JETZT EINE SZENE.
DANIELLE IST DIE CHEFIN UND THOMAS DER ANGESTELLTE.
DEN REST DENKT IHR EUCH AUS.
OK.
VIELLEICHT KOMMT EUCH DAS ALLES VIEL ZU SCHNELL VOR, ABER ICH GLAUBE NICHT AN DAS GROSSE GEHEIMNIS BEIM SCHAUSPIELEN.
AM BESTEN FÄNGT MAN EINFACH IRGENDWIE AN UND SCHAUT DANN WEITER.
ES IST ALLES NICHT SO WICHTIG. ABER DOCH. UND AUCH WIEDER NICHT. FALLS DAS SINN MACHT.
UND JETZT EINEN KRÄFTIGEN APPLAUS, DAMIT DANIELLE UND THOMAS SICH WOHLFÜHLEN!
WUH!
OKAY. GEH DU BITTE RAUS. WENN DU AN DER TÜR KLOPFST, FÄNGT DIE SZENE AN.

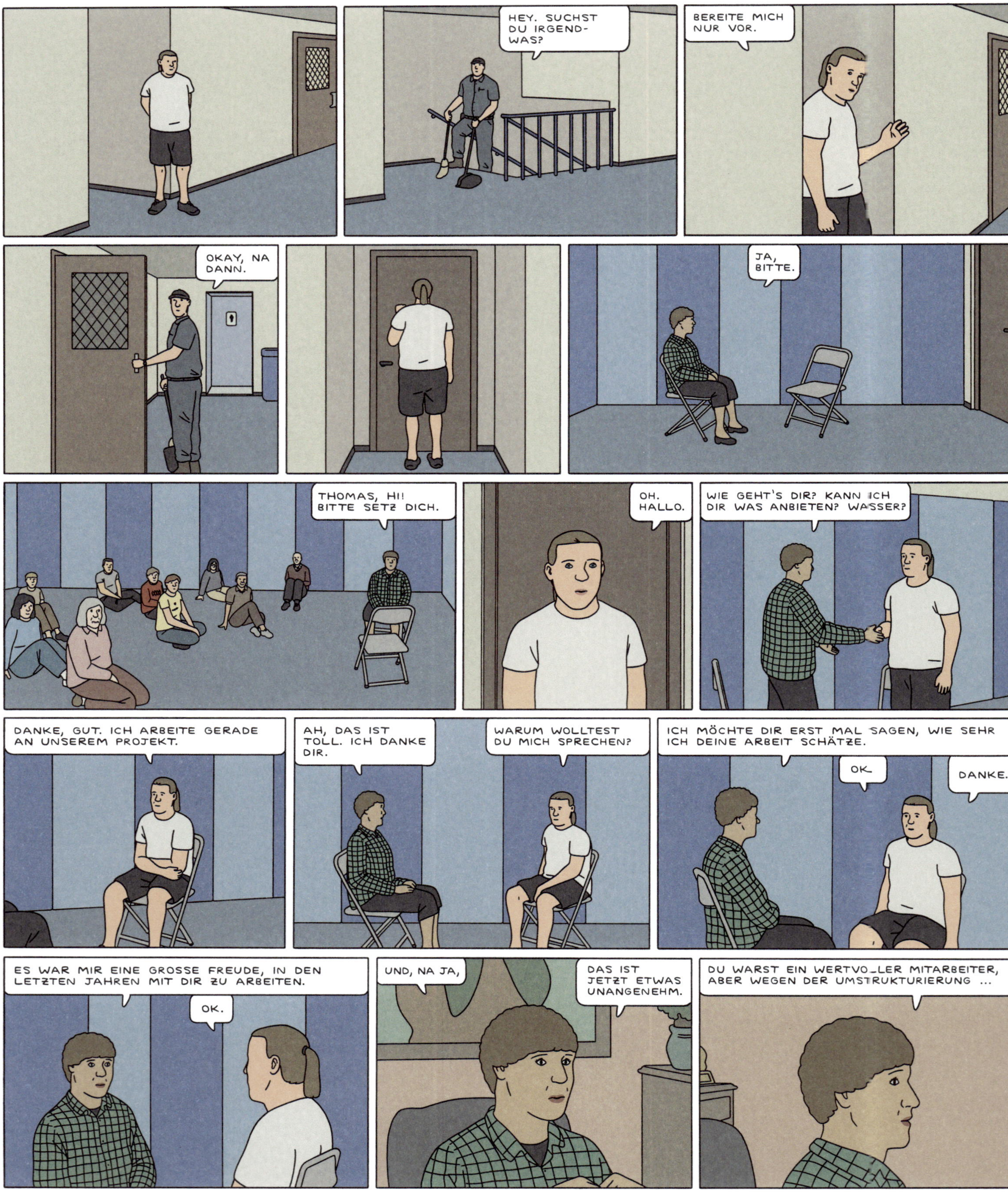
HEY. SUCHST DU IRGEND-WAS?
BEREITE MICH NUR VOR.
OKAY, NA DANN.
JA, BITTE.
THOMAS, HI! BITTE SETZ DICH.
OH. HALLO.
WIE GEHT'S DIR? KANN ICH DIR WAS ANBIETEN? WASSER?
DANKE, GUT. ICH ARBEITE GERADE AN UNSEREM PROJEKT.
AH, DAS IST TOLL. ICH DANKE DIR.
WARUM WOLLTEST DU MICH SPRECHEN?
ICH MÖCHTE DIR ERST MAL SAGEN, WIE SEHR ICH DEINE ARBEIT SCHÄTZE.
OK.
DANKE.
ES WAR MIR EINE GROSSE FREUDE, IN DEN LETZTEN JAHREN MIT DIR ZU ARBEITEN.
OK.
UND, NA JA,
DAS IST JETZT ETWAS UNANGENEHM.
DU WARST EIN WERTVOLLER MITARBEITER, ABER WEGEN DER UMSTRUKTURIERUNG ...

ICH GLAUB'S NICHT.
WARTE ...
DAS IST DOCH EIN WITZ!
WAS ICH ALLES GE-MACHT HAB!
FÜR DICH GELOGEN! DEINEN SAUSTALL AUFGERÄUMT! DEINEN GANZEN SCHEISS?!
ES GIBT KEINE GERECHTIGKEIT IN DIESER WELT.
MOMENT MAL.
MIR REICHT'S!
THOMAS.
ICH BRAUCH 'N SCHNAPS.
NA, DAS WAR MAL WAS.
KOMM ZURÜCK!
DANKE FÜR DIESEN EINSTIEG. DAS WAR NICHT EINFACH.
ABER AUCH INTERESSANT. UND WIR ALLE WAREN SOFORT DABEI, STIMMT'S?
ABER GEHEN WIR NOCH MAL EIN STÜCK ZURÜCK, DENN WIR HABEN VIELLEICHT VERPASST, WAS DANIELLE GEMACHT HAT.
THOMAS, DAS WAR SEHR MUTIG, ABER ICH GLAUBE, DU HAST SIE GANZ SCHÖN ÜBERROLLT.
ALS ICH DRÜBER NACHGEDACHT HABE, HAB ICH MIR VORGESTELLT, DASS DIESER TYP IN DIE LUFT GEHT.
WER IST DIESER TYP?

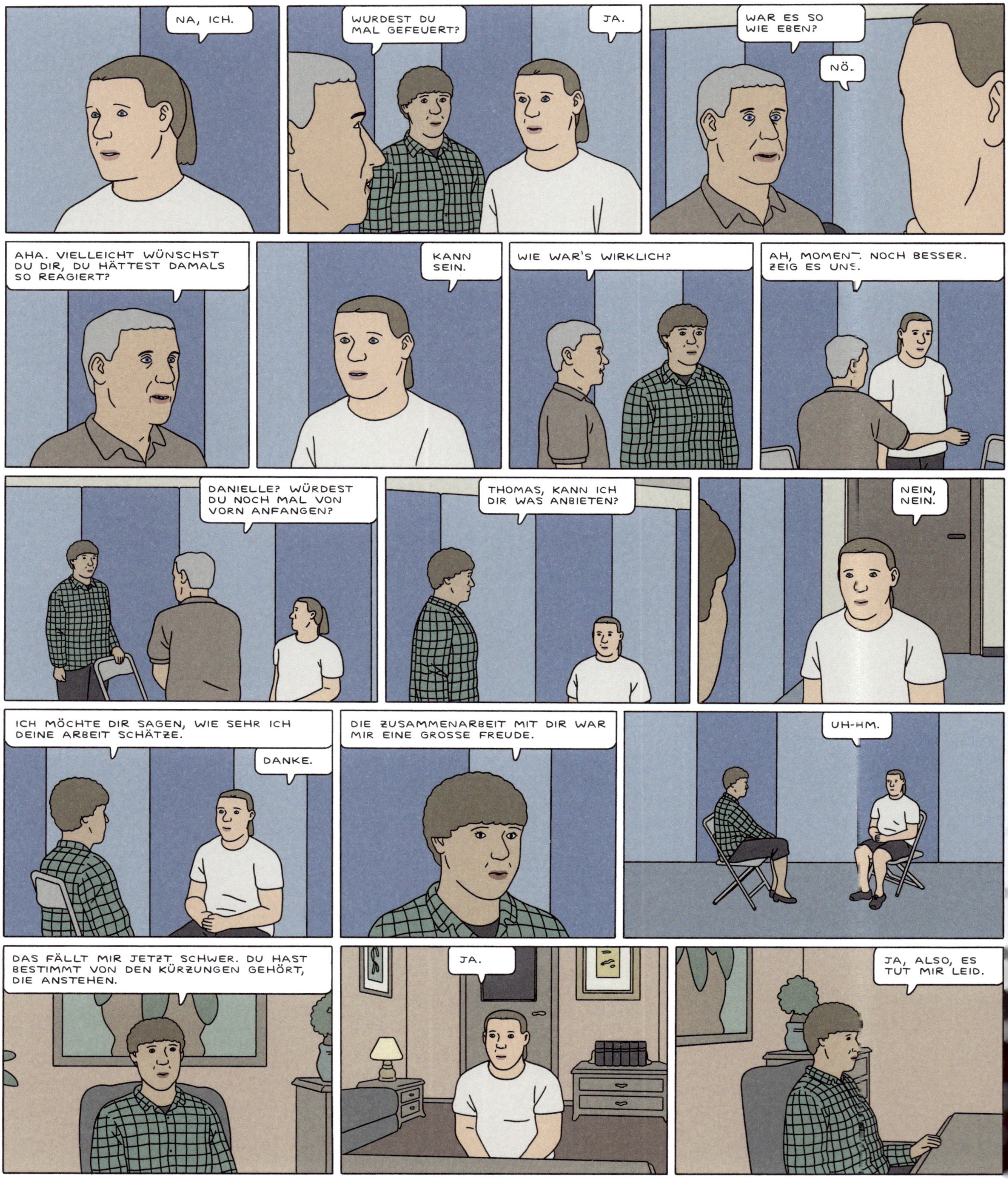
NA, ICH.
WURDEST DU MAL GEFEUERT?
JA.
WAR ES SO WIE EBEN?
NÖ.
AHA. VIELLEICHT WÜNSCHST DU DIR, DU HÄTTEST DAMALS SO REAGIERT?
KANN SEIN.
WIE WAR'S WIRKLICH?
AH, MOMENT. NOCH BESSER. ZEIG ES UNS.
DANIELLE? WÜRDEST DU NOCH MAL VON VORN ANFANGEN?
THOMAS, KANN ICH DIR WAS ANBIETEN?
NEIN, NEIN.
ICH MÖCHTE DIR SAGEN, WIE SEHR ICH DEINE ARBEIT SCHÄTZE.
DANKE.
DIE ZUSAMMENARBEIT MIT DIR WAR MIR EINE GROSSE FREUDE.
UH-HM.
DAS FÄLLT MIR JETZT SCHWER. DU HAST BESTIMMT VON DEN KÜRZUNGEN GEHÖRT, DIE ANSTEHEN.
JA.
JA, ALSO, ES TUT MIR LEID.

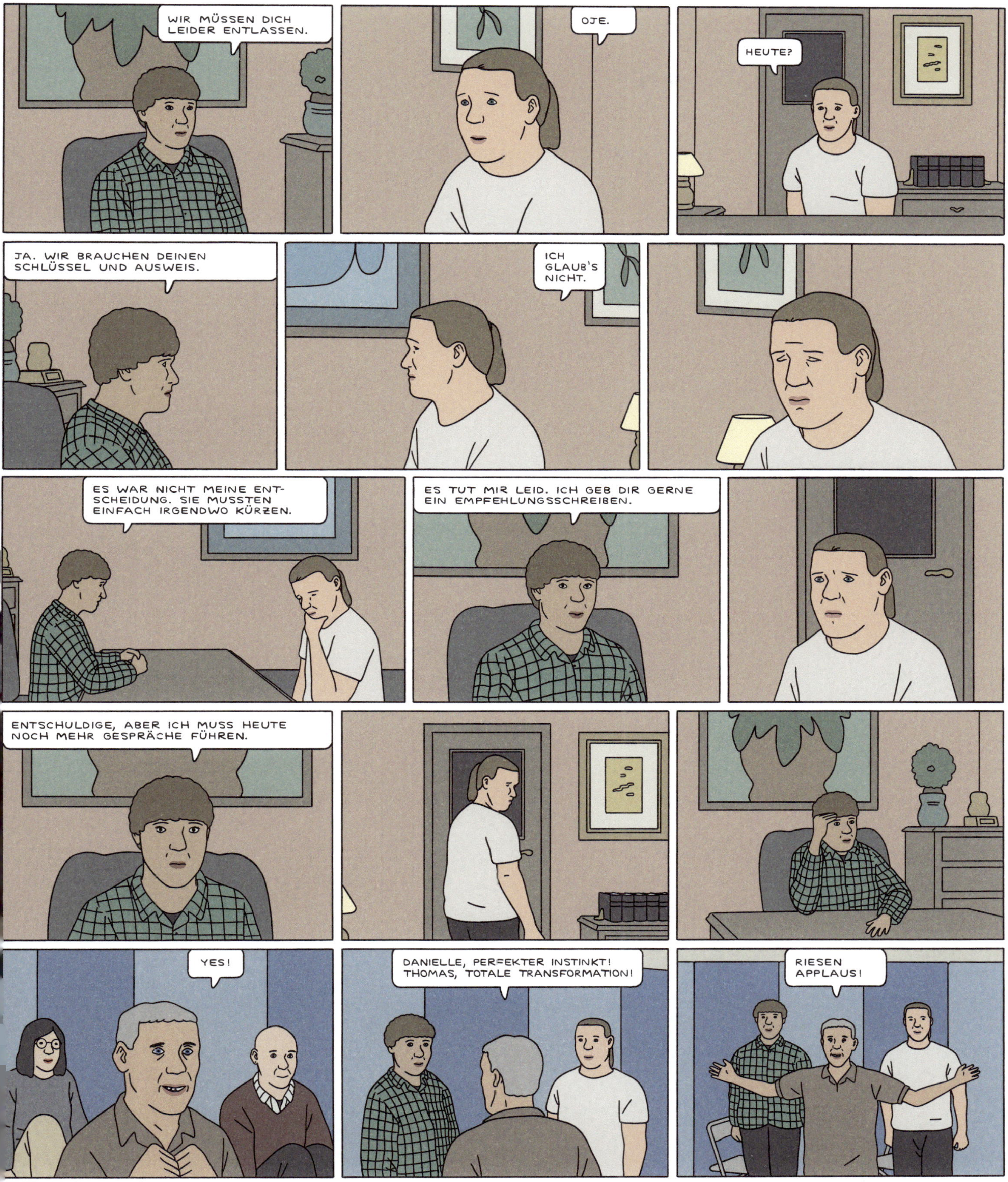

WIR MÜSSEN DICH LEIDER ENTLASSEN.
OJE.
HEUTE?
JA. WIR BRAUCHEN DEINEN SCHLÜSSEL UND AUSWEIS.
ICH GLAUB'S NICHT.
ES WAR NICHT MEINE ENTSCHEIDUNG. SIE MUSSTEN EINFACH IRGENDWO KÜRZEN.
ES TUT MIR LEID. ICH GEB DIR GERNE EIN EMPFEHLUNGSSCHREIBEN.
ENTSCHULDIGE, ABER ICH MUSS HEUTE NOCH MEHR GESPRÄCHE FÜHREN.
YES!
DANIELLE, PERFEKTER INSTINKT! THOMAS, TOTALE TRANSFORMATION!
RIESEN APPLAUS!

OK, PETE. ICH STRECKE JETZT IHREN ARM,
UND SIE SAGEN MIR, WENN'S WEHTUT.
JETZT.
GENAU JETZT.
GUT!

NUN DER ANDERE.
RIECHEN SIE DIE BÄCKEREI GEGENÜBER? GOTT, ICH LIEBE DIESEN GERUCH.
ICH BIN RAUCHER. ICH RIECHE GAR NICHTS.
TUN SIE SICH DEN GEFALLEN – GEHEN SIE NACHHER MAL RÜBER UND HOLEN SICH EIN BAGUETTE.
AU. JETZT, JETZT!
SUPER. TOLLER FORTSCHRITT. DEN REST DER ÜBUNGEN WISSEN SIE NOCH, ODER SOLL ICH ES IHNEN NOCH MAL ZEIGEN?
NA, WIE WAR DEIN FREUND PETE DIESE WOCHE? WENN ER IMMER NOCH NERVT, KANN ICH IHN ÜBERNEHMEN.
ACH, WAR OK. ICH GLAUB, ICH HAB IHN IM GRIFF.
HEY, SCHAU MAL!
JA?
DAS IST JENNA. SIE KOMMT JETZT EIN PAAR MAL DIE WOCHE.
HI.
OH, SCHÖN! WILLKOMMEN. ICH BIN ROSIE.
WÜRDEST DU SIE HEUTE EIN BISSCHEN EINARBEITEN?

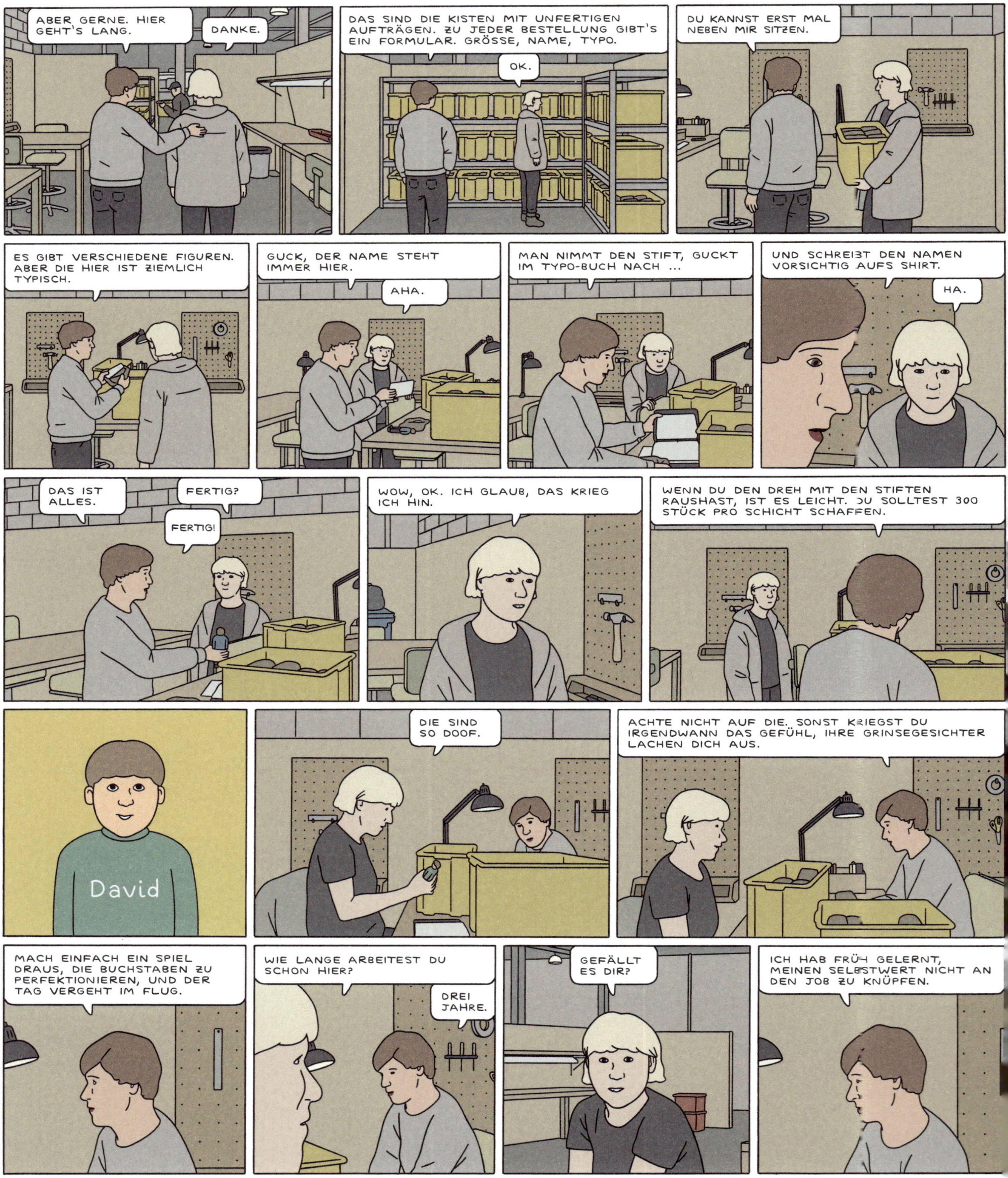

ABER GERNE. HIER GEHT'S LANG.
DANKE.
DAS SIND DIE KISTEN MIT UNFERTIGEN AUFTRÄGEN. ZU JEDER BESTELLUNG GIBT'S EIN FORMULAR. GRÖSSE, NAME, TYPO.
OK.
DU KANNST ERST MAL NEBEN MIR SITZEN.
ES GIBT VERSCHIEDENE FIGUREN. ABER DIE HIER IST ZIEMLICH TYPISCH.
GUCK, DER NAME STEHT IMMER HIER.
AHA.
MAN NIMMT DEN STIFT, GUCKT IM TYPO-BUCH NACH ...
UND SCHREIBT DEN NAMEN VORSICHTIG AUFS SHIRT.
HA.
DAS IST ALLES.
FERTIG?
FERTIG!
WOW, OK. ICH GLAUB, DAS KRIEG ICH HIN.
WENN DU DEN DREH MIT DEN STIFTEN RAUSHAST, IST ES LEICHT. DU SOLLTEST 300 STÜCK PRO SCHICHT SCHAFFEN.
David
DIE SIND SO DOOF.
ACHTE NICHT AUF DIE. SONST KRIEGST DU IRGENDWANN DAS GEFÜHL, IHRE GRINSEGESICHTER LACHEN DICH AUS.
MACH EINFACH EIN SPIEL DRAUS, DIE BUCHSTABEN ZU PERFEKTIONIEREN, UND DER TAG VERGEHT IM FLUG.
WIE LANGE ARBEITEST DU SCHON HIER?
DREI JAHRE.
GEFÄLLT ES DIR?
ICH HAB FRÜH GELERNT, MEINEN SELBSTWERT NICHT AN DEN JOB ZU KNÜPFEN.

HIER IST EINE NEUE LADUNG BASEBALLSPIELER. SAGT BESCHEID, WENN DA NOCH KAPUTTE DABEI SIND.
DANKE, ANGEL.
BIST DU MÜDE? GING'S NOCH LANGE?
NEIN, GAR NICHT.
HAT'S DIR GEFALLEN?
JA, SCHON. WAR ECHT LUSTIG.
ICH FAND'S UNGLAUBLICH. ICH HAB MICH HEUTE MORGEN SO GUT GEFÜHLT.
TOLL. DANKE NOCH MAL.
KOMMT IHR NÄCHSTE WOCHE? DENNIS UND DU?
JA, WAHRSCHEIN-LICH SCHON.
WEISST DU NOCH, WAS ER ÜBER KLEINE ERLEICHTERUNGEN GESAGT HAT? DARAN DENKE ICH DEN GANZEN TAG!
TOLL. DU HAST DEN DREH RAUS.
OH, ACHTE DARAUF, DASS DEIN "T" UNTEN NOCH EINE KLEINE SCHLEIFE HAT.
Aa Bb Cc Dd Ee Ff Gg Hh
Janet

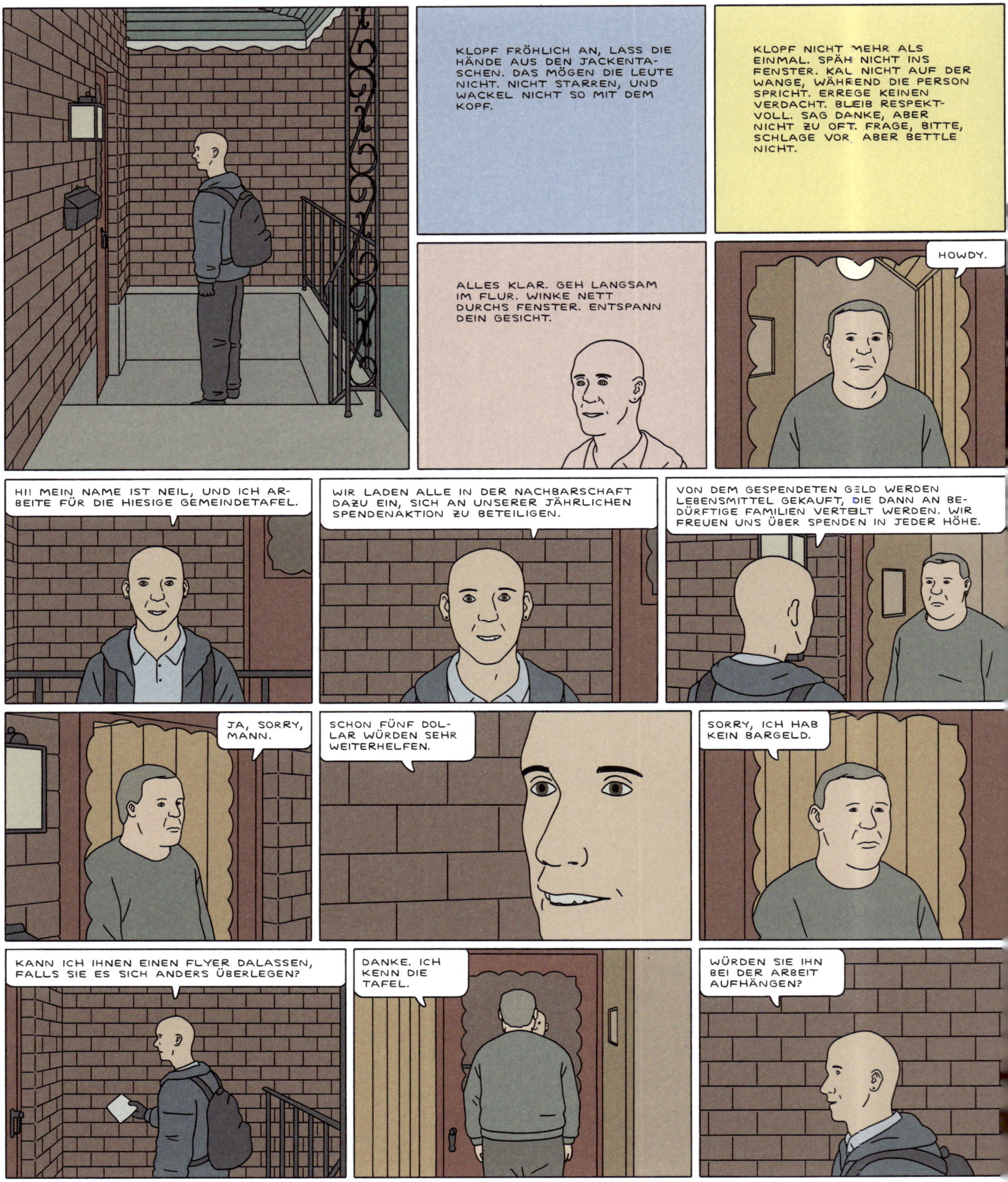
KLOPF FRÖHLICH AN, LASS DIE HÄNDE AUS DEN JACKENTASCHEN. DAS MÖGEN DIE LEUTE NICHT. NICHT STARREN, UND WACKEL NICHT SO MIT DEM KOPF.
KLOPF NICHT MEHR ALS EINMAL. SPÄH NICHT INS FENSTER. KAU NICHT AUF DER WANGE, WÄHREND DIE PERSON SPRICHT. ERREGE KEINEN VERDACHT. BLEIB RESPEKTVOLL. SAG DANKE, ABER NICHT ZU OFT. FRAGE, BITTE, SCHLAGE VOR, ABER BETTLE NICHT.
ALLES KLAR. GEH LANGSAM IM FLUR. WINKE NETT DURCHS FENSTER. ENTSPANN DEIN GESICHT.
HOWDY.
HI! MEIN NAME IST NEIL, UND ICH ARBEITE FÜR DIE HIESIGE GEMEINDETAFEL.
WIR LADEN ALLE IN DER NACHBARSCHAFT DAZU EIN, SICH AN UNSERER JÄHRLICHEN SPENDENAKTION ZU BETEILIGEN.
VON DEM GESPENDETEN GELD WERDEN LEBENSMITTEL GEKAUFT, DIE DANN AN BEDÜRFTIGE FAMILIEN VERTEILT WERDEN. WIR FREUEN UNS ÜBER SPENDEN IN JEDER HÖHE.
JA, SORRY, MANN.
SCHON FÜNF DOLLAR WÜRDEN SEHR WEITERHELFEN.
SORRY, ICH HAB KEIN BARGELD.
KANN ICH IHNEN EINEN FLYER DALASSEN, FALLS SIE ES SICH ANDERS ÜBERLEGEN?
DANKE. ICH KENN DIE TAFEL.
WÜRDEN SIE IHN BEI DER ARBEIT AUFHÄNGEN?

ICH FAHRE TRUCKS.
OKAY. DANKE FÜR IHRE ZEIT, SIR.
JO.
ICH WERF IHN IN DEN BRIEFKASTEN, OK?
MACH, WAS DU WILLST, MANN.
S &
FUCK YOU, DU DUMMER WICHSER. SEI FROH, DASS ICH NICHT ZURÜCKKOMME UND DIR IM SCHLAF DEIN SCHEISS GESICHT AUFSCHLITZE. ICH BRING DEINE VERDAMMTEN KINDER UM, DU EGOISTISCHER WURM. SPRICHST MIT MIR, ALS WÄR ICH EIN LÄCHERLICHES STÜCK SCHEISSE.
MIT ZWÖLF DOLLAR KANN ICH DA NICHT AUFTAUCHEN. WENN CYNTHIA MICH DESWEGEN WIEDER SO ANGUCKT, DREH ICH DURCH. ICH BRAUCHE NOCH EINE GRÖSSERE SPENDE BIS ZUM ENDE DES BLOCKS. ICH HAB NOCH ZWANZIG FLYER UND EINE STUNDE TAGESLICHT. ICH SCHAFF DAS.
JOHN HAT GESAGT, WENN WIR ETWAS ÜBERWINDEN WOLLEN, MÜSSEN WIR UNS IN EINE PERSON VERWANDELN, DIE DER SITUATION GEWACHSEN IST. FÜR DIE NÄCHSTE STUNDE BIN ICH NICHT NEIL. MEIN NAME IST PATRICK.
ICH HABE EINE WUNDERVOLLE FAMILIE. ICH RESTAURIERE KLAVIERE UND ZÜCHTE HÜHNER. ICH HABE EINEN PILOTENSCHEIN, VOLLES LOCKIGES HAAR, UND ICH TRINKE NICHT. ICH VERSTEH MICH IMMER NOCH GUT MIT ALL MEINEN EX-FREUNDINNEN, HABE DENSELBEN BESTEN FREUND, SEIT ICH FÜNF BIN, UND MIR IST NOCH NIE DIE HAND AUSGERUTSCHT.
ICH STELLE MEINE KOSTBARE FREIZEIT IN DEN DIENST DER GEMEINSCHAFT. WENN ICH NUR EINE MINUTE IHRER ZEIT HABEN KÖNNTE, WÄREN SIE VON MEINER AUSSTRAHLUNG SO ÜBERWÄLTIGT, DASS SIE MICH GAR NICHT MEHR GEHEN LASSEN WÜRDEN. ICH HABE DIESE WIRKUNG, PRAHLE ABER NICHT DAMIT. MANCHE MENSCHEN WERDEN EINFACH SO GEBOREN.

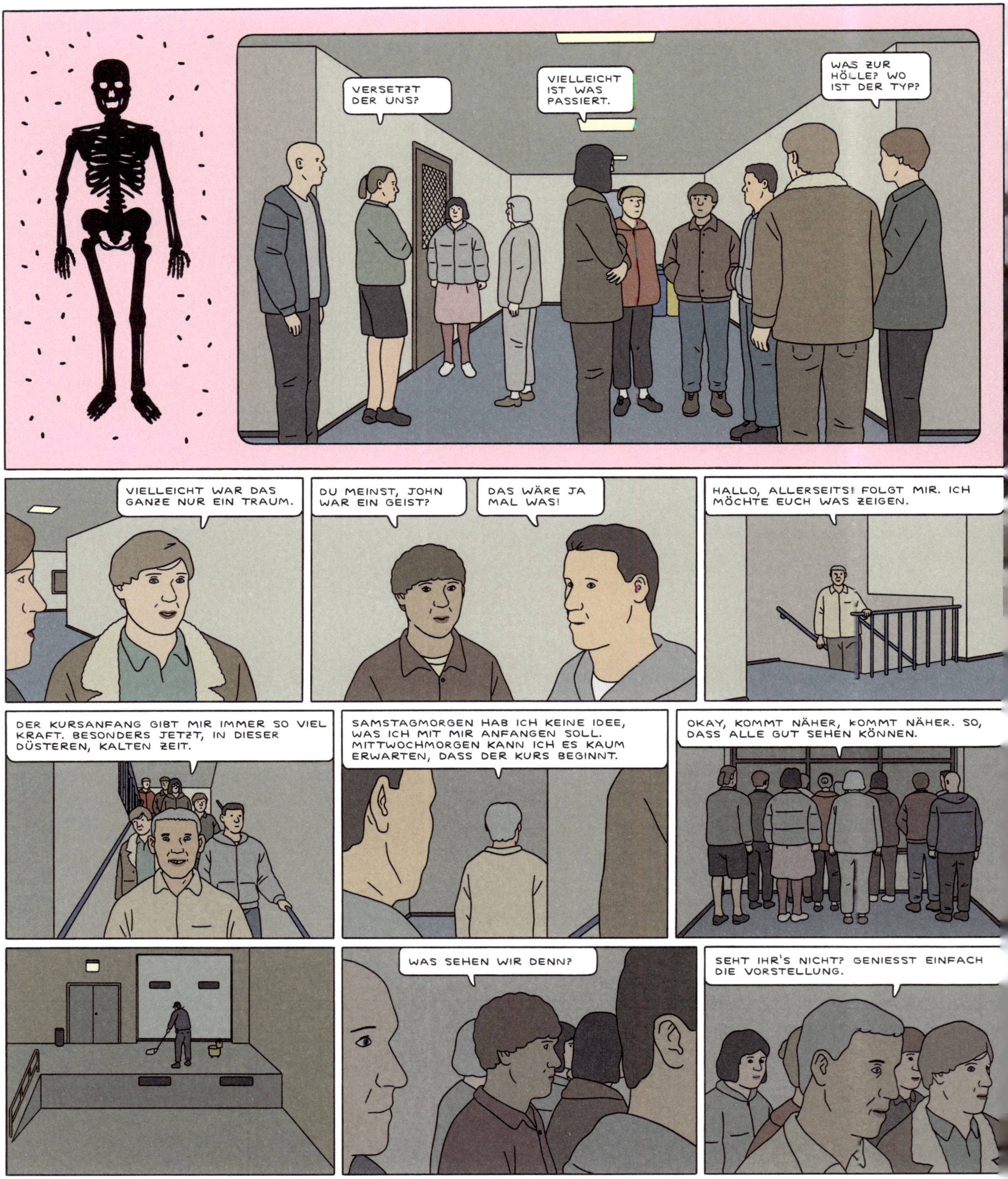
VERSETZT DER UNS?
VIELLEICHT IST WAS PASSIERT.
WAS ZUR HÖLLE? WO IST DER TYP?
VIELLEICHT WAR DAS GANZE NUR EIN TRAUM.
DU MEINST, JOHN WAR EIN GEIST?
DAS WÄRE JA MAL WAS!
HALLO, ALLERSEITS! FOLGT MIR. ICH MÖCHTE EUCH WAS ZEIGEN.
DER KURSANFANG GIBT MIR IMMER SO VIEL KRAFT. BESONDERS JETZT, IN DIESER DÜSTEREN, KALTEN ZEIT.
SAMSTAGMORGEN HAB ICH KEINE IDEE, WAS ICH MIT MIR ANFANGEN SOLL. MITTWOCHMORGEN KANN ICH ES KAUM ERWARTEN, DASS DER KURS BEGINNT.
OKAY, KOMMT NÄHER, KOMMT NÄHER. SO, DASS ALLE GUT SEHEN KÖNNEN.
WAS SEHEN WIR DENN?
SEHT IHR'S NICHT? GENIESST EINFACH DIE VORSTELLUNG.

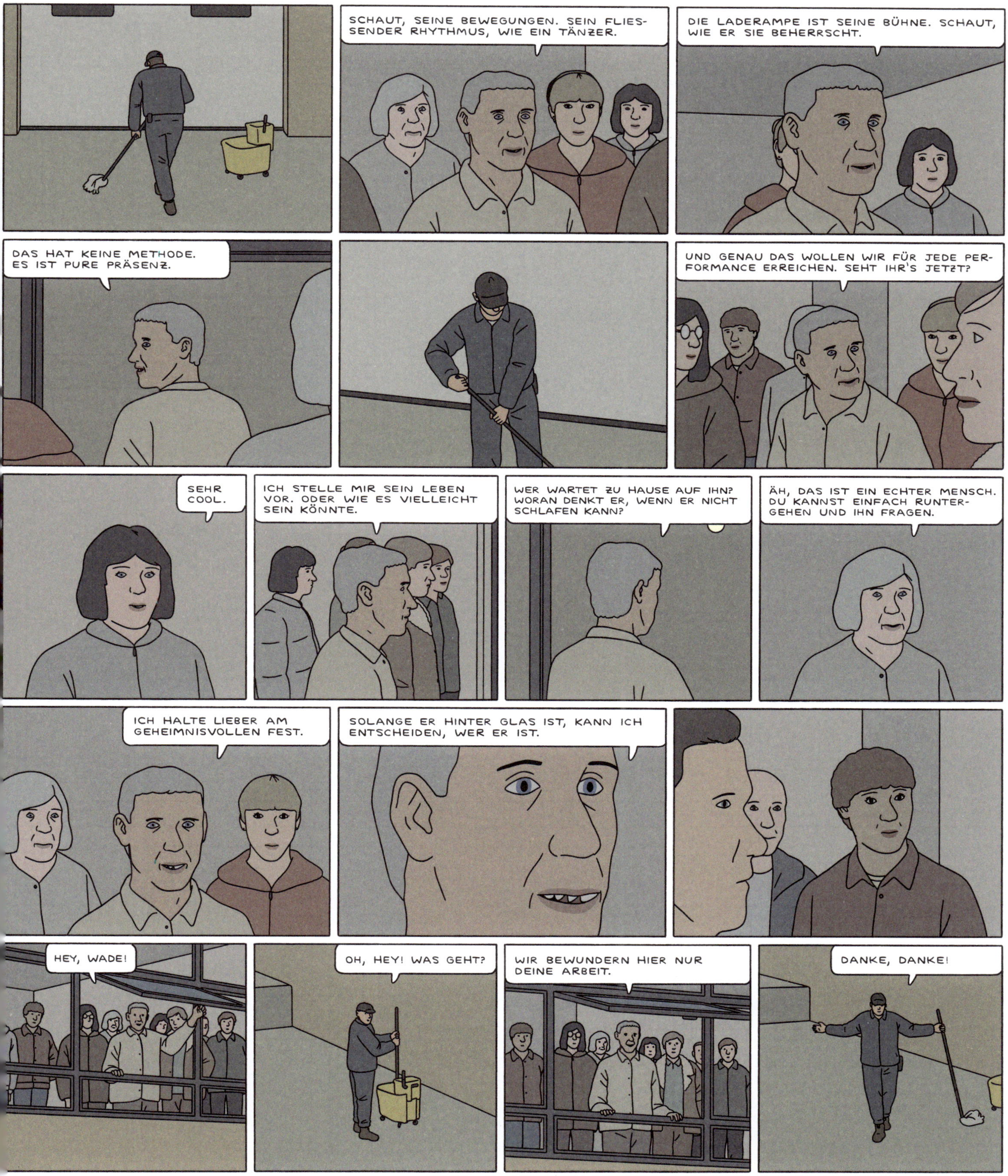
SCHAUT, SEINE BEWEGUNGEN. SEIN FLIES-SENDER RHYTHMUS, WIE EIN TÄNZER.
DIE LADERAMPE IST SEINE BÜHNE. SCHAUT, WIE ER SIE BEHERRSCHT.
DAS HAT KEINE METHODE. ES IST PURE PRÄSENZ.
UND GENAU DAS WOLLEN WIR FÜR JEDE PERFORMANCE ERREICHEN. SEHT IHR'S JETZT?
SEHR COOL.
ICH STELLE MIR SEIN LEBEN VOR. ODER WIE ES VIELLEICHT SEIN KÖNNTE.
WER WARTET ZU HAUSE AUF IHN? WORAN DENKT ER, WENN ER NICHT SCHLAFEN KANN?
ÄH, DAS IST EIN ECHTER MENSCH. DU KANNST EINFACH RUNTERGEHEN UND IHN FRAGEN.
ICH HALTE LIEBER AM GEHEIMNISVOLLEN FEST.
SOLANGE ER HINTER GLAS IST, KANN ICH ENTSCHEIDEN, WER ER IST.
HEY, WADE!
OH, HEY! WAS GEHT?
WIR BEWUNDERN HIER NUR DEINE ARBEIT.
DANKE, DANKE!

KÖNNEN WIR IN DIE HALLE?
EXTRA OFFEN FÜR EUCH!
ICH VERMUTE, IHR SEID ALLE HIER, WEIL IHR EUCH WIE AUSSENSEITER FÜHLT, STIMMT'S?
WAS MEINST DU?
WAS, DENKT IHR DAS SELBST DENN NICHT VON EUCH? ICH MEINE DAS ALS KOMPLIMENT.
LEUTE, DIE FLYER MITNEHMEN UND ZU KOSTENLOSEN KURSEN KOMMEN, SIND MEISTENS RASTLOS SUCHENDE.
IHR SEID HIER, WEIL ETWAS IN EUREM LEBEN SCHIEFLÄUFT, RICHTIG? WENN NICHT, WÜRDET IHR JA JEDEN ABEND ZUFRIEDEN VORM FERNSEHER HOCKEN.
DA WIDERSPRECHE ICH.
UND WARUM, GLORIA?
WIR SIND NICHT HIER, WEIL ETWAS MIT UNS NICHT STIMMT. SEIT WANN IST ES FALSCH, ETWAS LERNEN ZU WOLLEN UND DAFÜR EINEN KURS ZU MACHEN?

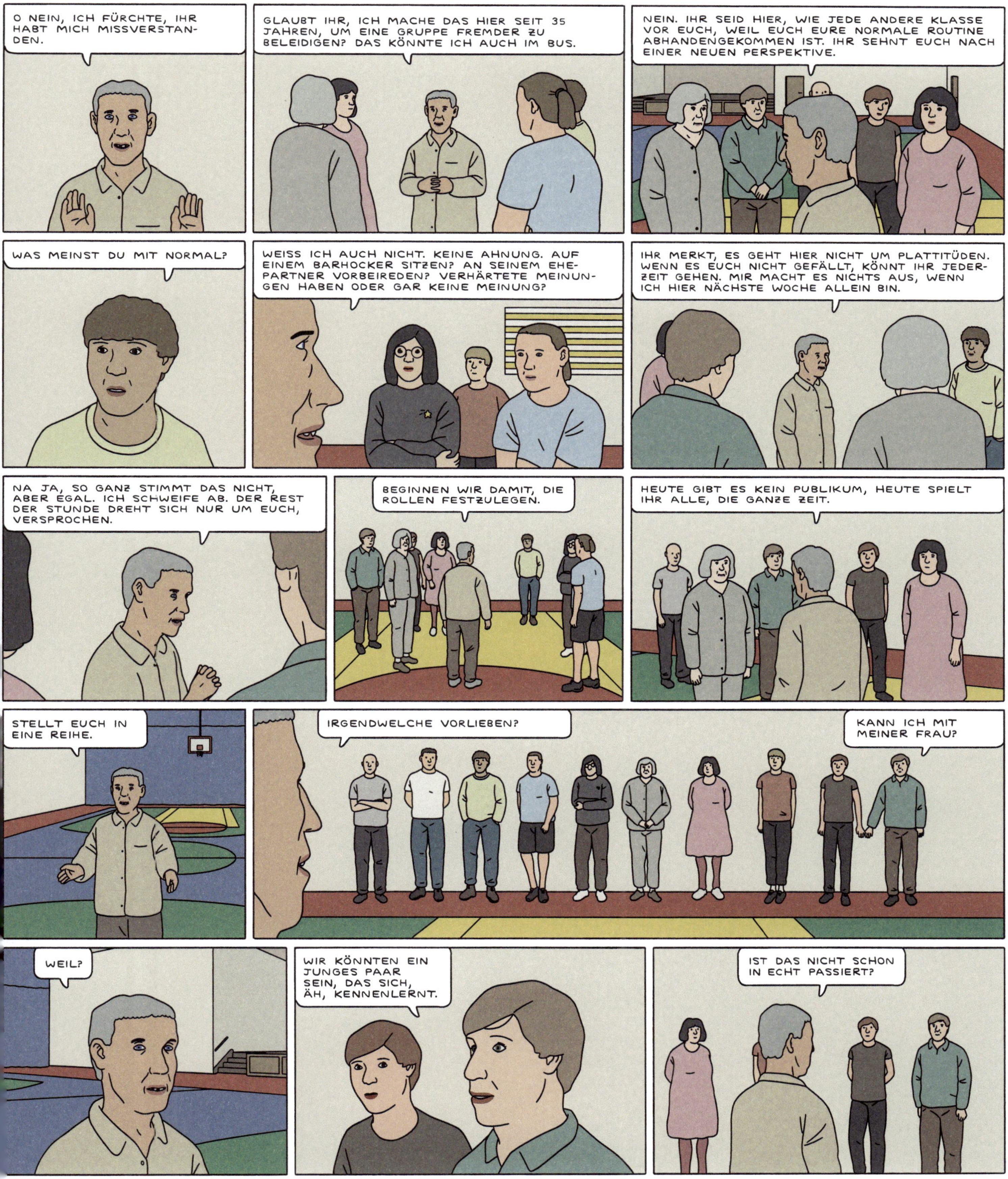
O NEIN, ICH FÜRCHTE, IHR HABT MICH MISSVERSTANDEN.
GLAUBT IHR, ICH MACHE DAS HIER SEIT 35 JAHREN, UM EINE GRUPPE FREMDER ZU BELEIDIGEN? DAS KÖNNTE ICH AUCH IM BUS.
NEIN. IHR SEID HIER, WIE JEDE ANDERE KLASSE VOR EUCH, WEIL EUCH EURE NORMALE ROUTINE ABHANDENGEKOMMEN IST. IHR SEHNT EUCH NACH EINER NEUEN PERSPEKTIVE.
WAS MEINST DU MIT NORMAL?
WEISS ICH AUCH NICHT. KEINE AHNUNG. AUF EINEM BARHOCKER SITZEN? AN SEINEM EHEPARTNER VORBEIREDEN? VERHÄRTETE MEINUNGEN HABEN ODER GAR KEINE MEINUNG?
IHR MERKT, ES GEHT HIER NICHT UM PLATTITÜDEN. WENN ES EUCH NICHT GEFÄLLT, KÖNNT IHR JEDERZEIT GEHEN. MIR MACHT ES NICHTS AUS, WENN ICH HIER NÄCHSTE WOCHE ALLEIN BIN.
NA JA, SO GANZ STIMMT DAS NICHT, ABER EGAL. ICH SCHWEIFE AB. DER REST DER STUNDE DREHT SICH NUR UM EUCH, VERSPROCHEN.
BEGINNEN WIR DAMIT, DIE ROLLEN FESTZULEGEN.
HEUTE GIBT ES KEIN PUBLIKUM, HEUTE SPIELT IHR ALLE, DIE GANZE ZEIT.
STELLT EUCH IN EINE REIHE.
IRGENDWELCHE VORLIEBEN?
KANN ICH MIT MEINER FRAU?
WEIL?
WIR KÖNNTEN EIN JUNGES PAAR SEIN, DAS SICH, ÄH, KENNENLERNT.
IST DAS NICHT SCHON IN ECHT PASSIERT?

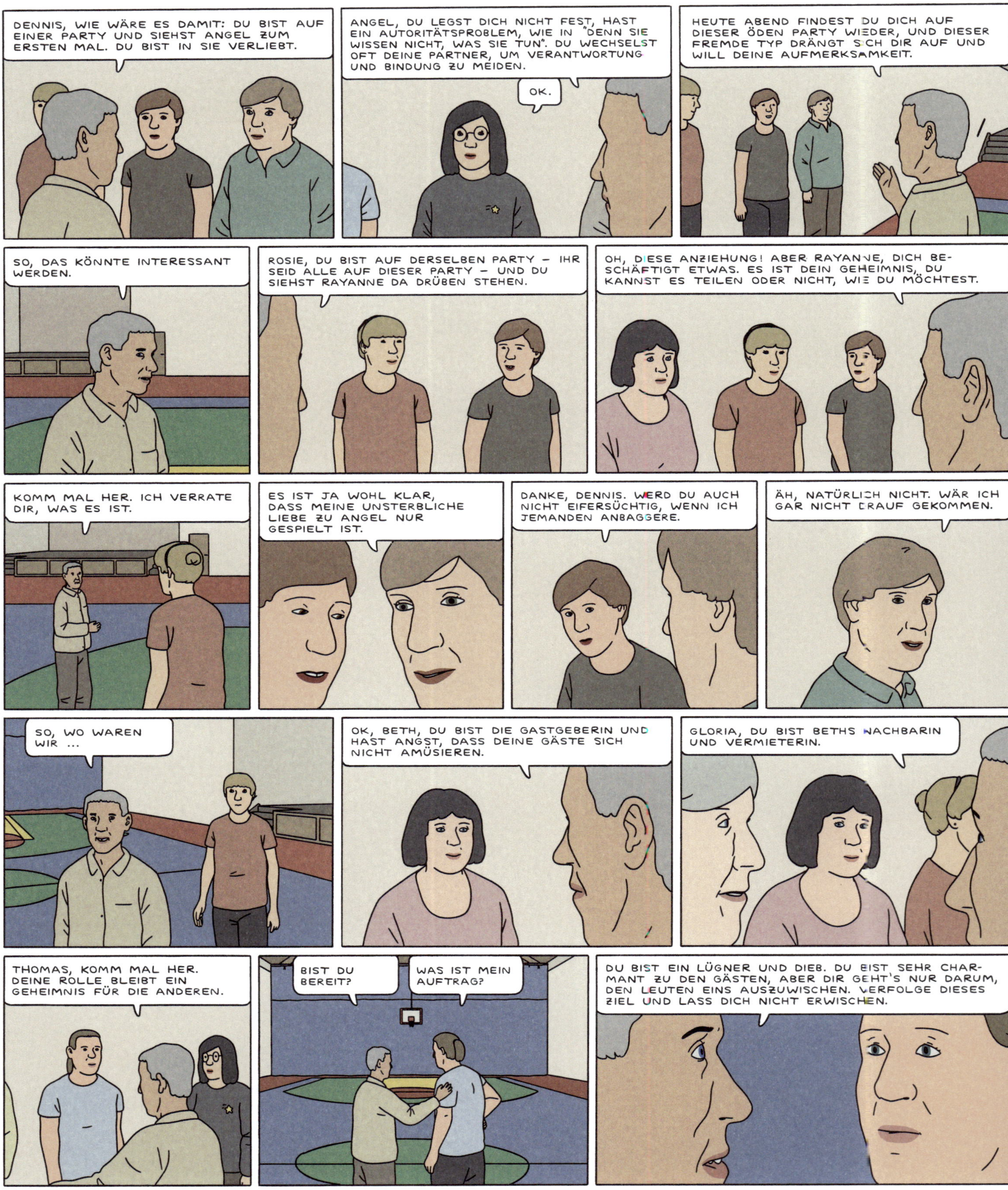
DENNIS, WIE WÄRE ES DAMIT: DU BIST AUF EINER PARTY UND SIEHST ANGEL ZUM ERSTEN MAL. DU BIST IN SIE VERLIEBT.
ANGEL, DU LEGST DICH NICHT FEST, HAST EIN AUTORITÄTSPROBLEM, WIE IN "DENN SIE WISSEN NICHT, WAS SIE TUN". DU WECHSELST OFT DEINE PARTNER, UM VERANTWORTUNG UND BINDUNG ZU MEIDEN.
OK.
HEUTE ABEND FINDEST DU DICH AUF DIESER ÖDEN PARTY WIEDER, UND DIESER FREMDE TYP DRÄNGT SICH DIR AUF UND WILL DEINE AUFMERKSAMKEIT.
SO, DAS KÖNNTE INTERESSANT WERDEN.
ROSIE, DU BIST AUF DERSELBEN PARTY – IHR SEID ALLE AUF DIESER PARTY – UND DU SIEHST RAYANNE DA DRÜBEN STEHEN.
OH, DIESE ANZIEHUNG! ABER RAYANNE, DICH BESCHÄFTIGT ETWAS. ES IST DEIN GEHEIMNIS, DU KANNST ES TEILEN ODER NICHT, WIE DU MÖCHTEST.
KOMM MAL HER. ICH VERRATE DIR, WAS ES IST.
ES IST JA WOHL KLAR, DASS MEINE UNSTERBLICHE LIEBE ZU ANGEL NUR GESPIELT IST.
DANKE, DENNIS. WERD DU AUCH NICHT EIFERSÜCHTIG, WENN ICH JEMANDEN ANBAGGERE.
ÄH, NATÜRLICH NICHT. WÄR ICH GAR NICHT DRAUF GEKOMMEN.
SO, WO WAREN WIR …
OK, BETH, DU BIST DIE GASTGEBERIN UND HAST ANGST, DASS DEINE GÄSTE SICH NICHT AMÜSIEREN.
GLORIA, DU BIST BETHS NACHBARIN UND VERMIETERIN.
THOMAS, KOMM MAL HER. DEINE ROLLE BLEIBT EIN GEHEIMNIS FÜR DIE ANDEREN.
BIST DU BEREIT?
WAS IST MEIN AUFTRAG?
DU BIST EIN LÜGNER UND DIEB. DU BIST SEHR CHARMANT ZU DEN GÄSTEN, ABER DIR GEHT'S NUR DARUM, DEN LEUTEN EINS AUSZUWISCHEN. VERFOLGE DIESES ZIEL UND LASS DICH NICHT ERWISCHEN.

WOW, OK. WEISS NICHT, OB ICH DAS SO GUT FINDE.
WO IST DAS PROBLEM? ES IST NUR EINE ROLLE. UND IM ZENTRUM JEDER GUTEN GESCHICHTE STEHT EIN KONFLIKT.
KANN SEIN.
NIMM'S NICHT PERSÖNLICH. ICH GEBE DIR DIESE ROLLE, WEIL ICH GLAUBE, DASS DU DAS KANNST.
GUT, DANKE.
SORRY, ALLERSEITS. ALSO, THOMAS IST EIN BEMERKENSWERTER TYP. MEHR MÜSST IHR NICHT WISSEN.
DANIELLE, DEINE KATZE IST GESTORBEN. DU BIST BETRUNKEN UND TRAURIG. WENN DU TRINKST, WIRST DU HERZLOS.
NEIL, DU BIST HIER, UM DANIELLE ZU UNTERSTÜTZEN, ABER DU BIST OBERFLÄCHLICH UND WEISST NICHT, WIE DU SIE TRÖSTEN SOLLST.
OKAY, LOU, WENN DAS FÜR DICH PASST, SPIELST DU BETHS HUND.
BITTE?
IST NICHT SCHLIMM. MAGST DU HUNDE?
KLAR, ABER WIE SPIEL ICH DAS?
NOCH NIE 'NEN HUND BEI 'NER PARTY GESEHEN? IST AUCH NICHT ANDERS, ALS EINEN ANWALT ODER TÜRSTEHER ZU SPIELEN.
ICH GEB ALLES.
DAS WIRD SUPER.
UND: ES IST EINE PARTY, ALSO MISCHT EUCH UNTER DIE LEUTE. KLEBT NICHT AN MEINEN VORGABEN, DAS SIND NUR HILFSMITTEL.
WEN SPIELST DU DENN?
ICH BIN NUR EIN STILLER BEOBACHTER.

IHR KÖNNT LOSLEGEN.
NUR KEINE SCHEU. HABT SPASS.
SCHÖN, EUCH ALLE ZU GAST ZU HABEN – ESST, TRINKT UND SEID HEITER!
KANN ICH NOCH JEMANDEM ETWAS BRINGEN? MEHR WEIN?
SCHÖN HAST DU ES HIER.
DANKE! DAS BILD HAB ICH EBEN AUFGEHÄNGT, GEFÄLLT ES EUCH?
BITTE.
TOTAL. DEINE WOHNUNG HAT EINE TOLLE ATMOSPHÄRE. SO VIELE LIEBE FREUNDE. DANKE FÜR DIE EINLADUNG.
ICH HAB ZU DANKEN.
HIER, SELBST GEMACHTE CUPCAKES. MIT LIEBE GEBACKEN.
BETH IST DIE BESTE NACHBARIN, SIE MACHT IMMER SO LECKERE SACHEN.
MHM, VOLL LECKER.
HATTEN SIE AUCH MAL SCHLIMME MIETER?
GOTT, JA. IN 40 JAHREN HAB ICH SO EINIGE GRUSELIGE, WIDERLICHE LEUTE ERLEBT.
ES GAB EINE FRAU NAMENS SAM, DIE GLAUBTE, DASS ES IM HAUS SPUKTE. SIE HOLTE SOGAR EIN MEDIUM, DAS IHR EINREDEN WOLLTE, DASS SICH DIE GEISTER IM HAUS AN SIE HEFTEN KÖNNTEN, SELBST WENN SIE AUSZIEHEN WÜRDE.
SAM DACHTE, ICH SEI DARAN SCHULD UND DASS ICH ÜBERNATÜRLICHE KRÄFTE HÄTTE UND DAS HAUS KONTROLLIEREN WÜRDE. ALS SIE ENDLICH AUSZOG, VERKLAGTE SIE MICH NOCH AUF SCHMERZENSGELD.
WOW.

NOCH JAHRE SPÄTER HAT SAM MICH BELÄSTIGT, ICH SOLLE DIE DÄMONEN ZURÜCKRUFEN, DIE SIE NOCH IMMER VERFOLGTEN.
GOTT.
ICH HAB NIE WAS GESEHEN.
DANN HATTE ICH DIESEN SPANNER, DER AUF NACHBARDÄCHER STIEG UND DURCH DIE FENSTER GLOTZTE. NOCH SO EIN DRAMA.
UND EBEN DAS ÜBLICHE MIT MIETERN. LAUTE MUSIK. DURCHGEDREHTE KATZEN.
KANN ICH NOCH WAS TRINKEN?
IN DER KÜCHE. BEDIEN DICH!
ROSIE? NOCH 'N CUPCAKE?
NÖ, DANKE.
RAYANNE, ODER?
WIE GEHT'S?
GANZ GUT.
DEIN GESICHT KOMMT MIR BEKANNT VOR. KENNEN WIR UNS?
VIELLEICHT VON EINER PARTY?

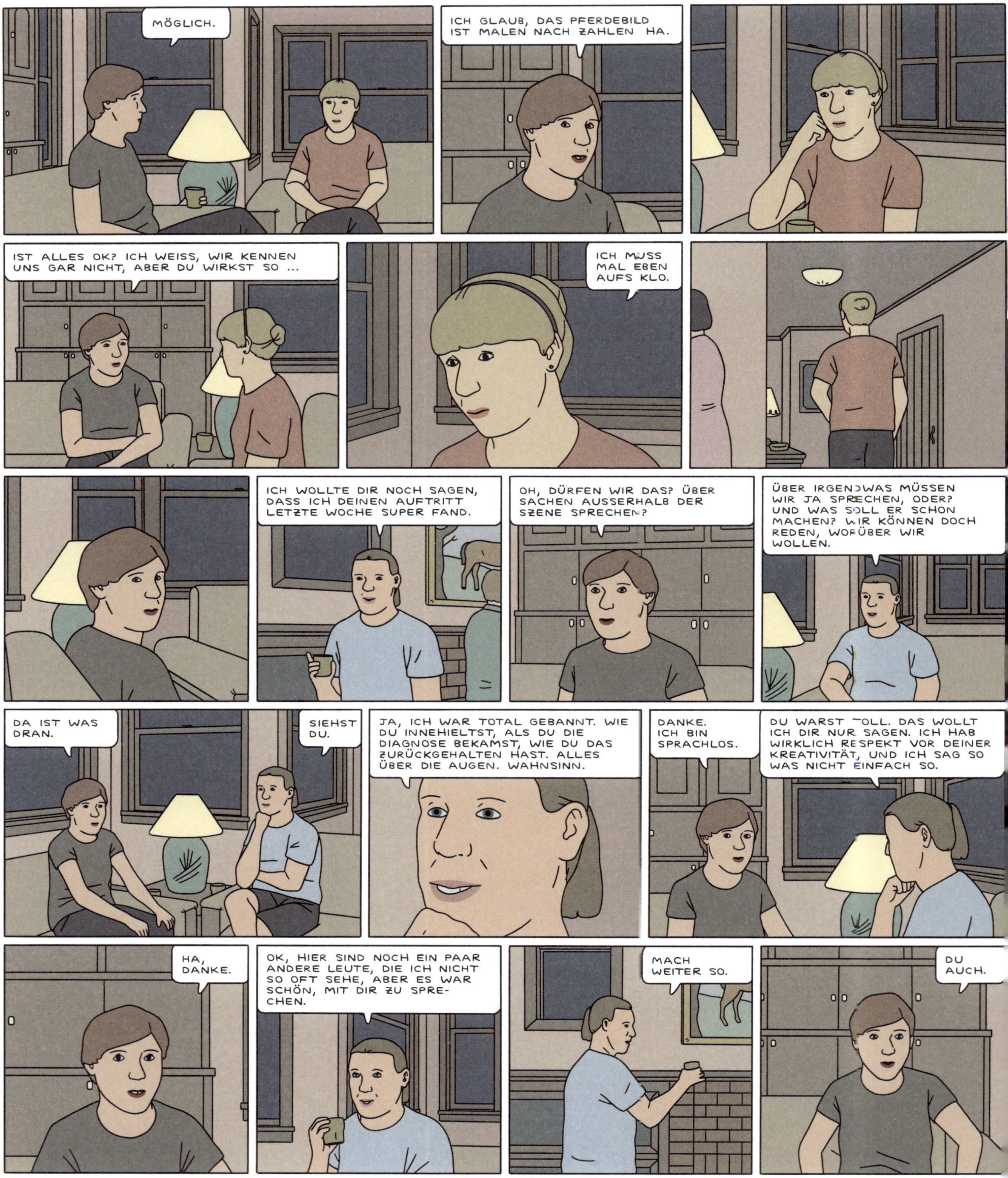
MÖGLICH.
ICH GLAUB, DAS PFERDEBILD IST MALEN NACH ZAHLEN HA.
IST ALLES OK? ICH WEISS, WIR KENNEN UNS GAR NICHT, ABER DU WIRKST SO ...
ICH MUSS MAL EBEN AUFS KLO.
ICH WOLLTE DIR NOCH SAGEN, DASS ICH DEINEN AUFTRITT LETZTE WOCHE SUPER FAND.
OH, DÜRFEN WIR DAS? ÜBER SACHEN AUSSERHALB DER SZENE SPRECHEN?
ÜBER IRGENDWAS MÜSSEN WIR JA SPRECHEN, ODER? UND WAS SOLL ER SCHON MACHEN? WIR KÖNNEN DOCH REDEN, WORÜBER WIR WOLLEN.
DA IST WAS DRAN.
SIEHST DU.
JA, ICH WAR TOTAL GEBANNT. WIE DU INNEHIELTST, ALS DU DIE DIAGNOSE BEKAMST, WIE DU DAS ZURÜCKGEHALTEN HAST. ALLES ÜBER DIE AUGEN. WAHNSINN.
DANKE. ICH BIN SPRACHLOS.
DU WARST TOLL. DAS WOLLT ICH DIR NUR SAGEN. ICH HAB WIRKLICH RESPEKT VOR DEINER KREATIVITÄT, UND ICH SAG SO WAS NICHT EINFACH SO.
HA, DANKE.
OK, HIER SIND NOCH EIN PAAR ANDERE LEUTE, DIE ICH NICHT SO OFT SEHE, ABER ES WAR SCHÖN, MIT DIR ZU SPRECHEN.
MACH WEITER SO.
DU AUCH.

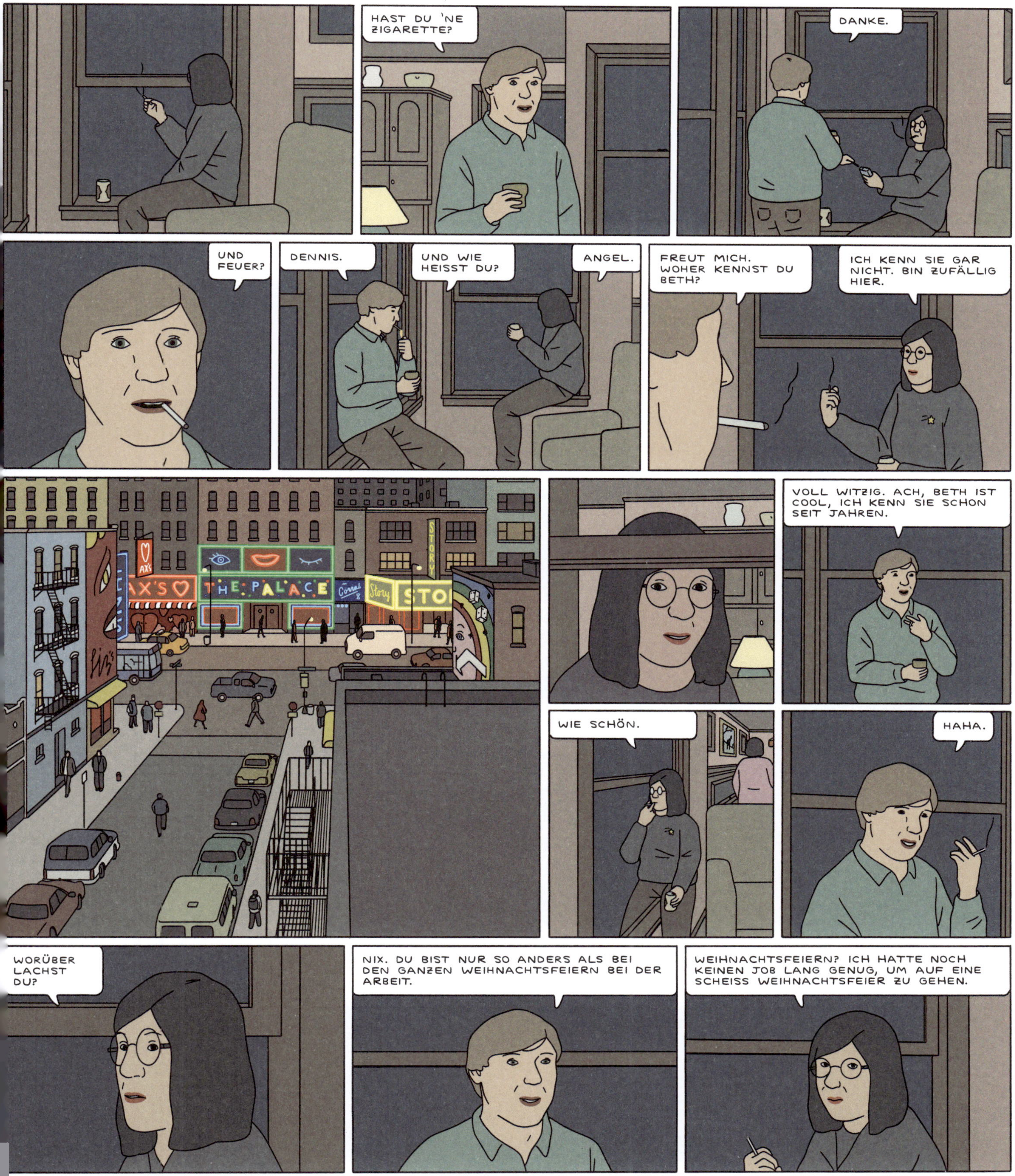
HAST DU 'NE ZIGARETTE?
DANKE.
UND FEUER?
DENNIS.
UND WIE HEISST DU?
ANGEL.
FREUT MICH. WOHER KENNST DU BETH?
ICH KENN SIE GAR NICHT. BIN ZUFÄLLIG HIER.
THE PALACE
STORY
VOLL WITZIG. ACH, BETH IST COOL, ICH KENN SIE SCHON SEIT JAHREN.
WIE SCHÖN.
HAHA.
WORÜBER LACHST DU?
NIX. DU BIST NUR SO ANDERS ALS BEI DEN GANZEN WEIHNACHTSFEIERN BEI DER ARBEIT.
WEIHNACHTSFEIERN? ICH HATTE NOCH KEINEN JOB LANG GENUG, UM AUF EINE SCHEISS WEIHNACHTSFEIER ZU GEHEN.

AH, STIMMT. ICH BIN VERWIRRT, WEIL ICH DICH KENNE.
MEINST DU? ABER ICH KENNE DICH NICHT.
HA. OKAY, OKAY ALSO, WOHER KOMMST DU?
VON DA, WO DIE LEUTE NICHT SO DUMMEN SMALL TALK MACHEN.
DU HAST ECHT 'NEN STOCK IM ARSCH.
WEISST DU, GENAU DAS BRAUCH ICH, JEMAND, DER EHRLICH ZU MIR IST. ERFRISCHEND.
JA, DU BIST ECHT LANGWEILIG. IN ALL DEN JAHREN HAST DU NOCH NIE WAS INTERESSANTES GESAGT.
OH. JETZT WAR ICH VERWIRRT. WIR KENNEN UNS JA GAR NICHT. SORRY.
SCHON OK. ICH KANN'S AB.
ICH GEH WIEDER RÜBER. WAR NETT MIT DIR.
BEI DIR ALLES OKAY?
ICH HAB'S VERMASSELT. ICH WAR VIEL ZU EHRLICH ZU DENNIS.
IST DOCH GUT!
GOTT, WAR DAS GEMEIN.

DU SOLLST JA AUCH EINE KOMPROMISSLOSE FIGUR SPIELEN. DARUM GEHT'S DOCH.
UND WENN ER'S ROSIE ERZÄHLT? ICH ARBEITE JEDEN TAG MIT IHR.
DU BIST EIN SEHR ÄNGSTLICHER MENSCH, NICHT WAHR?
DAS MERKST DU JETZT ERST?
HAHA.
DAHER FINDE ICH JA AUCH, DASS DIESE ROLLE FÜR DICH WICHTIG IST.
ICH WETTE, ES HAT SICH GUT ANGEFÜHLT, UNHÖFLICH UND GROB ZU SEIN UND DARAUF ZU SCHEISSEN, WAS DIE ANDEREN VON DIR DENKEN.
JA, SCHON, ABER ICH WILL NICHT GRAUSAM SEIN.
DA HÖR ICH ANGEL RAUS. SAG IHR, SIE HAT JETZT PAUSE.
DU SIEHST AUS, ALS HÄTTEST DU SPASS.
HI, DENNIS. SCHÖN, DICH ZU SEHEN.
DIE GEISTERGESCHICHTE WAR CRAZY, HM?
JA.
HAT MICH AN EINEN TRAUM ERINNERT. IN DEM HATTEST DU SUPERKRÄFTE, ABER DU HAST SIE NUR GEGEN MICH VERWENDET.
HA.
GANZ SUBTIL: DINGE VERRÜCKT. TÜREN VERSCHLOSSEN. MEINE SCHNÜRSENKEL VERKNOTET.
HM. MERKWÜRDIG. WEIL, WEISST DU, WIR KENNEN UNS JA GAR NICHT.
NA JA, DAS IST JA DAS KOMISCHE.
IM TRAUM WAREN WIR VERHEIRATET.
DU MACHST MICH VERANTWORTLICH FÜR DEINE TRÄUME?
WAS? DAS SOLLTE LUSTIG SEIN.

LOU! KOMM HER, BUDDY.
NA DU! NA SÜSSER!
WER IST DAS?
DAS HERZ DER PARTY! GIB IHM ZUNEIGUNG, UND ER LIEBT DICH FÜR IMMER.
WER IST DAS, LOU? IST DAS DENNIS? DEIN NEUER FREUND?
HI, LOU. BRAV.
OH, ER MAG DICH!
ICH HOL MIR EIN GETRÄNK, HALT MEINEN PLATZ FREI.
HABT IHR BOCK AUF EIN "ICE BREAKER"-SPIEL? HAB ICH MAL AUF 'NER PARTY GESPIELT. EIN KNALLER.
NA DU.

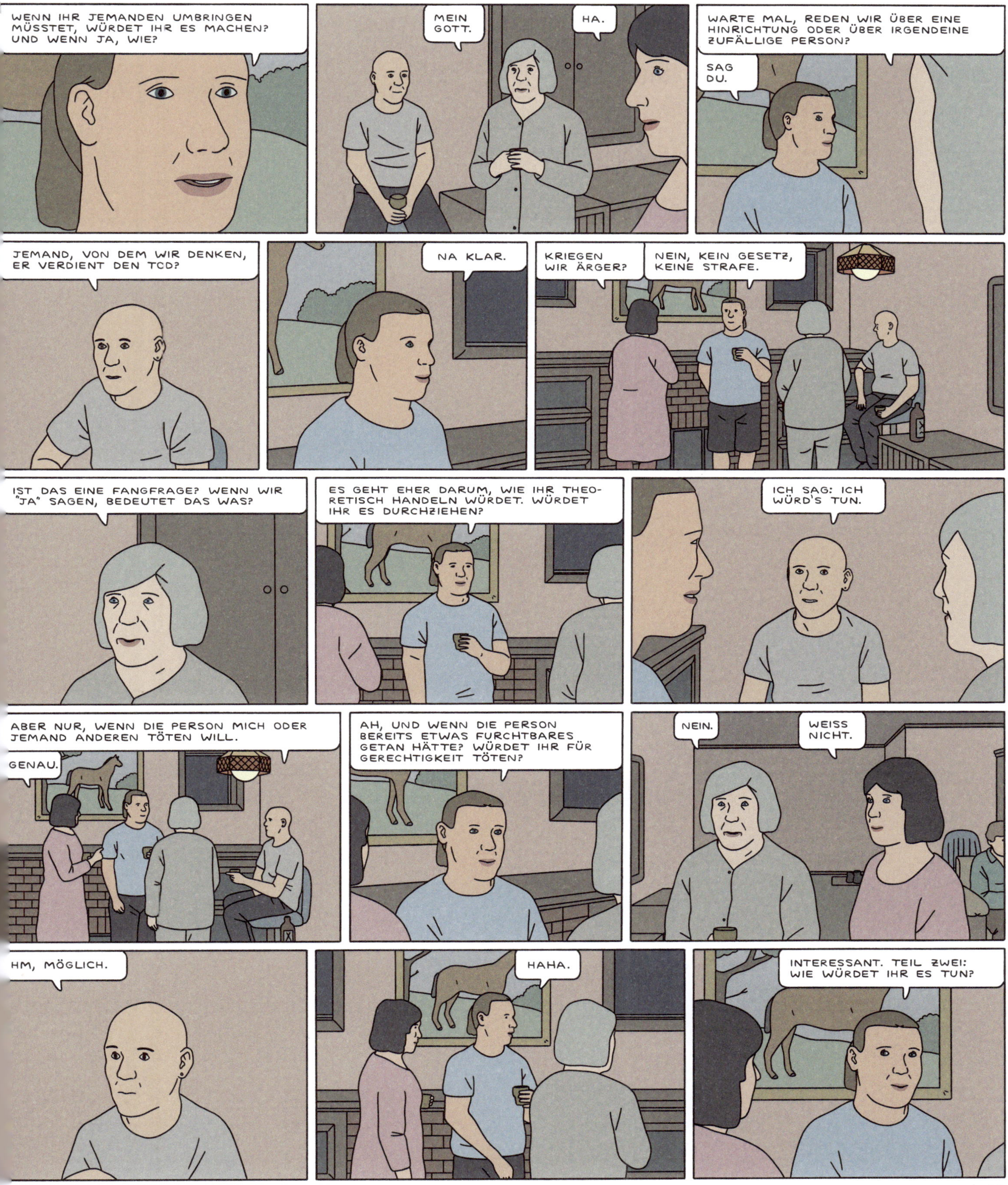
WENN IHR JEMANDEN UMBRINGEN MÜSSTET, WÜRDET IHR ES MACHEN? UND WENN JA, WIE?
MEIN GOTT.
HA.
WARTE MAL, REDEN WIR ÜBER EINE HINRICHTUNG ODER ÜBER IRGENDEINE ZUFÄLLIGE PERSON?
SAG DU.
JEMAND, VON DEM WIR DENKEN, ER VERDIENT DEN TOD?
NA KLAR.
KRIEGEN WIR ÄRGER?
NEIN, KEIN GESETZ, KEINE STRAFE.
IST DAS EINE FANGFRAGE? WENN WIR "JA" SAGEN, BEDEUTET DAS WAS?
ES GEHT EHER DARUM, WIE IHR THEORETISCH HANDELN WÜRDET. WÜRDET IHR ES DURCHZIEHEN?
ICH SAG: ICH WÜRD'S TUN.
ABER NUR, WENN DIE PERSON MICH ODER JEMAND ANDEREN TÖTEN WILL.
GENAU.
AH, UND WENN DIE PERSON BEREITS ETWAS FURCHTBARES GETAN HÄTTE? WÜRDET IHR FÜR GERECHTIGKEIT TÖTEN?
NEIN.
WEISS NICHT.
HM, MÖGLICH.
HAHA.
INTERESSANT. TEIL ZWEI: WIE WÜRDET IHR ES TUN?

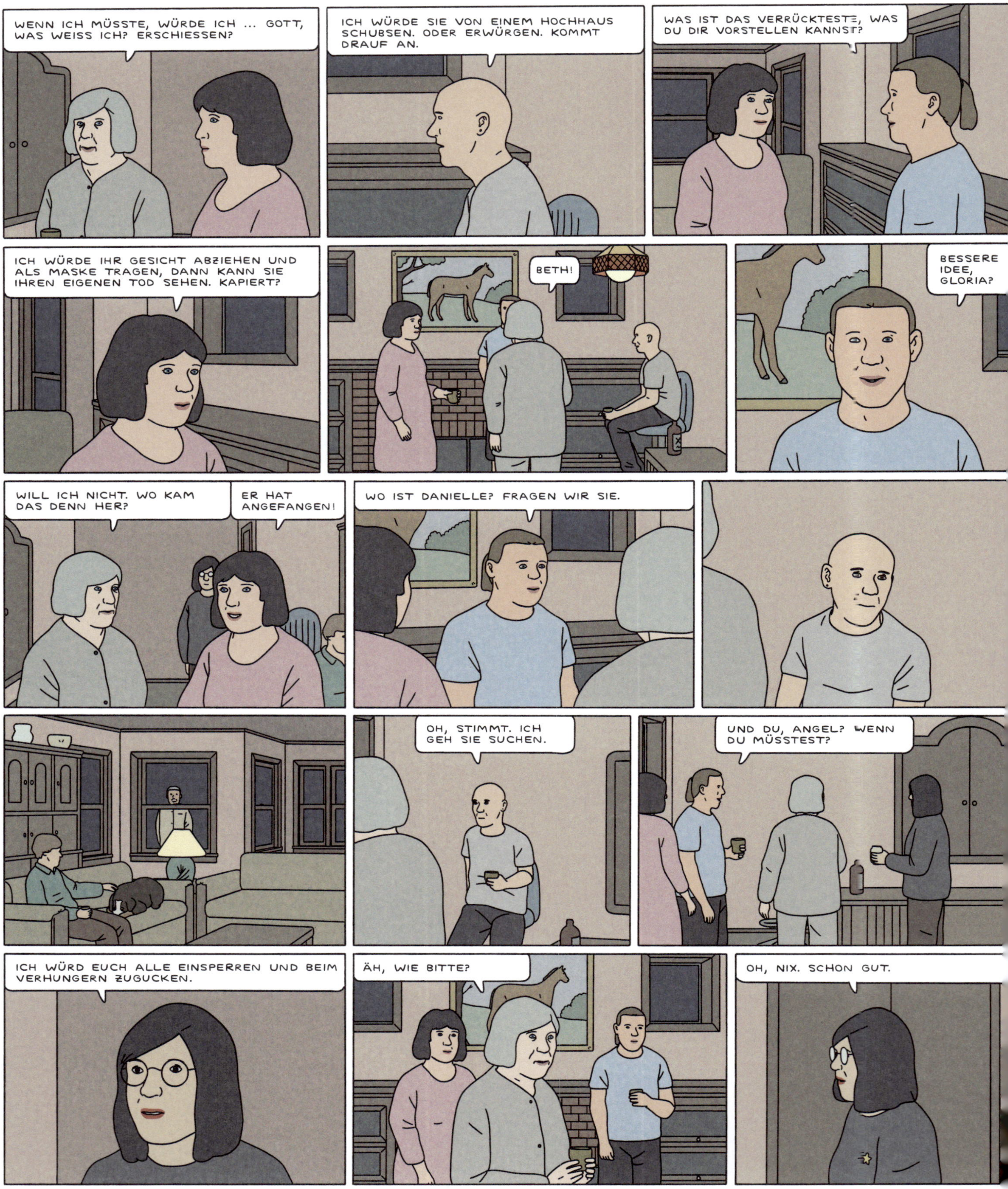
WENN ICH MÜSSTE, WÜRDE ICH ... GOTT, WAS WEISS ICH? ERSCHIESSEN?
ICH WÜRDE SIE VON EINEM HOCHHAUS SCHUBSEN. ODER ERWÜRGEN. KOMMT DRAUF AN.
WAS IST DAS VERRÜCKTESTE, WAS DU DIR VORSTELLEN KANNST?
ICH WÜRDE IHR GESICHT ABZIEHEN UND ALS MASKE TRAGEN, DANN KANN SIE IHREN EIGENEN TOD SEHEN. KAPIERT?
BETH!
BESSERE IDEE, GLORIA?
WILL ICH NICHT. WO KAM DAS DENN HER?
ER HAT ANGEFANGEN!
WO IST DANIELLE? FRAGEN WIR SIE.
OH, STIMMT. ICH GEH SIE SUCHEN.
UND DU, ANGEL? WENN DU MÜSSTEST?
ICH WÜRD EUCH ALLE EINSPERREN UND BEIM VERHUNGERN ZUGUCKEN.
ÄH, WIE BITTE?
OH, NIX. SCHON GUT.

HAHA, WAR NUR SPASS. IHR SOLLTET MAL EURE GESICHTER SEHEN.
ICH MUSS LOS. WAR SCHÖN MIT EUCH.
DU GEHST?
EINE FREUNDIN NIMMT MICH MIT NACH KENTUCKY. ICH BIN NIE HIER GEWESEN.
BYE, ANGEL. MEGA GUT!
RED HOTS
Holiday BOOKS RARE & USED
HILITE
FOOD
GAMES
MUSIC
ART MOVIES
DEB'S LAIR
2 BLOCKS SOUTH

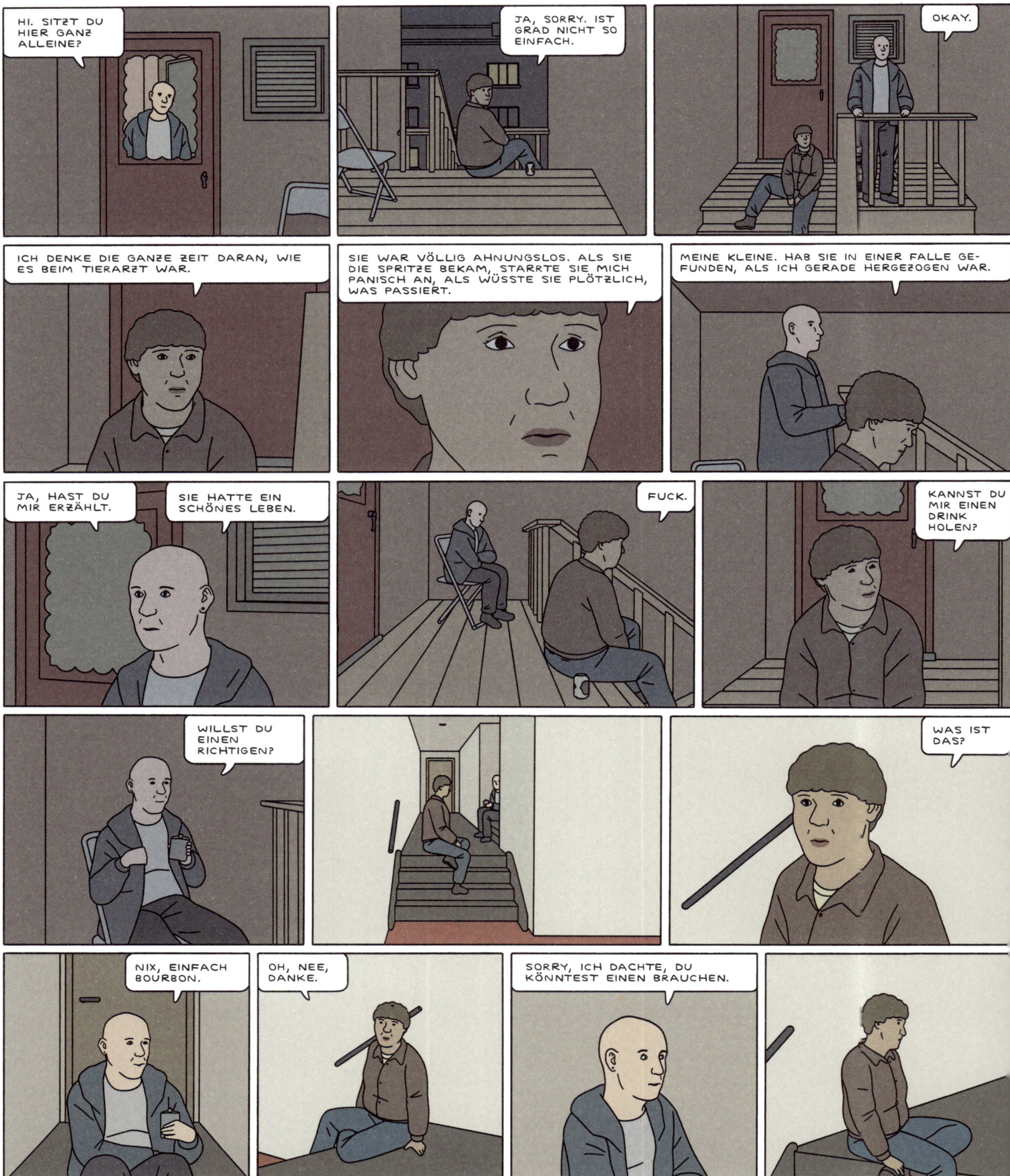
HI. SITZT DU HIER GANZ ALLEINE?
JA, SORRY. IST GRAD NICHT SO EINFACH.
OKAY.
ICH DENKE DIE GANZE ZEIT DARAN, WIE ES BEIM TIERARZT WAR.
SIE WAR VÖLLIG AHNUNGSLOS. ALS SIE DIE SPRITZE BEKAM, STARRTE SIE MICH PANISCH AN, ALS WÜSSTE SIE PLÖTZLICH, WAS PASSIERT.
MEINE KLEINE. HAB SIE IN EINER FALLE GEFUNDEN, ALS ICH GERADE HERGEZOGEN WAR.
JA, HAST DU MIR ERZÄHLT.
SIE HATTE EIN SCHÖNES LEBEN.
FUCK.
KANNST DU MIR EINEN DRINK HOLEN?
WILLST DU EINEN RICHTIGEN?
WAS IST DAS?
NIX, EINFACH BOURBON.
OH, NEE, DANKE.
SORRY, ICH DACHTE, DU KÖNNTEST EINEN BRAUCHEN.

ICH HOL MIR AUF DER PARTY NOCH WAS.
KOMM DOCH MIT.
JA, ICH KOMM GLEICH.
WAS MACHEN WIR HIER NUR?
HA, KEINE AHNUNG.
IST RAYANNE DAHINTEN?
NEE, NUR NEIL, ZU DEM WILLST DU NICHT.

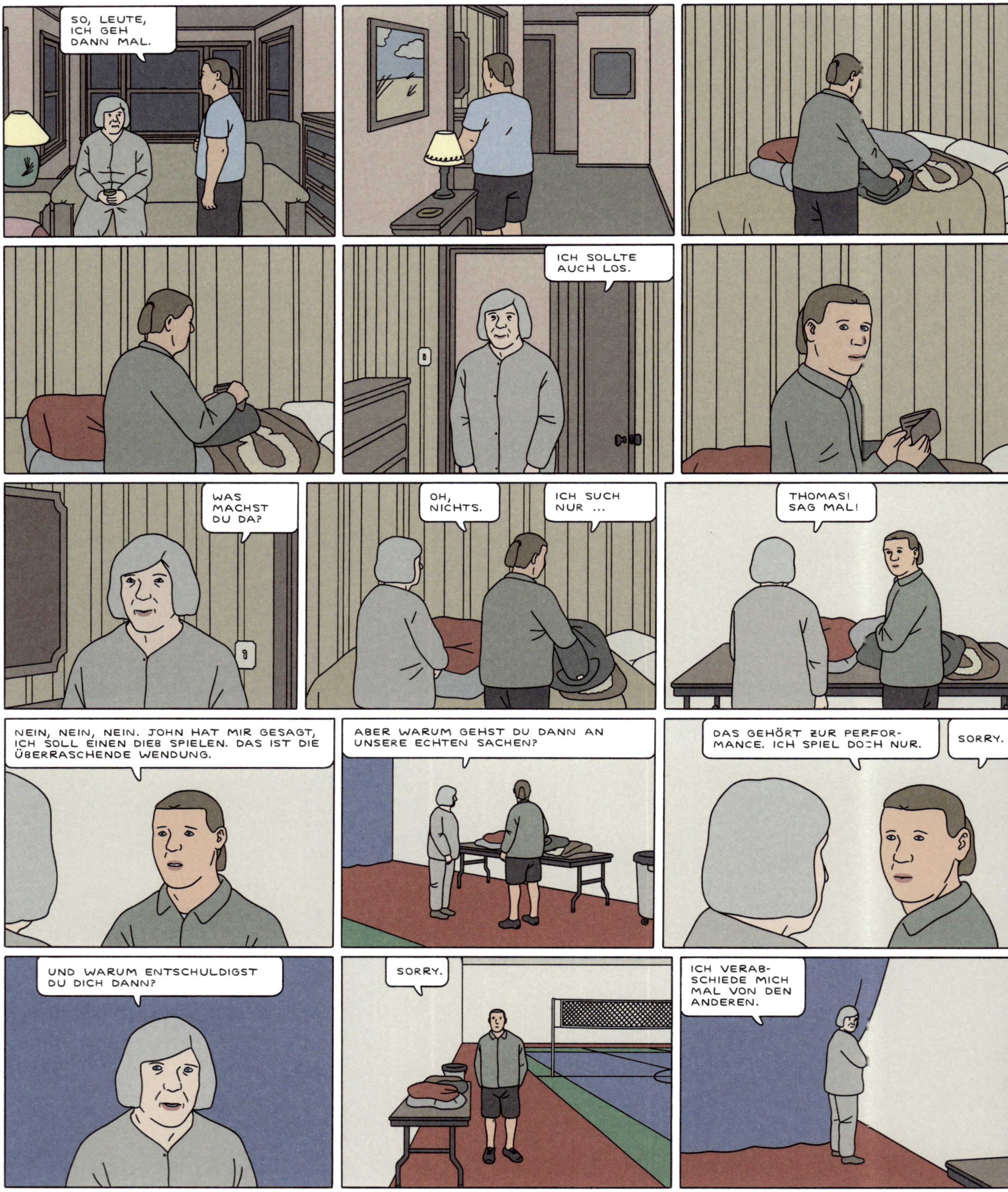
SO, LEUTE, ICH GEH DANN MAL.
ICH SOLLTE AUCH LOS.
WAS MACHST DU DA?
OH, NICHTS.
ICH SUCH NUR ...
THOMAS! SAG MAL!
NEIN, NEIN, NEIN. JOHN HAT MIR GESAGT, ICH SOLL EINEN DIEB SPIELEN. DAS IST DIE ÜBERRASCHENDE WENDUNG.
ABER WARUM GEHST DU DANN AN UNSERE ECHTEN SACHEN?
DAS GEHÖRT ZUR PERFORMANCE. ICH SPIEL DOCH NUR.
SORRY.
UND WARUM ENTSCHULDIGST DU DICH DANN?
SORRY.
ICH VERABSCHIEDE MICH MAL VON DEN ANDEREN.

DA BIST DU.
HEY.
DARF ICH?
MH-HM.
KEINE LUST, MIT IRGENDWEM DA DRIN ZU REDEN?
EHER NICHT.
ICH AUCH NICHT.
ICH KANN DAS NICHT. ES MACHT MICH VERRÜCKT.
WAS IST LOS?
WILL ICH NICHT SAGEN.
KOMM SCHON, ERZÄHL'S MIR.
ICH VERRAT'S NICHT.
DAS IST MIR GERADE ZU VIEL.
WAS IST PASSIERT?
ICH HAB NICHTS GETAN.

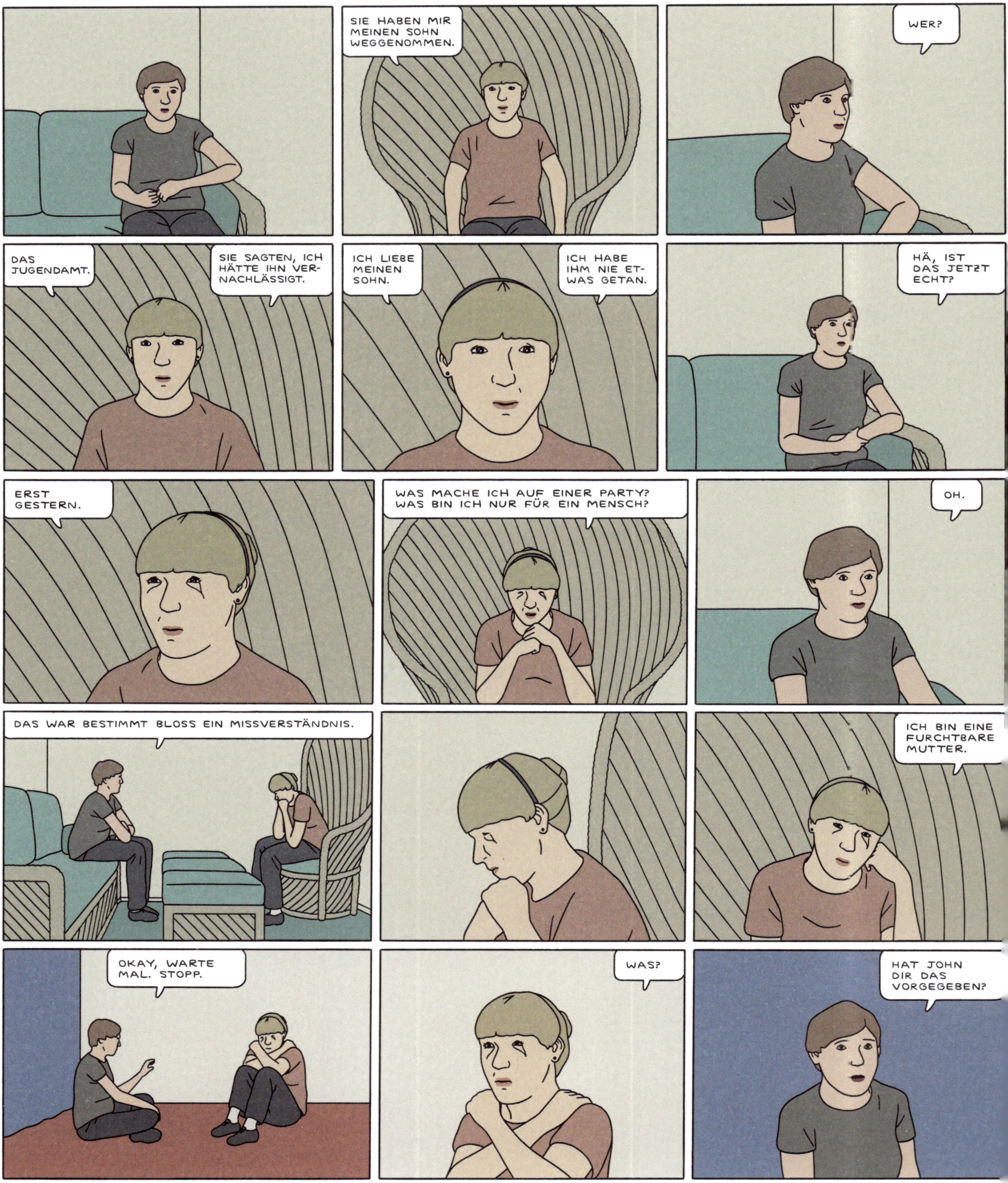
SIE HABEN MIR MEINEN SOHN WEGGENOMMEN.
WER?
DAS JUGENDAMT.
SIE SAGTEN, ICH HÄTTE IHN VERNACHLÄSSIGT.
ICH LIEBE MEINEN SOHN.
ICH HABE IHM NIE ETWAS GETAN.
HÄ, IST DAS JETZT ECHT?
ERST GESTERN.
WAS MACHE ICH AUF EINER PARTY? WAS BIN ICH NUR FÜR EIN MENSCH?
OH.
DAS WAR BESTIMMT BLOSS EIN MISSVERSTÄNDNIS.
ICH BIN EINE FURCHTBARE MUTTER.
OKAY, WARTE MAL. STOPP.
WAS?
HAT JOHN DIR DAS VORGEGEBEN?

ER DACHTE, ES SEI EINE GUTE ÜBUNG FÜR MICH.
WHAT THE FUCK?
NEE, IST SCHON OK.
WOW, DAS WAR KRASS.
PUH.
MARCUS LIEGT IM BETT UND KRIEGT SPÄTER VON MIR EINEN GUTENACHTKUSS.
TROTZDEM, DAS IST DOCH SCHEISSE. WARUM GIBT ER DIR SO WAS?
- SFZ -
IST OK. BIN FROH, DASS ES VORBEI IST.
KRASSER ABEND.
SUPER PARTY, NE?
PUH, ICH DENK EH SCHON, ICH BIN EINE SCHLECHTE MUTTER. ABER IST OKAY.

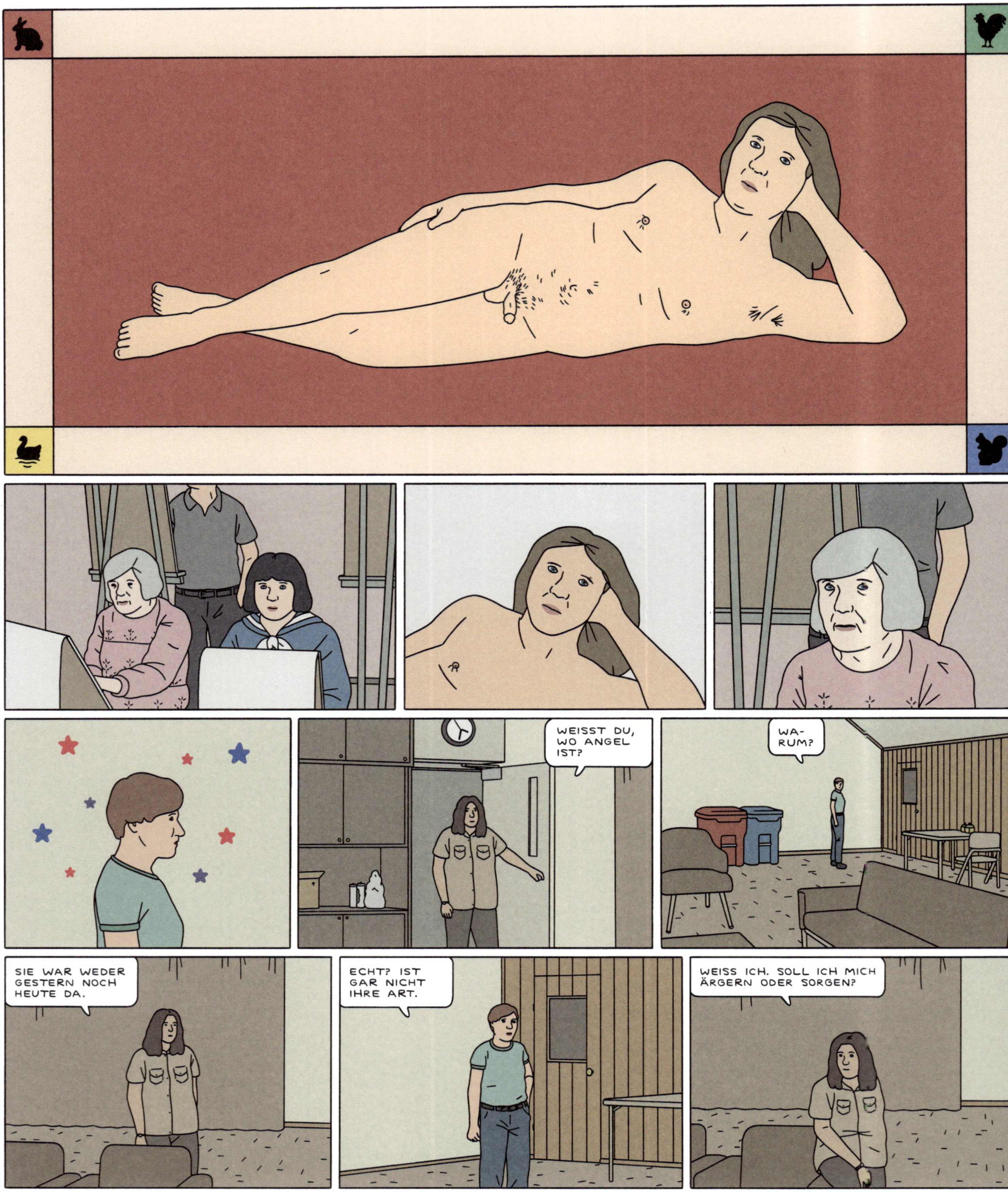
WEISST DU, WO ANGEL IST?
WA-RUM?
SIE WAR WEDER GESTERN NOCH HEUTE DA.
ECHT? IST GAR NICHT IHRE ART.
WEISS ICH. SOLL ICH MICH ÄRGERN ODER SORGEN?

ICH HAB SIE MITTWOCHABEND GESEHEN. DA GING'S IHR GUT.
GLAUB ICH JEDENFALLS.
ICH VERSUCH'S WEITER BEI IHR ZU HAUSE. JETZT IST HOCHSAI-SON, WAS SOLL ICH MACHEN?
WIE LÄUFT'S MIT JENNA?
GANZ OKAY. SIE ACHTET NICHT SO AUF DETAILS. UND VERLÄUFT SICH GANZ SCHÖN OFT AUFS KLO.
TEENAGER! STELL DIR MAL VOR, SIE WÜRDE DIESEN JOB IN DEINEM ALTER MACHEN.
JA, STELL DIR DAS MAL VOR.
ACH KOMM, SO HAB ICH'S NICHT GEMEINT.
DIE SAISON IST NOCH LANG. WIR SIND DOCH EIN TEAM.
HIER?
NEIN, TIEFER. WIE IMMER.
TUT MIR LEID. ICH BEHANDLE SO VIELE LEUTE.
ICH HAB DEN SCHMERZ NUR EINFACH SATT.
JEP. ICH AUCH.
OK, NOCH EINMAL DAS BEIN STRECKEN.

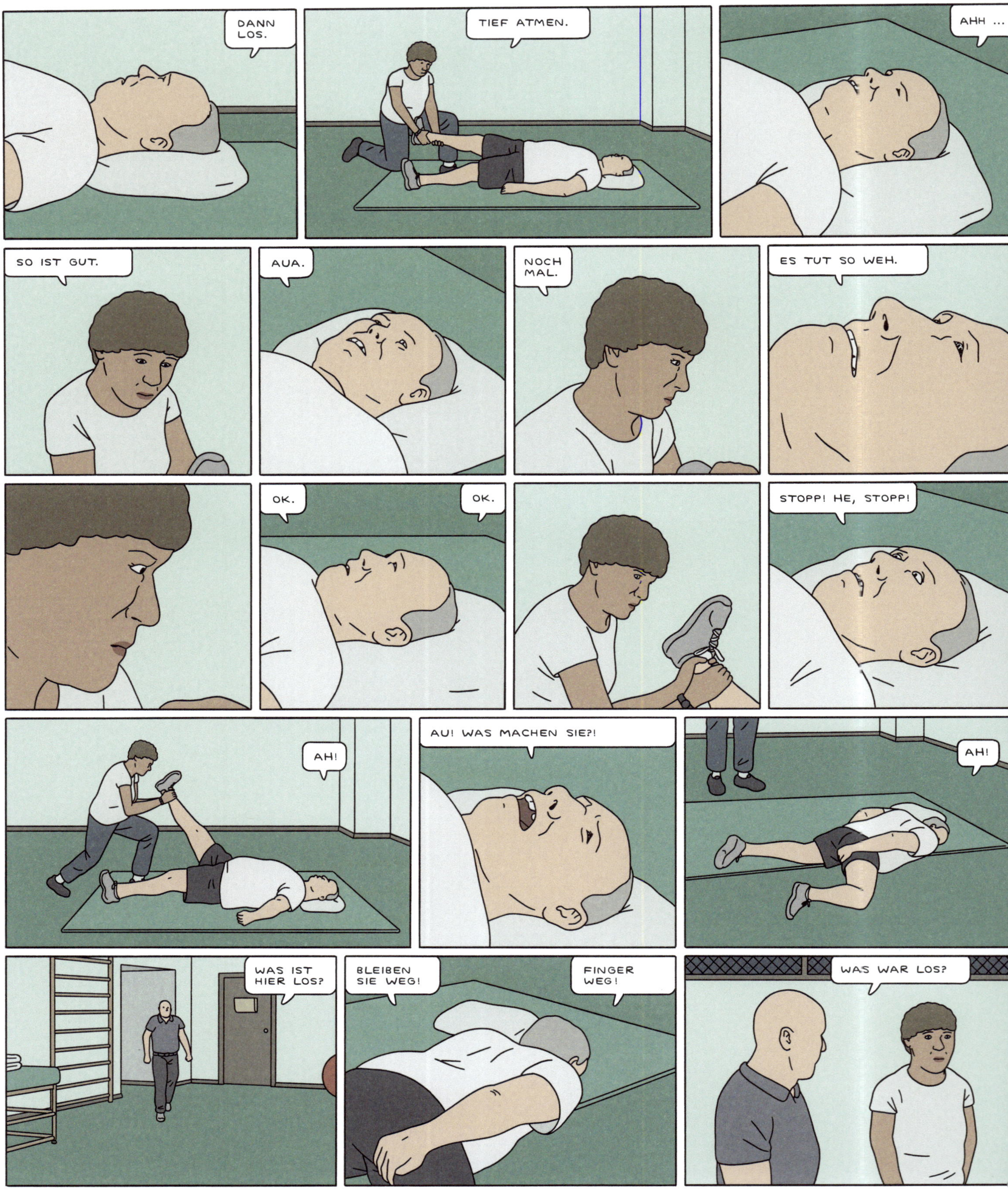
DANN LOS.
TIEF ATMEN.
AHH …
SO IST GUT.
AUA.
NOCH MAL.
ES TUT SO WEH.
OK.
OK.
STOPP! HE, STOPP!
AH!
AU! WAS MACHEN SIE?!
AH!
WAS IST HIER LOS?
BLEIBEN SIE WEG!
FINGER WEG!
WAS WAR LOS?

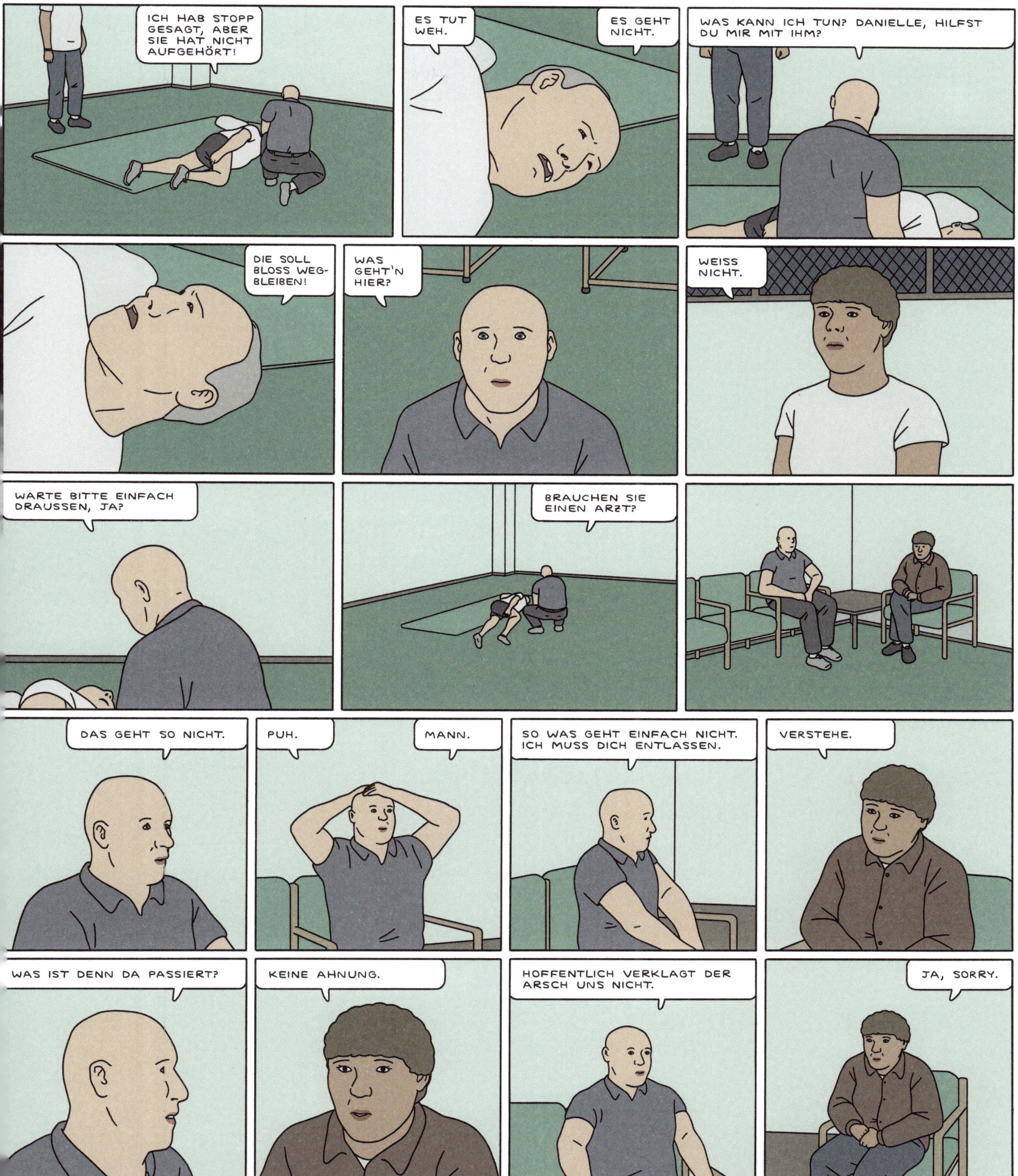

ICH HAB STOPP GESAGT, ABER SIE HAT NICHT AUFGEHÖRT!
ES TUT WEH.
ES GEHT NICHT.
WAS KANN ICH TUN? DANIELLE, HILFST DU MIR MIT IHM?
DIE SOLL BLOSS WEG-BLEIBEN!
WAS GEHT'N HIER?
WEISS NICHT.
WARTE BITTE EINFACH DRAUSSEN, JA?
BRAUCHEN SIE EINEN ARZT?
DAS GEHT SO NICHT.
PUH.
MANN.
SO WAS GEHT EINFACH NICHT. ICH MUSS DICH ENTLASSEN.
VERSTEHE.
WAS IST DENN DA PASSIERT?
KEINE AHNUNG.
HOFFENTLICH VERKLAGT DER ARSCH UNS NICHT.
JA, SORRY.

ICH WÜNSCHTE, ICH MÜSSTE DAS NICHT. ICH MAG DICH WIRKLICH.
ICH GEBE DIR GERNE EIN EMPFEHLUNGS-SCHREIBEN.
HATTEN WIR DIESES GESPRÄCH SCHON MAL?
HÄ?
NIX. ICH HAB MICH NUR AN WAS ERINNERT.
ALLES OKAY BEI DIR?
ICE
HALLO! ICH ARBEITE FÜR DIE HIESIGE GEMEINDETAFEL.
SORRY.
SCHÖNEN TAG NOCH.
ICE
NA GUT. KOMM SCHON.
HEY!

WITZIG. DU HIER.
HEY, BUDDY.
RICHTIG GUT, NEULICH. ICH KONNTE DIR DAS NICHT SAGEN, ABER ICH MOCHTE DEINE PERFORMANCE.
ECHT SEHR COOL.
DANKE, MANN. VIELEN DANK.
ICH GLAUB, ICH HAB'S NOCH NICHT RAUS. ICH TRAU MICH NICHT. RICHTIG FRUSTRIEREND.
JOA, WEISS NICHT.
WAS HAST DU VOR?
OH, ICH GUCK HIER NUR RUM.
KOMMST DU NÄCHSTE WOCHE?
HÄ?
ZUM KURS?
ACH, JA. NA KLAR.
ICH GLAUB, DU BIST LETZTENS FRÜHER LOS. WIR TREFFEN UNS DIESMAL WOANDERS.
ICH HAB DIE ADRESSE, ABER KEINE AHNUNG, WO DAS IST. IRGENDWO IN DER PAMPA.
WILLST DU SIE?
KLAR

OH, DEN BRAUCH ICH.
STIFT HAB ICH. HAST DU 'NEN ZETTEL?
HA, OKAY.
HOFFENTLICH BIS DANN.
HEY ... ICH SAMMELE GERADE SPENDEN FÜR EINE TAFEL.
IST 'NE TOLLE EINRICHTUNG. DIE MACHEN HIER GUTE ARBEIT.
UM EHRLICH ZU SEIN, HAT MICH EIN GERICHT DAZU VERDONNERT. SAG'S NICHT WEITER.
WARUM HAB ICH DIR DAS JETZT ERZÄHLT?
GOTT, ICH BIN SO SCHLECHT IN SO WAS. DARUM JA DER KURS.
ALSO, WENN DU EIN PAAR DOLLAR ÜBRIG HÄTTEST, DAS WÜRDE SEHR ...
OH, JA, NATÜRLICH.
HIER SIND, ÄH, 93 DOLLAR? MEHR HAB ICH NICHT.
ECHT?
WOW, WIRKLICH?
O JA.
VIELEN DANK, ANGEL. DAS IST WIRKLICH TOLL VON DIR.
GERNE.
NOCH EIN STOCKWERK?
JA! UND DANN MACH ICH'S KAPUTT!

LASS UNS LIEBER VORSICHTIG BAUEN UND SCHAUEN, WIE HOCH WIR KOMMEN.
NEIN, LIEBER KAPUTTMACHEN!
MARCUS.
DAS WAR ALS KIND MEIN LIEBLINGSBUCH.
DU HAST ALLES VOLLGEKRITZELT.
GIB HER. ES IST MEIN MALBUCH.
IST ES NICHT.
OH, DA SIND SEITEN RAUS.
HEB MICH HOCH! ICH MACH DAS DACH DRAUF.
MARCUS!
HUAH!
OKAY. JETZT HAST DU'S GESCHAFFT.
JA! JA! JA! JA!
MONSTER-ATTACKE!
AU!
GOTT!

MARCUS?
WO BIST DU?
OJE.
MARCUS! PASS AUF!
MACH MAL PIEP!
MARCUS.
DU HAST MIR ANGST GEMACHT.
DU SOLLST NICHT ALLEINE AUS DER WOHNUNG.
ICH HAB SIE SCHON WIE-DER GESEHEN.
ACH, MEIN SCHATZ. WIR HABEN SIE DOCH WEGGEWÜNSCHT.
DIE SIND ABER ZURÜCKGEKOM-MEN. DIE ÄRGERN MICH.
WER WAR ES DIESMAL?
DER MANN, DIE MAMA UND DAS KLEINE MÄDCHEN.

HAT DAS MÄDCHEN WAS ZU DIR GESAGT?
SIE IST AUF'S SOFA GEHÜPFT UND HAT MICH AUSGELACHT.
DAS WAR ABER NICHT NETT. ICH SAG IHR, SIE SOLL DICH IN RUHE LASSEN.
DER MANN HAT MICH VERFOLGT.
DIE TUN DIR NICHTS.
LASS UNS HOCHGEHEN.
NÖ!
NA KOMM. ABENDESSEN.
NEIN!
ICH HASS DICH!
SCHLUSS!
WÄ!
5445
MIST.
ROSIE, BIST DU DA? ICH IDIOT HAB DIE SCHLÜSSEL VERGESSEN.
SO NAH UND DOCH SO FERN.
HA.

DA BIN ICH ALSO, ALLEIN MIT MEINEN GEDANKEN.
ROSIE & DENNIS
AARRRR... ...RRR...
AH!
WUFF!
WAS WAR DAS?
OH, NUR UNSER GEIST. NOCH NIE GESEHEN?
EUER GEIST?
DER ALTE LOU. LEBT UNTER DER TREPPE.
HRRRR...
WUFF!
EVA, MACH IHR KEINE ANGST.
LOU, ICH ÖFFNE DIE TÜR.
GRRR...

HÄH?
DU HAST WIEDER EINEN ALPTRAUM. ALLES OKAY?
WAS? JA.
HAB DEN MÄDCHEN 'NE PIZZA VERSPROCHEN. WILLST DU AUCH WAS?
NEIN. MUSS SCHLAFEN.
HI, LOU.
HEY.
TUST DU MIR 'NEN GEFALLEN?
WAS?
MACH DIE TÜR ZU, BITTE.
HRRRR...
WUFF!

AVAILABLE
HAHA.
WAS LACHST DU?
NUR SO. MUSSTE AN WAS DENKEN.
HABT IHR GENUG PLATZ?
JA, DANKE.
DANKE FÜRS MITNEHMEN.
NA KLAR. ICH FAHR EH LIEBER IN GESELLSCHAFT HIER RAUS.

IRGENDWIE GRUSELIG.
ICH LIEBE ES. EIN GUTER GRUND, UM AUS DER STADT RAUSZUKOMMEN.
ZWISCHEN GEBÄUDEN UND MENSCHEN FÜHL ICH MICH WOHLER.
DENNIS KANN NICHT GUT ALLEINE SEIN.
DAS DENKST DU ALSO?
HAST DU DOCH SELBST GESAGT.
ICH HAB GESAGT, ICH BIN EIN GESELLIGER TYP.
ICH MAG'S HIER AUCH NICHT. IN SO EINER GEGEND BIN ICH AUFGEWACHSEN.
ACH, ECHT? MUSS HART SEIN, IN DIESER EINSAMKEIT, ABER ES WIRKT AUCH SO FRIEDLICH.
WEISS NICHT. ICH HATTE DAS GEFÜHL, ICH WERDE VERRÜCKT.
ICH WOLLTE, DASS MARCUS ANDERS AUFWÄCHST.
WIE ALT IST DEIN SOHN NOCH MAL?
DREI.
OH, WICHTIGE ENTWICKLUNGSPHASE.
GENAU. DARÜBER DENKE ICH SEHR VIEL NACH.

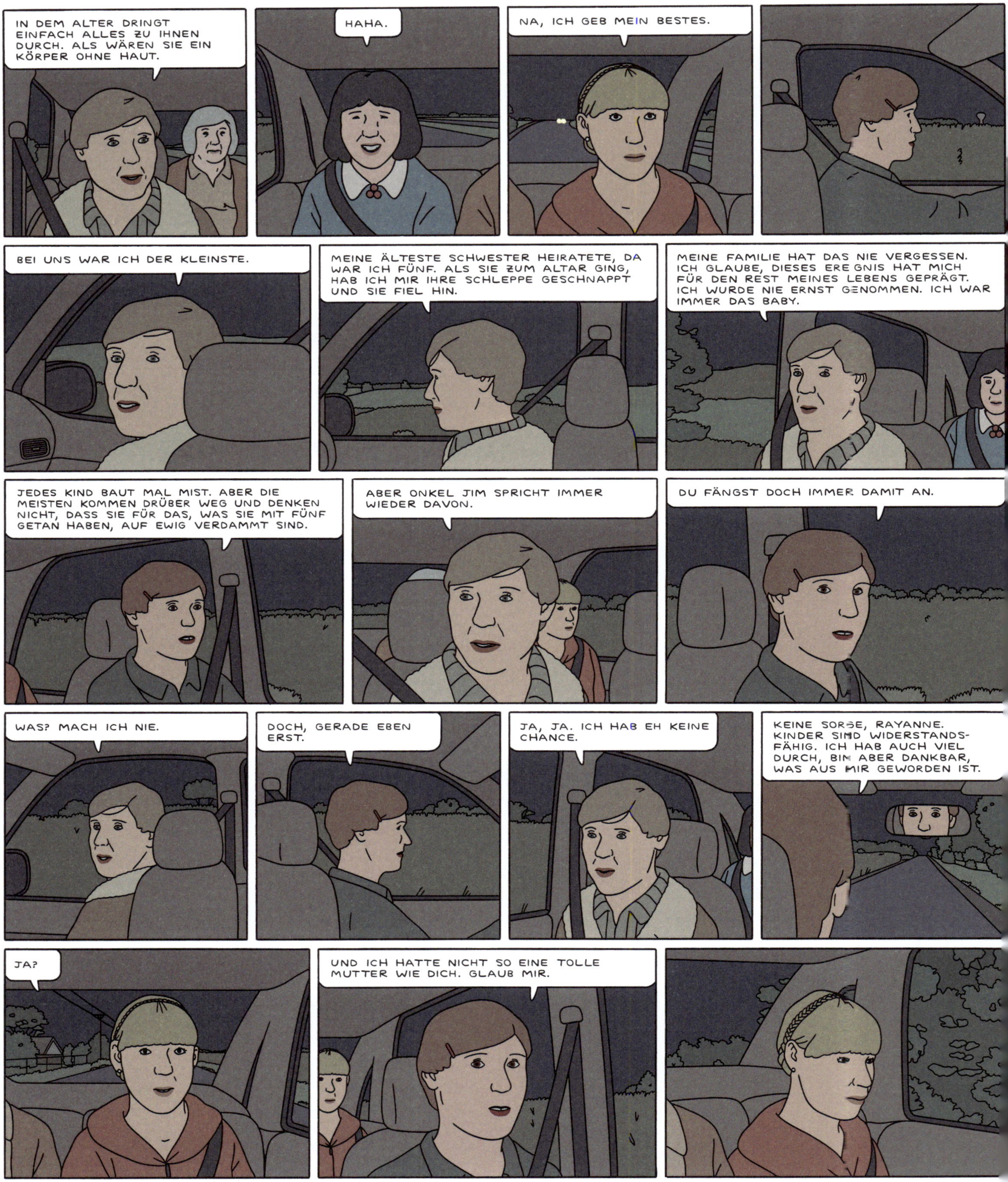
IN DEM ALTER DRINGT EINFACH ALLES ZU IHNEN DURCH. ALS WÄREN SIE EIN KÖRPER OHNE HAUT.
HAHA.
NA, ICH GEB MEIN BESTES.
BEI UNS WAR ICH DER KLEINSTE.
MEINE ÄLTESTE SCHWESTER HEIRATETE, DA WAR ICH FÜNF. ALS SIE ZUM ALTAR GING, HAB ICH MIR IHRE SCHLEPPE GESCHNAPPT UND SIE FIEL HIN.
MEINE FAMILIE HAT DAS NIE VERGESSEN. ICH GLAUBE, DIESES EREGNIS HAT MICH FÜR DEN REST MEINES LEBENS GEPRÄGT. ICH WURDE NIE ERNST GENOMMEN. ICH WAR IMMER DAS BABY.
JEDES KIND BAUT MAL MIST. ABER DIE MEISTEN KOMMEN DRÜBER WEG UND DENKEN NICHT, DASS SIE FÜR DAS, WAS SIE MIT FÜNF GETAN HABEN, AUF EWIG VERDAMMT SIND.
ABER ONKEL JIM SPRICHT IMMER WIEDER DAVON.
DU FÄNGST DOCH IMMER DAMIT AN.
WAS? MACH ICH NIE.
DOCH, GERADE EBEN ERST.
JA, JA. ICH HAB EH KEINE CHANCE.
KEINE SORGE, RAYANNE. KINDER SIND WIDERSTANDSFÄHIG. ICH HAB AUCH VIEL DURCH, BIN ABER DANKBAR, WAS AUS MIR GEWORDEN IST.
JA?
UND ICH HATTE NICHT SO EINE TOLLE MUTTER WIE DICH. GLAUB MIR.

HAHA!
WAS GEHT IN DIR DENN VOR?
NIX. KANN ICH JETZT NICHT ERKLÄREN.
WIR HABEN DIE AUSFAHRT VERPASST.
DREH UM.
DA!
KAUM ZU ÜBERSEHEN!
JA, ODER?
HATTE ER JA ANGEKÜNDIGT.
WAS'N DAS?
OK. DAS IST GUT. FAHR HIER RECHTS.

ER HAT GESAGT, AM ENDE DER STRASSE IST ES.
HIER?
SIEHT AUS, ALS WÄREN WIR NICHT DIE ERSTEN.
OK. ICH HAB MAL 'NE FRAGE.
BIN ICH DIE EINZIGE, DIE DAS HIER SELTSAM FINDET?
ES IST VIEL WEITER WEG, ALS ICH DACHTE.
HABT IHR JEMANDEM GESAGT, WO IHR HINFAHRT?
MEINE TANTE HAT DIE ADRESSE. WENN ICH BIS MITTERNACHT NICHT ZURÜCK BIN, IST SIE ALARMIERT.
O GOTT, WAS MACHEN WIR HIER NUR?
ICH FÜHL MICH AUF EINMAL GANZ FRIEDLICH. ICH WEISS JETZT, WAS DU MEINST.
SCHLIMMSTENFALLS IST ES ZEITVERSCHWENDUNG – ODER EINE GUTE GESCHICHTE.

ANGEL?
WO WARST DU DENN?
ICH WUSSTE, IHR SEID HIER.
KÖNNEN WIR REDEN?
WAS IST PASSIERT?
ICH HABE KEINE AHNUNG.
ICH LÜGE SEIT EINER WOCHE FÜR DICH. DIE WOLLEN DICH ENTLASSEN.
ICH BIN ECHT DURCH'N WIND. DAS LETZTE, AN DAS ICH MICH ERINNERE, IST DER KURS LETZTE WOCHE.
WAS!?
HEUTE BIN ICH UNTER LEUTEN AUFGEWACHT, DIE ICH NICHT KENNE.
WAS HEISST AUFGEWACHT?
AUF EINMAL SASS ICH BEIM FRÜHSTÜCK IN EINEM DINER. HAB VOLL PANIK GESCHOBEN UND DIE LEUTE GEFRAGT, WO ICH BIN.
DIE SIND AUSGEFLIPPT. SIE SAGTEN, WIR WÄREN 30 MEILEN STADTAUSWÄRTS UND DASS ICH DIE LETZTEN ZWEI TAGE MIT DENEN IM WALD CAMPEN WAR.
UND DASS SIE MICH AUF DEM WANDERWEG GETROFFEN HÄTTEN UND WIR ZUSAMMEN SPASS HATTEN. NICHTS AN MIR ERSCHIEN IHNEN SELTSAM, BIS ZU DEM MOMENT.

KOMPLETTER FILMRISS?
GLAUB SCHON. GOTT SEI DANK WAREN DIE ECHT NETT. DIE HABEN SICH SORGEN GEMACHT UND MIR VON DEN LETZTEN TAGEN ERZÄHLT, UM MEINE ERINNERUNGEN ZU TRIGGERN, HAT ABER NICHT FUNKTIONIERT.
WO WAR ICH VON MITTWOCHABEND BIS SAMSTAGMITTAG? WIESO WEISS ICH DAS NICHT?!
ROSIE, ICH HAB ECHT ANGST.
ES WIRD ALLES GUT. ICH BIN FROH, DASS DU IN SICHERHEIT BIST.
ICH HAB GEHÖRT, DASS SO WAS PASSIEREN KANN. DU SOLLTEST UNBEDINGT ZUM ARZT GEHEN.
WAS ICH NICHT VERSTEHE: WIE BIST DU HERGEKOMMEN?
DAS HIER STAND AUF MEINEM ARM.
ICH DACHTE, DAS KÖNNTE MIT DEM KURS ZU TUN HABEN, ALSO BIN ICH HER, UM HERAUSZUFINDEN, WAS MIT MIR LOS IST.
WIE HAST DU ES ÜBERHAUPT GEFUNDEN? WIR HABEN UNS TOTAL VERFAHREN.
DIE WANDERER HABEN MICH HERGEFAHREN.
GAB'S ÄRGER BEIM JOB?
JA UND WIE! SIE HABEN DICH NUR NOCH NICHT GEFEUERT, WEIL SO WAS NOCH NIE VORKAM BEI DIR.
O NEIN! ICH BRAUCH DEN JOB! WAS MACH ICH NUR?
ICH GLAUB, WENN DU GLEICH MORGEN FRÜH HINGEHST, DRÜCKEN DIE NOCH MAL EIN AUGE ZU. HAB DENEN ERZÄHLT, DASS DU EINEN NOTFALL IN DER FAMILIE HAST. DENK DIR WAS GUTES AUS.

HEY! GUT, DASS DU DOCH GEKOMMEN BIST, ANGEL.
WAS?
WAS MEINST DU?
NEULICH WARST DU DIR NOCH NICHT SICHER, OB DU ES SCHAFFST.
HÄ? WANN WAR DAS?
FREITAG, GLAUB ICH, FREITAGNACHMITTAG. ICH HAB DIR DIE ADRESSE GEGEBEN.
WO HAST DU MICH GESEHEN?
NA, AUF DER LAWRENCE STREET!
WAR ICH ALLEIN?
HÄ? JA.
WAS HAB ICH GEMACHT?
DU BIST SPAZIEREN GEGANGEN, GLAUB ICH.
WAR ICH KOMISCH? WAS HABEN WIR GEREDET?
NEE, GANZ NORMAL. WIR HABEN NUR KURZ GEREDET. ICH HAB SPENDEN GESAMMELT, DU WARST SEHR GROSSZÜGIG.
WAR IRGENDWAS AUFFÄLLIG?

ÄH, HAT DER KURS SCHON ANGEFANGEN, ODER WAS IST LOS?
WIR SOLLTEN MAL REIN.
WAS DENKST DU? WILLST DU IN EIN KRANKENHAUS?
HIER IST DER KURS?
LASS UNS DOCH EINFACH REINGEHEN. WO WIR SCHON MAL DA SIND.
BIST DU SICHER?
ICH MUSS MIT DEN ANDEREN SPRECHEN. VIELLEICHT FINDE ICH SO RAUS, WAS MIT MIR PASSIERT IST.
ANGEL!
DU AUCH HIER!
NACH DEINEM ABGANG LETZTE WOCHE DACHTEN WIR, DU HÖRST AUF.

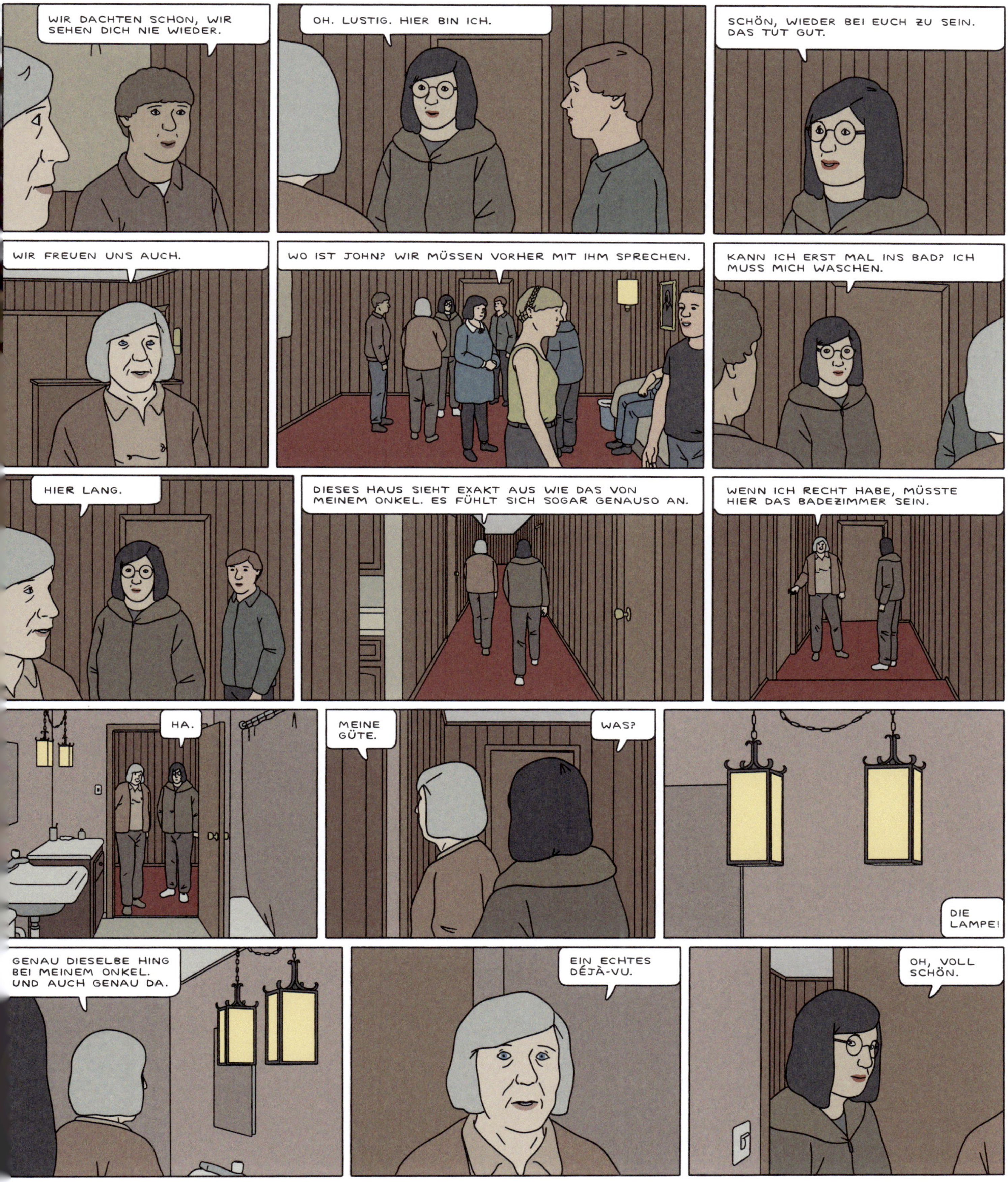
WIR DACHTEN SCHON, WIR SEHEN DICH NIE WIEDER.
OH. LUSTIG. HIER BIN ICH.
SCHÖN, WIEDER BEI EUCH ZU SEIN. DAS TUT GUT.
WIR FREUEN UNS AUCH.
WO IST JOHN? WIR MÜSSEN VORHER MIT IHM SPRECHEN.
KANN ICH ERST MAL INS BAD? ICH MUSS MICH WASCHEN.
HIER LANG.
DIESES HAUS SIEHT EXAKT AUS WIE DAS VON MEINEM ONKEL. ES FÜHLT SICH SOGAR GENAUSO AN.
WENN ICH RECHT HABE, MÜSSTE HIER DAS BADEZIMMER SEIN.
HA.
MEINE GÜTE.
WAS?
DIE LAMPE!
GENAU DIESELBE HING BEI MEINEM ONKEL. UND AUCH GENAU DA.
EIN ECHTES DÉJÀ-VU.
OH, VOLL SCHÖN.

EHRLICH GESAGT, WAR ES DAS NICHT. ICH HAB ABER AUCH VIEL VERDRÄNGT.
OH. SORRY.
ICH LASS DICH MAL.
DIE GIBT'S BESTIMMT GANZ OFT.
HÄ?
DIESE LAMPEN. UND ICH VERMUTE, DIESE ART HÄUSER AUCH.
OH. TUT MIR LEID.
HI.
WAS MALST DU DENN?
ACH, NUR SO HÄUSER.
DIE SEHEN ABER GUT AUS. WIESO HÄUSER?
ICH WILL MAL EINE STADT MACHEN.

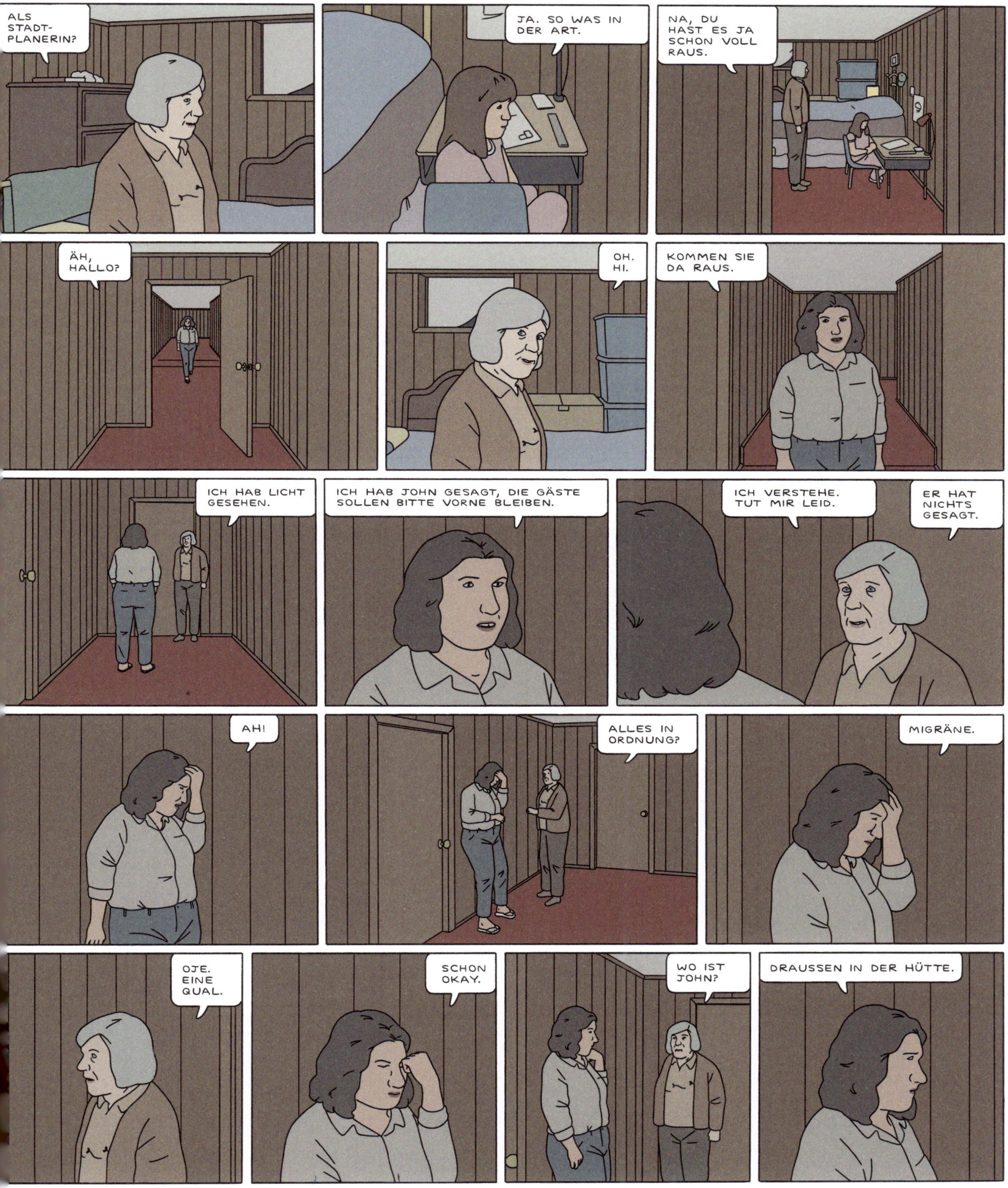
ALS STADT-PLANERIN?
JA. SO WAS IN DER ART.
NA, DU HAST ES JA SCHON VOLL RAUS.
ÄH, HALLO?
OH. HI.
KOMMEN SIE DA RAUS.
ICH HAB LICHT GESEHEN.
ICH HAB JOHN GESAGT, DIE GÄSTE SOLLEN BITTE VORNE BLEIBEN.
ICH VERSTEHE. TUT MIR LEID.
ER HAT NICHTS GESAGT.
AH!
ALLES IN ORDNUNG?
MIGRÄNE.
OJE. EINE QUAL.
SCHON OKAY.
WO IST JOHN?
DRAUSSEN IN DER HÜTTE.

ACH SO.
ICH DACHTE, DAS WÄRE SEIN HAUS.
NEIN, ER WOHNT IN DER HÜTTE.
AU!
SIE ARME, KANN ICH ETWAS TUN?
ICH MUSS MICH HINLEGEN.
AH, HALLO!
ENTSCHULDIGUNG. ICH GEH ZUR GRUPPE ZURÜCK.
KEINE SORGE, DAS IST OKAY.
SCHÖN, DASS SIE HERGEKOMMEN SIND.
DANKE, DASS WIR HIER SEIN KÖNNEN. ICH GLAUBE, ICH HAB IHRE FRAU VERSCHRECKT.
HAHA, IST NICHT MEINE FRAU.
OH.
ICH SAG JOHN MAL, DASS SEINE GÄSTE DA SIND. ER IST GANZ BEGEISTERT VON DIESER GRUPPE.

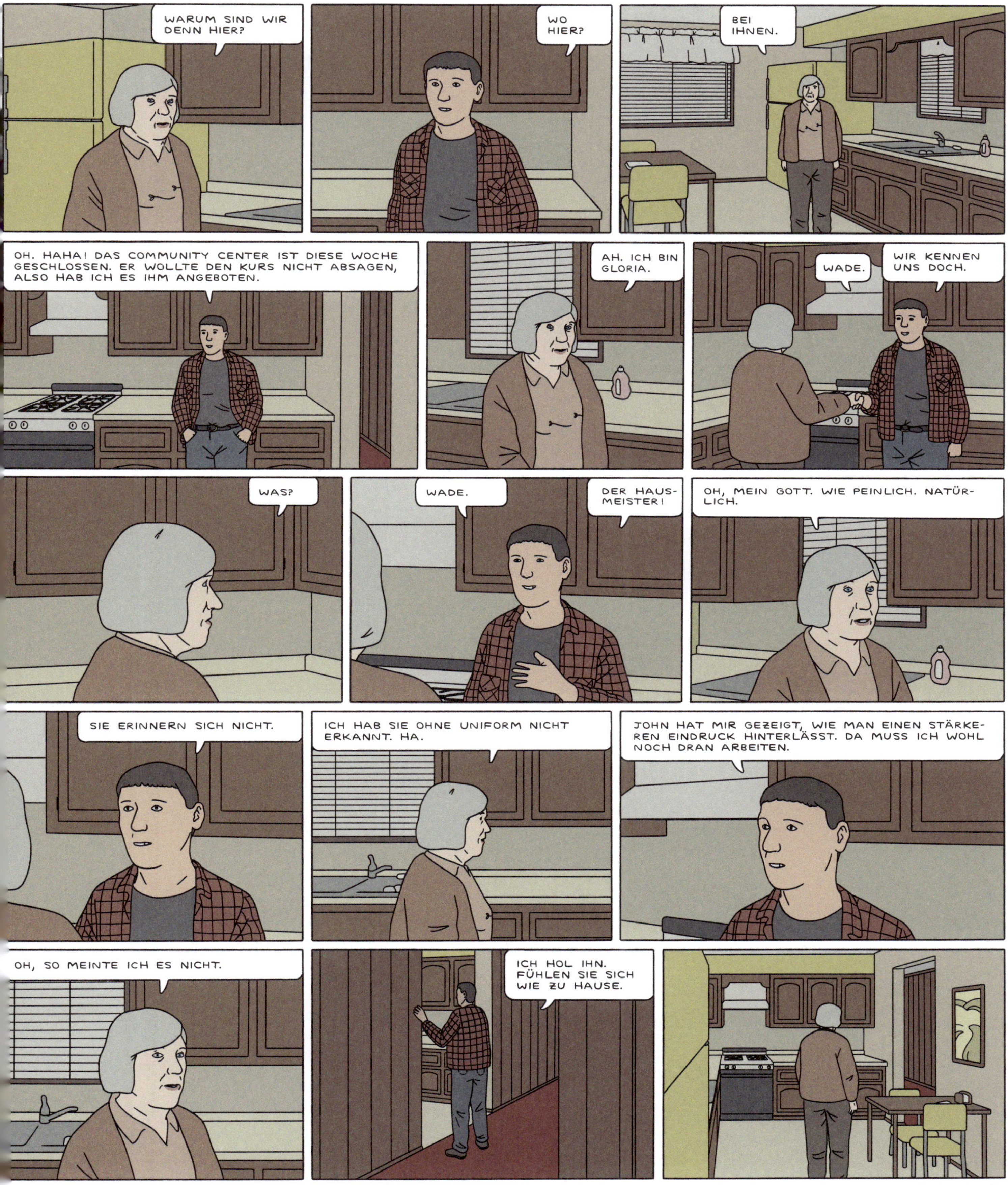
WARUM SIND WIR DENN HIER?
WO HIER?
BEI IHNEN.
OH. HAHA! DAS COMMUNITY CENTER IST DIESE WOCHE GESCHLOSSEN. ER WOLLTE DEN KURS NICHT ABSAGEN, ALSO HAB ICH ES IHM ANGEBOTEN.
AH. ICH BIN GLORIA.
WADE.
WIR KENNEN UNS DOCH.
WAS?
WADE.
DER HAUSMEISTER!
OH, MEIN GOTT. WIE PEINLICH. NATÜRLICH.
SIE ERINNERN SICH NICHT.
ICH HAB SIE OHNE UNIFORM NICHT ERKANNT. HA.
JOHN HAT MIR GEZEIGT, WIE MAN EINEN STÄRKEREN EINDRUCK HINTERLÄSST. DA MUSS ICH WOHL NOCH DRAN ARBEITEN.
OH, SO MEINTE ICH ES NICHT.
ICH HOL IHN. FÜHLEN SIE SICH WIE ZU HAUSE.

ALLES KLAR?
BEI MIR DREHT SICH SCHON ALLES.
BEI MIR AUCH. ICH WEISS NICHT, OB ICH BLEIBE.
WIESO NICHT?
ICH DACHTE, DIESER KURS KÖNNTE JA NICHT SCHADEN. ABER MEINE WOCHE WAR SCHRECKLICH.
SELBST KLEINE INTERAKTIONEN FALLEN MIR SCHWER. GESTERN BEIM ÖLWECHSEL WOLLTE SO EIN TYP SMALL TALK MACHEN.
NORMALERWEISE KEIN DING, ICH BIN ZIEMLICH ENTSPANNT. ABER GESTERN KONNTE ICH WEDER REDEN NOCH DENKEN. ER HIELT MICH BESTIMMT FÜR BESCHEUERT.
ICH WAR SO NERVÖS. UND FING AN ZU SCHWITZEN.
ALS WÜRDE ICH SCHLECHT SCHAUSPIELERN.
SO WAS WÄRE MIR VORHER NIE IN DEN SINN GEKOMMEN.
JA, ICH VERSTEHE. UNWISSENHEIT IST ALSO DOCH EIN SEGEN.
ABER DU FINDEST DICH SO LEICHT IN DIESE ÜBUNGEN REIN.
VIELLEICHT WIRD EINEM IM ALTER VIELES EGAL. DAS MACHT ES EINFACHER.
WOHER KAM EIGENTLICH DIESE STORY MIT DER MIETERIN UND DEN GEISTERN? ICH MUSSTE DIE GANZE WOCHE DARAN DENKEN.
DU WILLST MEIN SCHAUSPIELGEHEIMNIS WISSEN?
ES WIRKTE SO LEBENDIG. WIE EINE ECHTE GESCHICHTE.
ERWISCHT. ES IST DIE GESCHICHTE MEINER SCHWESTER. SCHON LANGE HER.
DAMALS GING ES IHR ZIEMLICH SCHLECHT, SIE MACHTE EINE MENGE DURCH. ES WAR EINE SCHWIERIGE ZEIT.

WOW. DEINER SCHWESTER GEHÖRTE EIN MIETSHAUS?
NEIN, SIE WAR DIE MIETERIN.
OH.
ES IST EINE TRAURIGE GESCHICHTE. IHRE WAHNVORSTELLUNGEN UND IHR VERHALTEN WURDEN IMMER SCHLIMMER. SIE KAM NICHT MEHR ZURECHT.
SCHLIESSLICH HAT DIE VERMIETERIN IHR GEKÜNDIGT. VON DA AN GING ES SO RICHTIG BERGAB.
SIE HATTE EINE KLEINE TOCHTER, FÜR DIE SIE NICHT MEHR SORGEN KONNTE. ALSO HAB ICH SIE GROSSGEZOGEN.
DAS WAR BETHS MUTTER. ICH BIN ALSO EIGENTLICH BETHS GROSSTANTE. MANCHMAL VERGESSE ICH DAS SCHON.
WAS IST MIT DEINER SCHWESTER?
SIE KAM KURZ DANACH IN EINE EINRICHTUNG. ICH HAB SIE OFT BESUCHT. MANCHMAL NAHM ICH IHRE TOCHTER MIT.
UND WAS IST MIT BETHS MUTTER?
SIE HATTE AUCH PROBLEME. LEIDER LIEGT DAS OFFENBAR IN DER FAMILIE.
JETZT GIBT ES NUR NOCH BETH UND MICH.
ICH MUSS MIR EINEN NEUEN JOB SUCHEN. ICH KRIEG RICHTIG PANIK.
WAS IST PASSIERT?
WIR FANGEN AN.

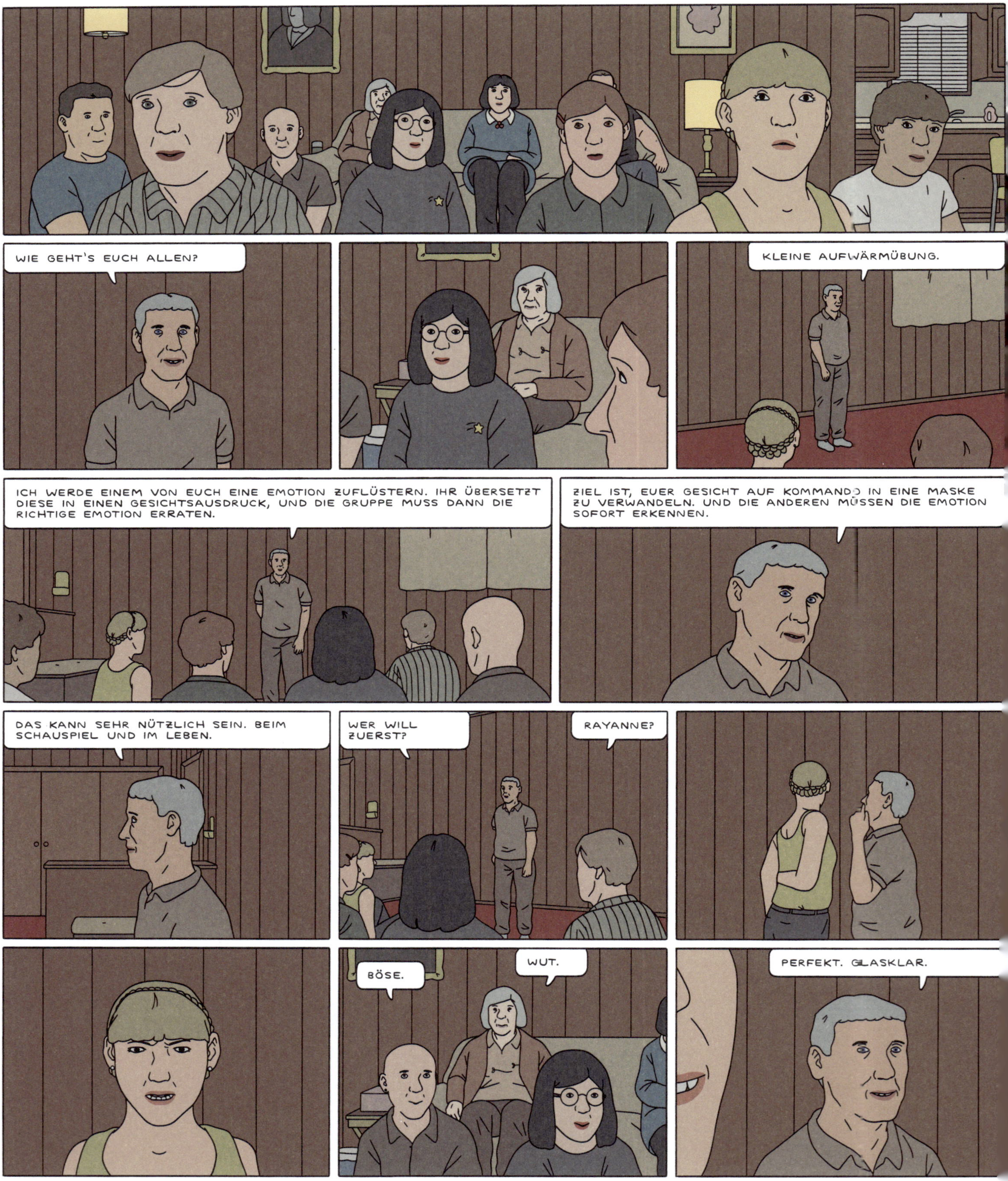
WIE GEHT'S EUCH ALLEN?
KLEINE AUFWÄRMÜBUNG.
ICH WERDE EINEM VON EUCH EINE EMOTION ZUFLÜSTERN. IHR ÜBERSETZT DIESE IN EINEN GESICHTSAUSDRUCK, UND DIE GRUPPE MUSS DANN DIE RICHTIGE EMOTION ERRATEN.
ZIEL IST, EUER GESICHT AUF KOMMANDO IN EINE MASKE ZU VERWANDELN. UND DIE ANDEREN MÜSSEN DIE EMOTION SOFORT ERKENNEN.
DAS KANN SEHR NÜTZLICH SEIN. BEIM SCHAUSPIEL UND IM LEBEN.
WER WILL ZUERST?
RAYANNE?
BÖSE.
WUT.
PERFEKT. GLASKLAR.

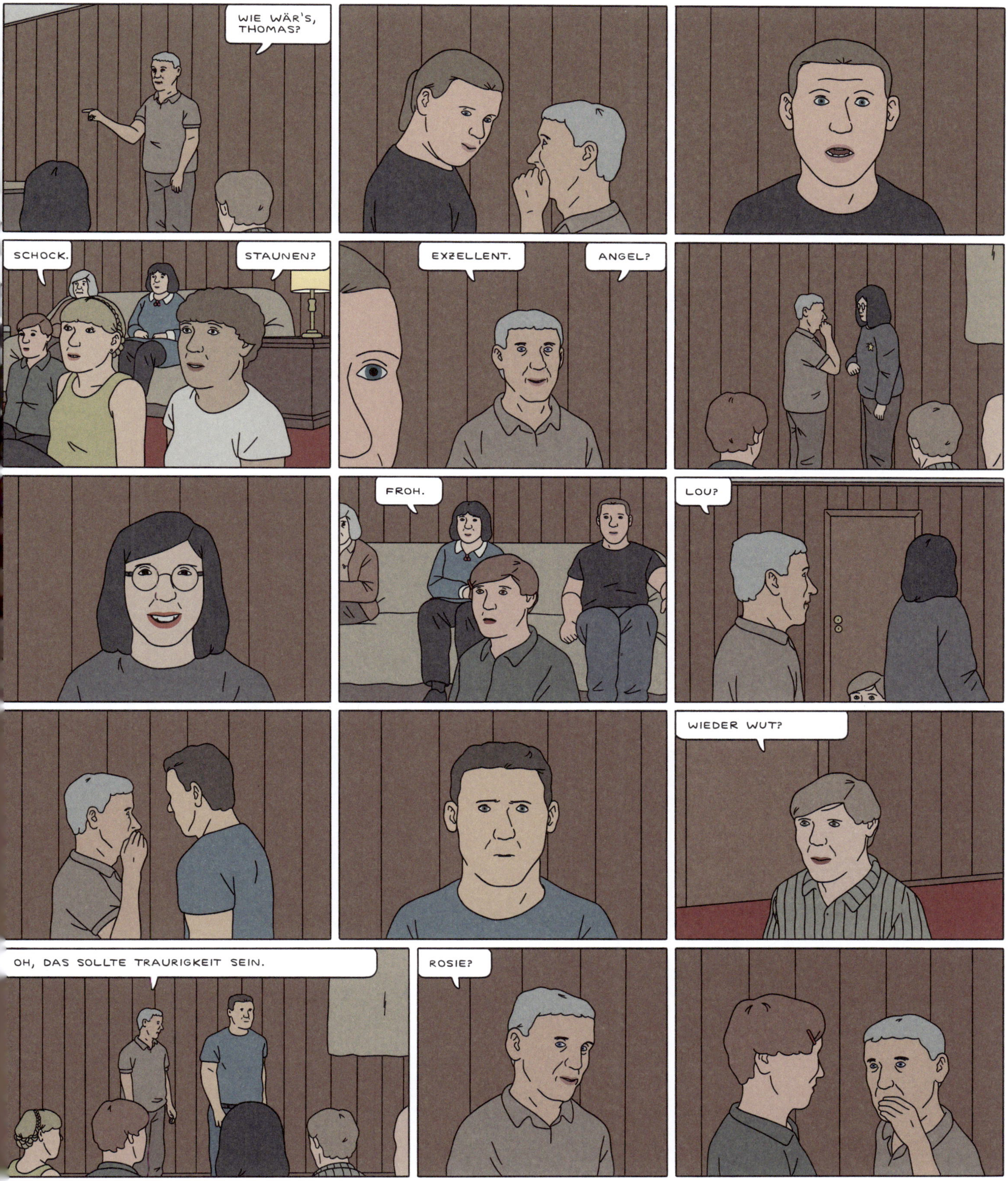
WIE WÄR'S, THOMAS?
SCHOCK.
STAUNEN?
EXZELLENT.
ANGEL?
FROH.
LOU?
WIEDER WUT?
OH, DAS SOLLTE TRAURIGKEIT SEIN.
ROSIE?

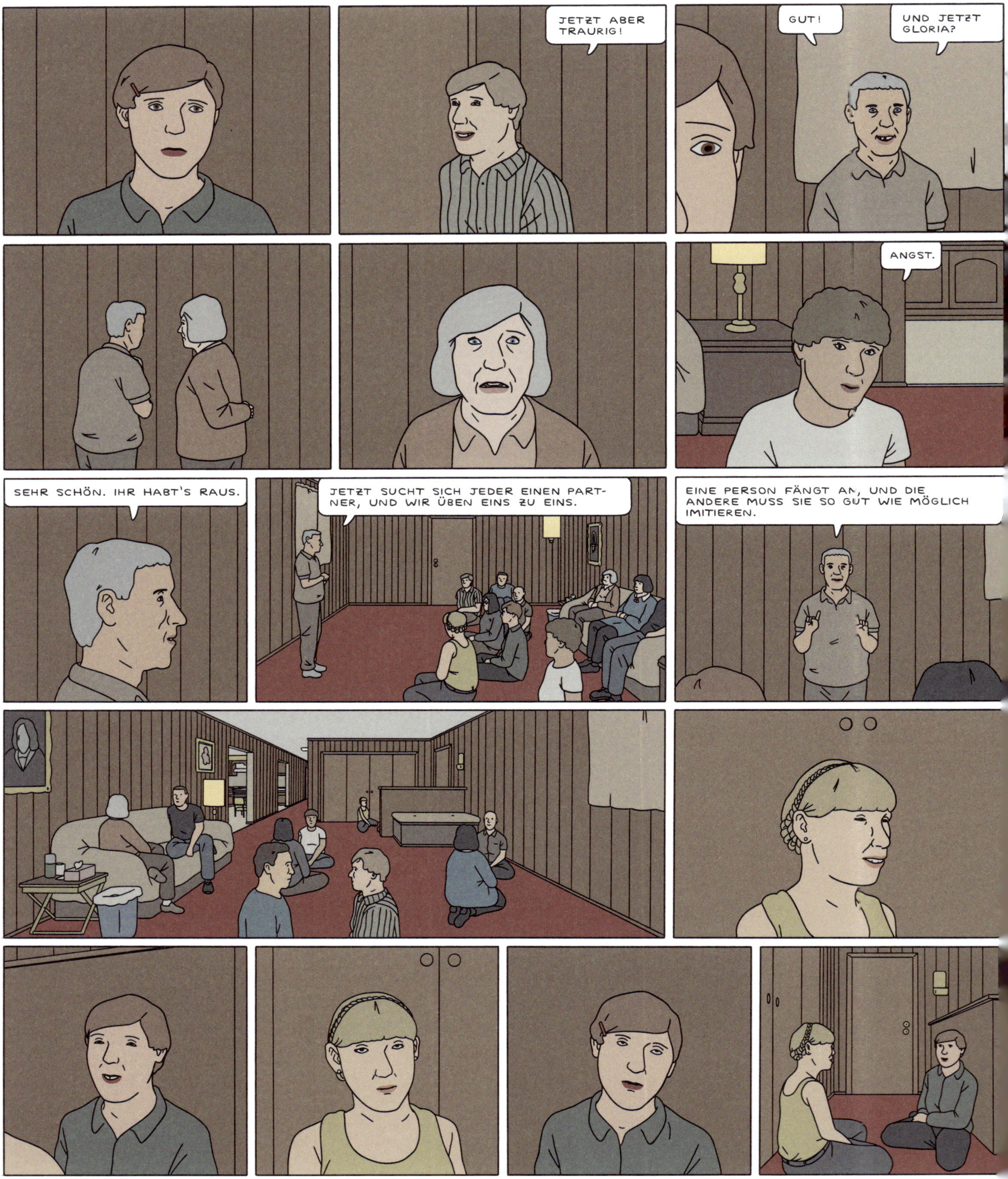
JETZT ABER TRAURIG!
GUT!
UND JETZT GLORIA?
ANGST.
SEHR SCHÖN. IHR HABT'S RAUS.
JETZT SUCHT SICH JEDER EINEN PARTNER, UND WIR ÜBEN EINS ZU EINS.
EINE PERSON FÄNGT AN, UND DIE ANDERE MUSS SIE SO GUT WIE MÖGLICH IMITIEREN.

WILLST DU MAL?
OK. ÄH.
GANZ TOLL.

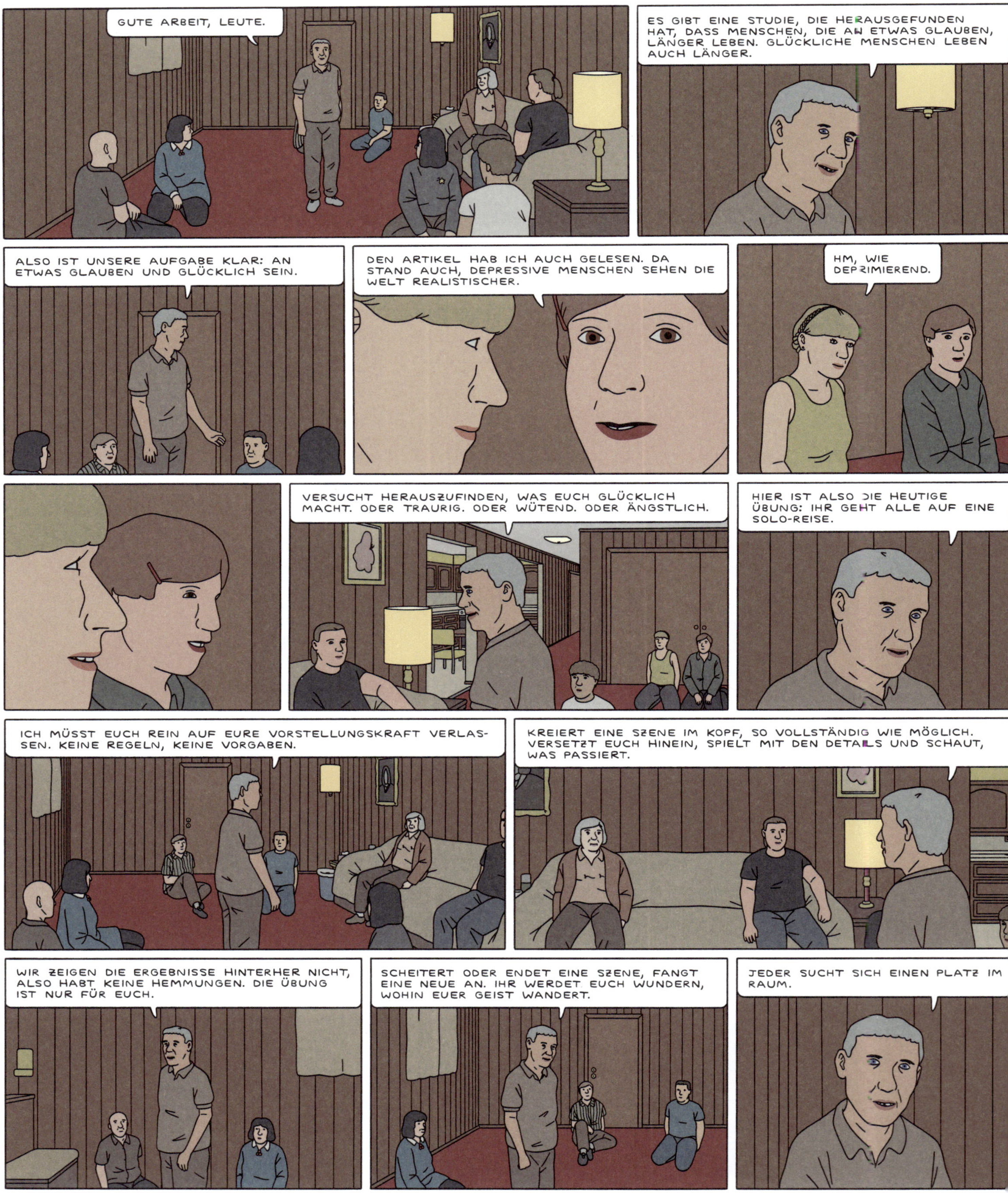
GUTE ARBEIT, LEUTE.
ES GIBT EINE STUDIE, DIE HERAUSGEFUNDEN HAT, DASS MENSCHEN, DIE AN ETWAS GLAUBEN, LÄNGER LEBEN. GLÜCKLICHE MENSCHEN LEBEN AUCH LÄNGER.
ALSO IST UNSERE AUFGABE KLAR: AN ETWAS GLAUBEN UND GLÜCKLICH SEIN.
DEN ARTIKEL HAB ICH AUCH GELESEN. DA STAND AUCH, DEPRESSIVE MENSCHEN SEHEN DIE WELT REALISTISCHER.
HM, WIE DEPRIMIEREND.
VERSUCHT HERAUSZUFINDEN, WAS EUCH GLÜCKLICH MACHT. ODER TRAURIG. ODER WÜTEND. ODER ÄNGSTLICH.
HIER IST ALSO DIE HEUTIGE ÜBUNG: IHR GEHT ALLE AUF EINE SOLO-REISE.
IHR MÜSST EUCH REIN AUF EURE VORSTELLUNGSKRAFT VERLASSEN. KEINE REGELN, KEINE VORGABEN.
KREIERT EINE SZENE IM KOPF, SO VOLLSTÄNDIG WIE MÖGLICH. VERSETZT EUCH HINEIN, SPIELT MIT DEN DETAILS UND SCHAUT, WAS PASSIERT.
WIR ZEIGEN DIE ERGEBNISSE HINTERHER NICHT, ALSO HABT KEINE HEMMUNGEN. DIE ÜBUNG IST NUR FÜR EUCH.
SCHEITERT ODER ENDET EINE SZENE, FANGT EINE NEUE AN. IHR WERDET EUCH WUNDERN, WOHIN EUER GEIST WANDERT.
JEDER SUCHT SICH EINEN PLATZ IM RAUM.

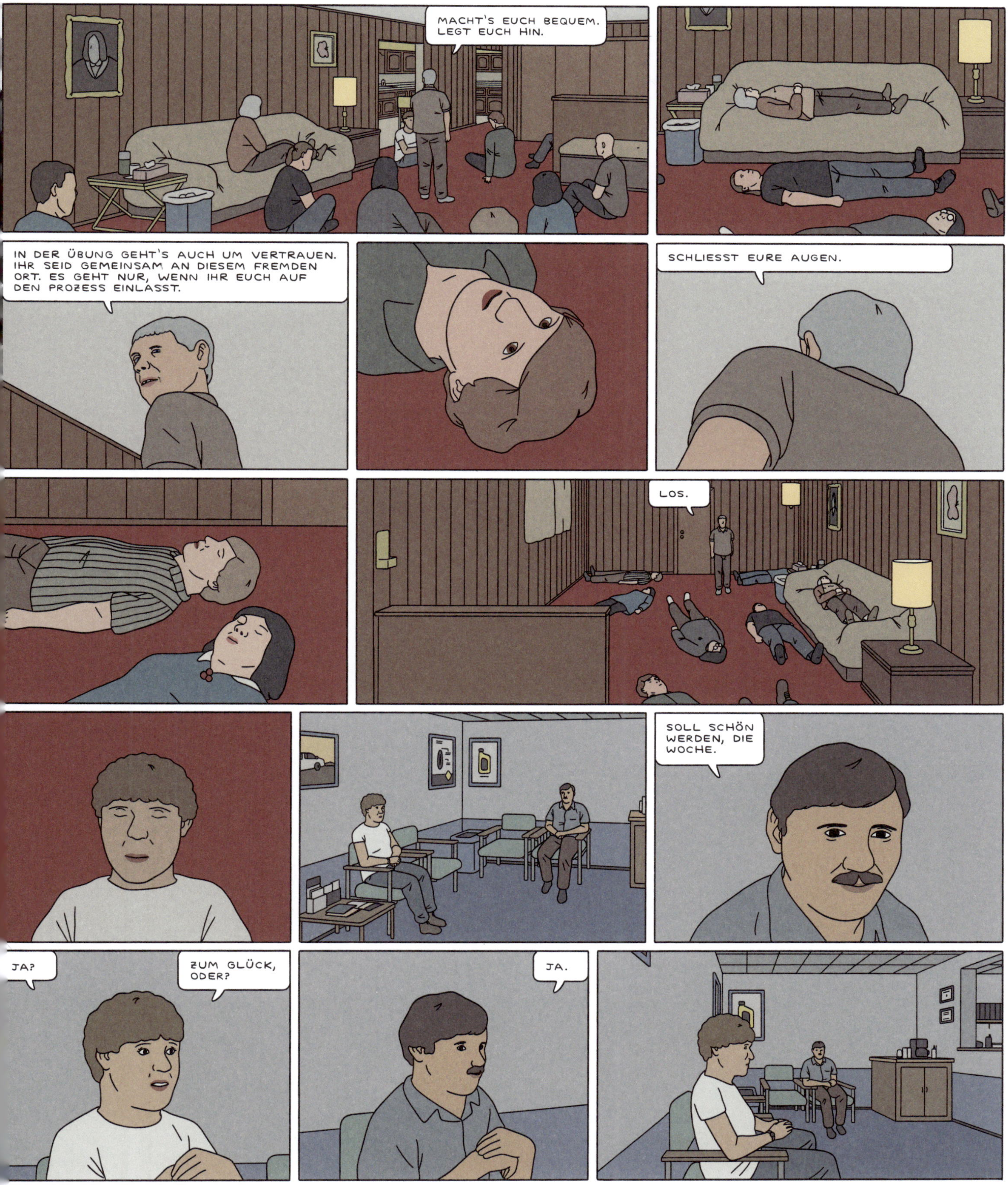
MACHT'S EUCH BEQUEM. LEGT EUCH HIN.
IN DER ÜBUNG GEHT'S AUCH UM VERTRAUEN. IHR SEID GEMEINSAM AN DIESEM FREMDEN ORT. ES GEHT NUR, WENN IHR EUCH AUF DEN PROZESS EINLASST.
SCHLIESST EURE AUGEN.
LOS.
SOLL SCHÖN WERDEN, DIE WOCHE.
JA?
ZUM GLÜCK, ODER?
JA.

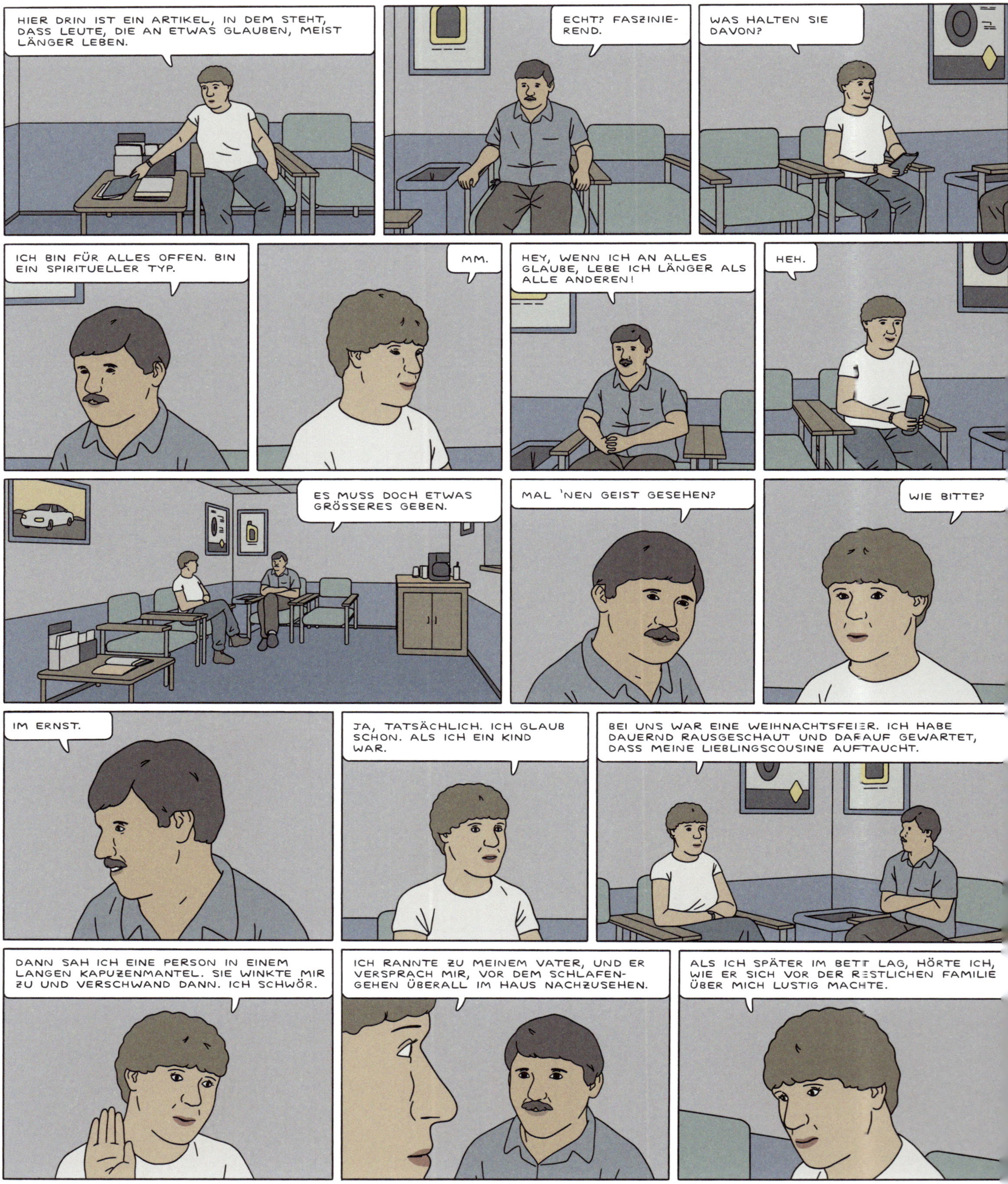
HIER DRIN IST EIN ARTIKEL, IN DEM STEHT, DASS LEUTE, DIE AN ETWAS GLAUBEN, MEIST LÄNGER LEBEN.
ECHT? FASZINIE-REND.
WAS HALTEN SIE DAVON?
ICH BIN FÜR ALLES OFFEN. BIN EIN SPIRITUELLER TYP.
MM.
HEY, WENN ICH AN ALLES GLAUBE, LEBE ICH LÄNGER ALS ALLE ANDEREN!
HEH.
ES MUSS DOCH ETWAS GRÖSSERES GEBEN.
MAL 'NEN GEIST GESEHEN?
WIE BITTE?
IM ERNST.
JA, TATSÄCHLICH. ICH GLAUB SCHON. ALS ICH EIN KIND WAR.
BEI UNS WAR EINE WEIHNACHTSFEIER. ICH HABE DAUERND RAUSGESCHAUT UND DARAUF GEWARTET, DASS MEINE LIEBLINGSCOUSINE AUFTAUCHT.
DANN SAH ICH EINE PERSON IN EINEM LANGEN KAPUZENMANTEL. SIE WINKTE MIR ZU UND VERSCHWAND DANN. ICH SCHWÖR.
ICH RANNTE ZU MEINEM VATER, UND ER VERSPRACH MIR, VOR DEM SCHLAFEN-GEHEN ÜBERALL IM HAUS NACHZUSEHEN.
ALS ICH SPÄTER IM BETT LAG, HÖRTE ICH, WIE ER SICH VOR DER RESTLICHEN FAMILIE ÜBER MICH LUSTIG MACHTE.

OH!
IST OKAY. HAB'S OFFENSICHTLICH ÜBERWUNDEN, WENN ICH 30 JAHRE SPÄTER NOCH DARÜBER SPRECHE.
KANN ICH DEN LESEN?
DEN HIER?
ÄH, ICH ...
DER SEDAN? IST FERTIG!
MUSS LOS. ALLES GUTE.
WO IST DER ARTIKEL?

LOU!
LOU!

NEW
PURE
FRESH
Lou
ES HAT FUNKTIONIERT!
WOW! SO REALISTISCH.
GROSSER GOTT. EIN RICHTIGER PALAST!
GEHÖRT DER WIRKLICH MIR? ICH WUSSTE JA, ICH BIN GESEGNET, ABER DAS HIER IST UNGLAUBLICH.

TOLLE GEGEND. ICH MUSS MICH DEN NACHBARN MAL VORSTELLEN.
DARÜBER HAT JOHN ALSO GESPROCHEN. WAR GAR NICHT SO SCHWER.
WO IST ROSIE? ICH MUSS SIE ANRUFEN. SIE WIRD ES LIEBEN.
ICH GLAUBE, ICH BRAUCHE EINE HANDLUNG. DAS KANN JA NICHT EWIG SO WEITERGEHEN.
ES MÜSSTE EINEN KONFLIKT GEBEN. ABER WIE? ICH BIN IM PARADIES!
ICH HAB'S! ICH LADE MEINE FAMILIE HIERHER EIN.
DIE WERDEN SPRACHLOS SEIN, WENN SIE DAS SEHEN. HIER HAT JEDER SEIN EIGENES ZIMMER.
MORGEN FRÜH RUF ICH SIE AN UND LADE SIE EIN.
WAS ZUR HÖLLE?
DAS KANN DOCH NICHT WAHR SEIN.
HALLO! DEIN NACHBAR VERSUCHT ZU SCHLAFEN!

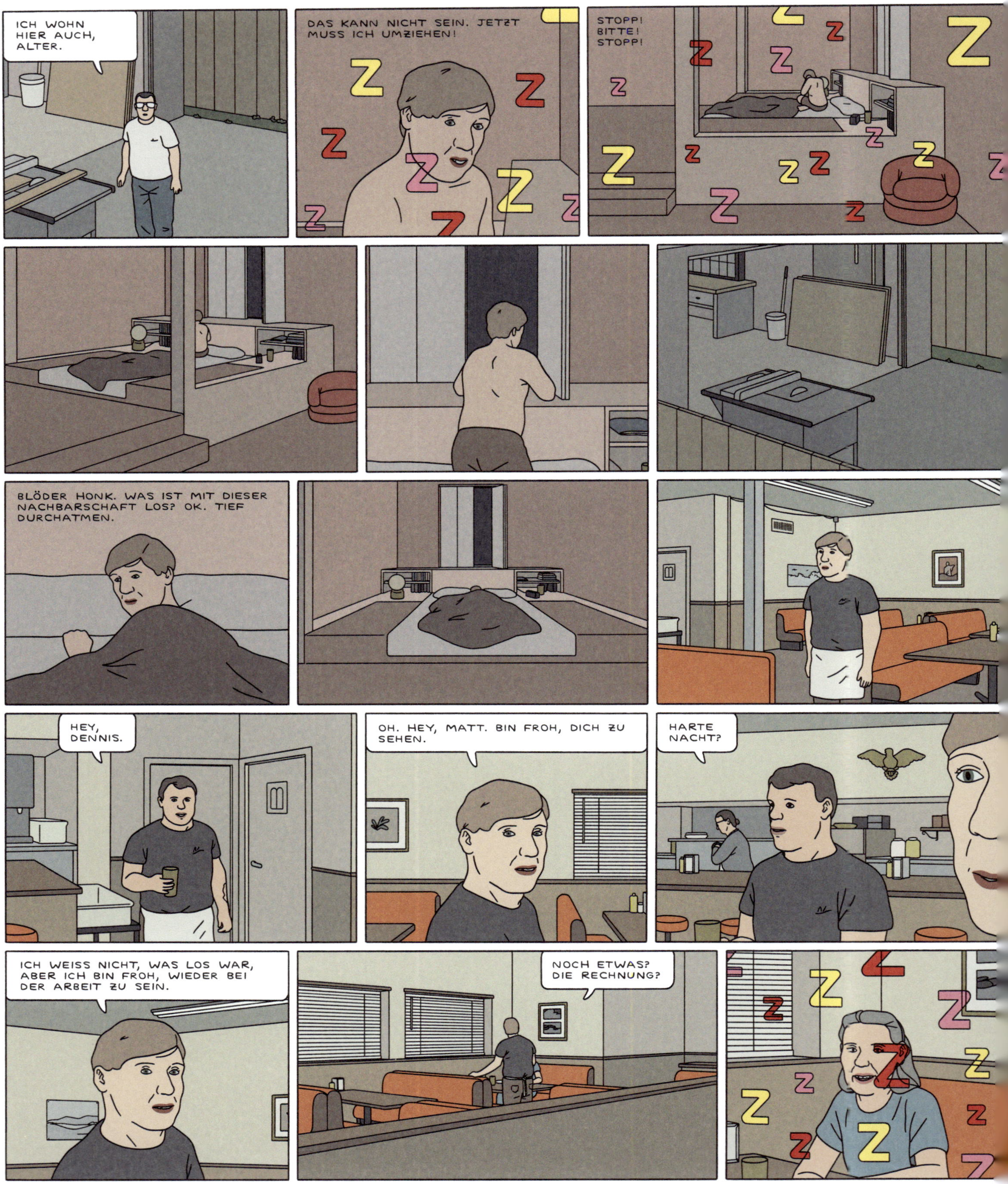
ICH WOHN HIER AUCH, ALTER.
DAS KANN NICHT SEIN. JETZT MUSS ICH UMZIEHEN!
STOPP! BITTE! STOPP!
BLÖDER HONK. WAS IST MIT DIESER NACHBARSCHAFT LOS? OK. TIEF DURCHATMEN.
HEY, DENNIS.
OH. HEY, MATT. BIN FROH, DICH ZU SEHEN.
HARTE NACHT?
ICH WEISS NICHT, WAS LOS WAR, ABER ICH BIN FROH, WIEDER BEI DER ARBEIT ZU SEIN.
NOCH ETWAS? DIE RECHNUNG?

- SFZ - GNN.
O GOTT. HIER KOMM ICH NIE WIEDER RAUS.
GNN –
Rosa
EVERYTHING
LIVE MUSIC
LIVE SHOWS
LALA GOOD FOOD
HEY, ANGEL!
HEY. HAST DU NATALIE GESEHEN?
LÄNGER NICHT. VIELLEICHT PINE STREET?

DU BIST ZURÜCK.
ICH DACHTE, ICH FINDE DICH NICHT!
DU BIST EINFACH ABGEHAUEN. WAS WAR LOS?
WEISS NICHT. DAS VERSUCHE ICH JA RAUSZUFINDEN.
ABER GUT, WIEDER IN DER STADT ZU SEIN.
FIND ICH AUCH. WAS FÜR EIN TRIP.
JA. UNVERGESSLICH.
BLEIBST DU HEUTE ÜBER NACHT?
WÜRDE ICH GERNE. ABER ICH MUSS MORGEN ZUR ARBEIT.
WIE BITTE? DAS KL NGT ABER NICHT NACH ANGEL.
STIMMT. ABER ICH BRAUCH DEN JOB. WIR KÖNNEN UNS MORGEN SEHEN.
WEISST DU, ICH WILL KEINE HALBEN SACHEN. WIE FINDEST DU WIEDER ZU MIR?
ICH NEHME DEN BUS. HAHA.
ERNSTHAFT. DU KANNST NICHT KOMMEN UND GEHEN, WIE DU WILLST.
JA. DU HAST RECHT.
ALSO BIST DU MIT MIR?
BIN ICH.

GLORIA?
WAS?
VERSTECKST DU DICH?
JA.
DARF ICH?
JA. SCHLIESS AB.
WO IST DAD?
DRAUSSEN MIT ONKEL BOB. DIE STREITEN.
WAS SOLLEN WIR MACHEN?
ICH WILL HEIM.
UND BIS DAHIN?
MACH MAL WASSER AN.

WAS FÜR EINE VERSCHWENDUNG.
ES BERUHIGT MICH.
WILLST DU RAUS?
DAS GEHT JETZT NICHT.
WARUM?
DAD UND ONKEL BOB STREITEN.
OH, HÖRST DU DAS?
SIE SIND IM HAUS.
NOCH EINMAL! ICH BRING DICH UM!
WAS IST DENN LOS?
SH!
VERSUCH'S DOCH!
FUCK YOU!
STOPP!
AU!
HEY!
AU!
SAM, ICH HAB ANGST.
DA KOMMT JEMAND.
WO SEID IHR, MÄDCHEN?!

ES IST ONKEL BOB.
MACHT DIE VERDAMMTE TÜR AUF!
KOMMT RAUS!
ICH TU EUCH NICHTS. SEHT NUR ZU, DASS IHR IN ZEHN SEKUNDEN VERSCHWUNDEN SEID!
ICH MEIN'S ERNST!
HAU DA AB! LASS DIE BEIDEN IN RUHE!
MOM?
ALLES GUT. WIR GEHEN.
RAUS AUS DEM HAUS!
SIND JA DABEI!
SAM?

OK. ICH BIN IN UNSERER WOHNUNG. SOLLTE NICHT IRGENDWAS PASSIEREN?
FÄLLT MIR NICHTS BESSERES EIN? SO LANGWEILIG BIN ICH DOCH GAR NICHT.
ABER ICH FÜHL MICH IRGENDWIE GLÜCKLICHER. VIELLEICHT BEDEUTET DAS WAS.
REDE ICH MIR EIN, DASS ICH MIT MEINEM LEBEN ZUFRIEDEN BIN?
DAS SCHRECKLICHE GEFÜHL WIE SONST ZU HAUSE IST WEG. IRGENDWAS IST ANDERS.
SCHATZ, BIN ZU HAUSE!
O NEIN.
WAS MACHST DU HIER?
HAHA, FREUT MICH AUCH.
WIE KOMMST DU HIERHER?
WAS MEINST DU? ICH FIND DOCH DEN WEG NACH HAUSE. HA.

NEIN, ICH MEINE, DAS IST MEINE SZENE. WIE KOMMST DU HIER REIN?
MEIN SZENARIO WAR KACKE. HAB GEMERKT, DASS ICH HIERHERGEHÖRE.
DU CHECKST DIE ÜBUNG EINFACH NICHT. ES GEHT DARUM, ES ALLEINE ZU MACHEN.
WIR SIND EIN PAAR!
DENNIS, ICH MUSS DAS HIER ALLEINE HERAUSFINDEN. MANCHES MUSS MEINS BLEIBEN!
WARTE. WENN DU IN MEINE SZENE KANNST, KÖNNTE ICH DOCH ZU RAYANNE WECHSELN?
WARUM WILLST DU DENN ZU RAYANNE?
GEHT DICH NICHTS AN. HAU AB AUS MEINEM KOPF!
ICH KANN DAS NICHT KONTROLLIEREN, ROSIE. ICH WOHNE HIER.
DANN WILL ICH 'NE NEUE SZENE!
HEY, JOHN! NEUSTART!
IST ES MIT MIR WIRKLICH SO SCHLIMM?
DU CHECKST ES WIEDER NICHT.
SCHEINT SO.

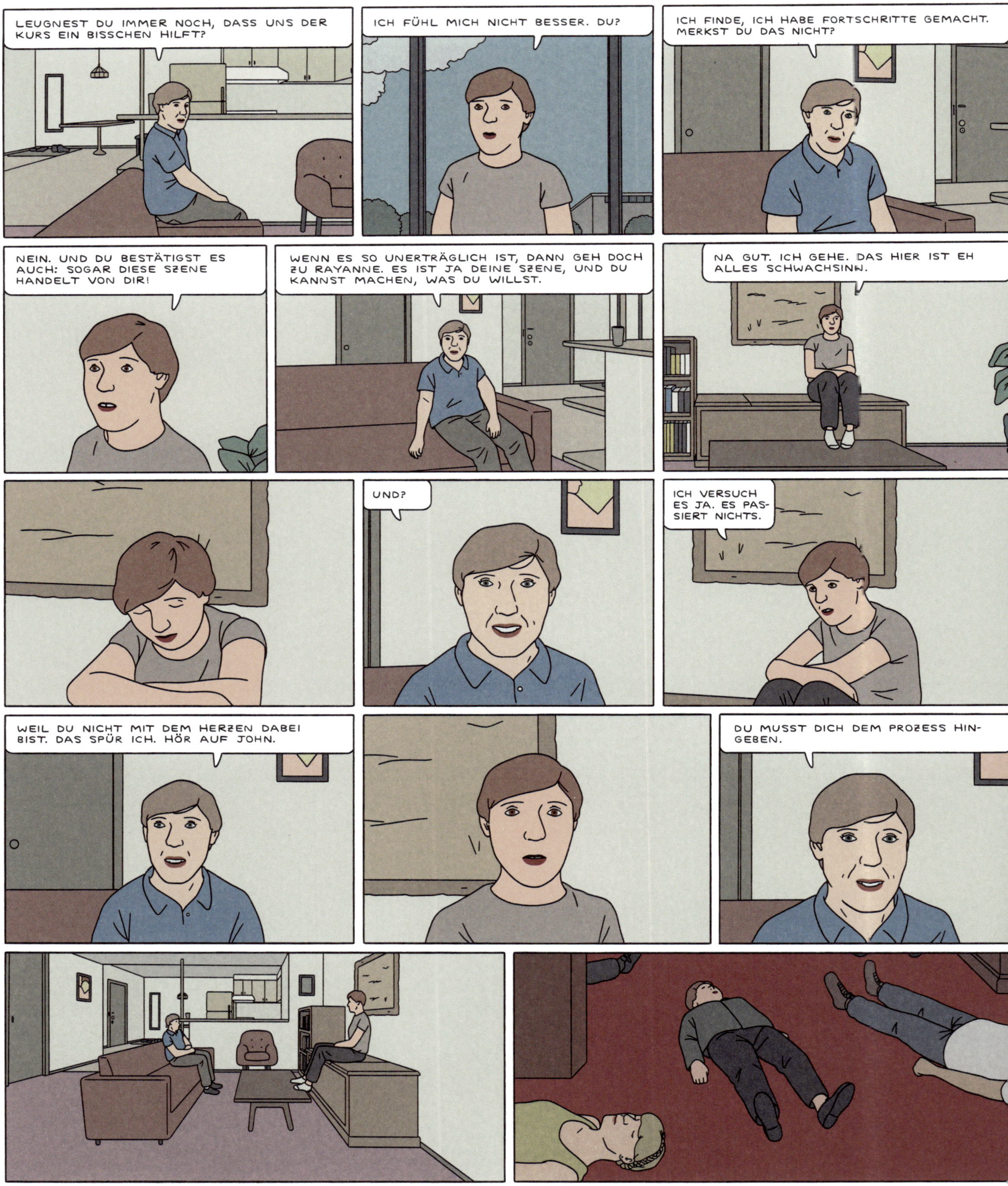
LEUGNEST DU IMMER NOCH, DASS UNS DER KURS EIN BISSCHEN HILFT?
ICH FÜHL MICH NICHT BESSER. DU?
ICH FINDE, ICH HABE FORTSCHRITTE GEMACHT. MERKST DU DAS NICHT?
NEIN. UND DU BESTÄTIGST ES AUCH: SOGAR DIESE SZENE HANDELT VON DIR!
WENN ES SO UNERTRÄGLICH IST, DANN GEH DOCH ZU RAYANNE. ES IST JA DEINE SZENE, UND DU KANNST MACHEN, WAS DU WILLST.
NA GUT. ICH GEHE. DAS HIER IST EH ALLES SCHWACHSINN.
UND?
ICH VERSUCH ES JA. ES PASSIERT NICHTS.
WEIL DU NICHT MIT DEM HERZEN DABEI BIST. DAS SPÜR ICH. HÖR AUF JOHN.
DU MUSST DICH DEM PROZESS HINGEBEN.

NA LOS.
OH OH.
HA.
ALLES KLAR.
KOMM SCHON.
OH. PECH GEHABT.
ICH HAB KEINE ANGST.
HAHA.
HAHA.
NA, KOMM SCHON.
YES! DU BIST DRAN.
NA DANN.
NUR KEINE ANGST.

OH, SCHADE.
NUR GLÜCK. ICH KRIEG DICH NOCH.
WARUM HAST DU DIESE SZENE GEWÄHLT?
KÖNNTE ICH DICH GENAUSO FRAGEN.
HI.
HALLO. MEIN NAME IST PATRICK, UND ICH ARBEITE FÜR DIE GEMEINDETAFEL.
MEINE BOTSCHAFT IST EINFACH: EINIGE MENSCHEN IN DIESER STADT HABEN NICHTS ZU ESSEN. DAS IST INAKZEPTABEL.
MIT IHRER HILFE MACHEN WIR DIE WELT ZU EINEM BESSEREN ORT.
NA KLAR. BITTE SCHÖN.
SIE GEHÖREN ZU DEN GUTEN. GESEGNETEN TAG.

HEY, BUDDY.
DU MACHST DAS SEHR GUT.
DAS BIN NICHT ICH. ICH SCHAFF DAS NICHT.
GLAUB AN DICH.
GEHT NICHT.
UCFPJ
BILL'S BAR
LIQUOR
TAP ROOM

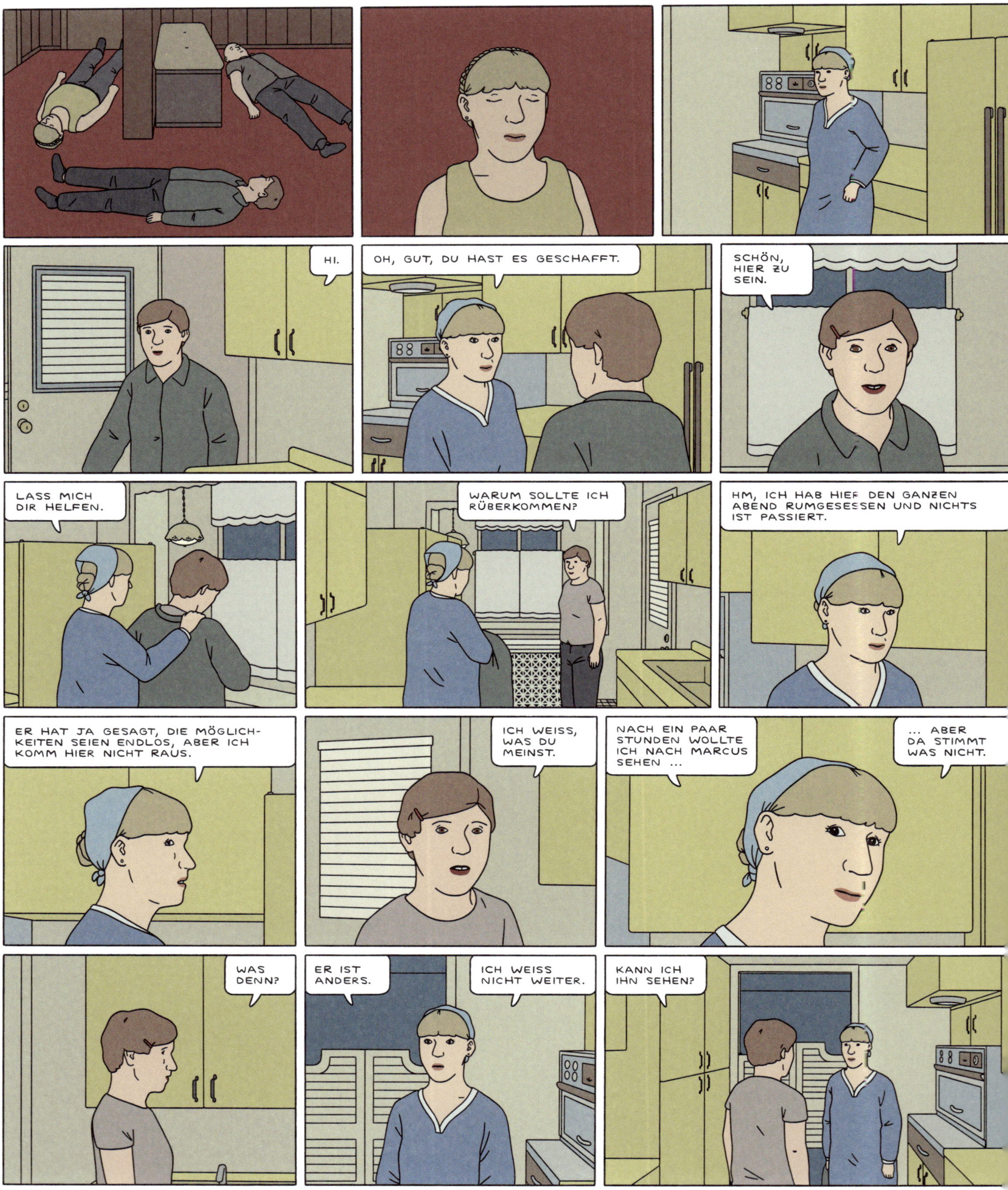
HI.
OH, GUT, DU HAST ES GESCHAFFT.
SCHÖN, HIER ZU SEIN.
LASS MICH DIR HELFEN.
WARUM SOLLTE ICH RÜBERKOMMEN?
HM, ICH HAB HIER DEN GANZEN ABEND RUMGESESSEN UND NICHTS IST PASSIERT.
ER HAT JA GESAGT, DIE MÖGLICH-KEITEN SEIEN ENDLOS, ABER ICH KOMM HIER NICHT RAUS.
ICH WEISS, WAS DU MEINST.
NACH EIN PAAR STUNDEN WOLLTE ICH NACH MARCUS SEHEN ...
... ABER DA STIMMT WAS NICHT.
WAS DENN?
ER IST ANDERS.
ICH WEISS NICHT WEITER.
KANN ICH IHN SEHEN?

BIST DU SICHER?
ICH HAB SO VIEL VON IHM GEHÖRT.
OK. ABER SEI VOR-SICHTIG.
MARCUS?
WIR KOMMEN REIN.
OH.
SCHAU MAL, DAS IST MEINE FREUNDIN ROSIE.
HALLO, MARCUS.
GAR NICHT MÜDE?
ICH MAG DEIN ZIMMER. COOL.
OH, PASS AUF DAMIT.

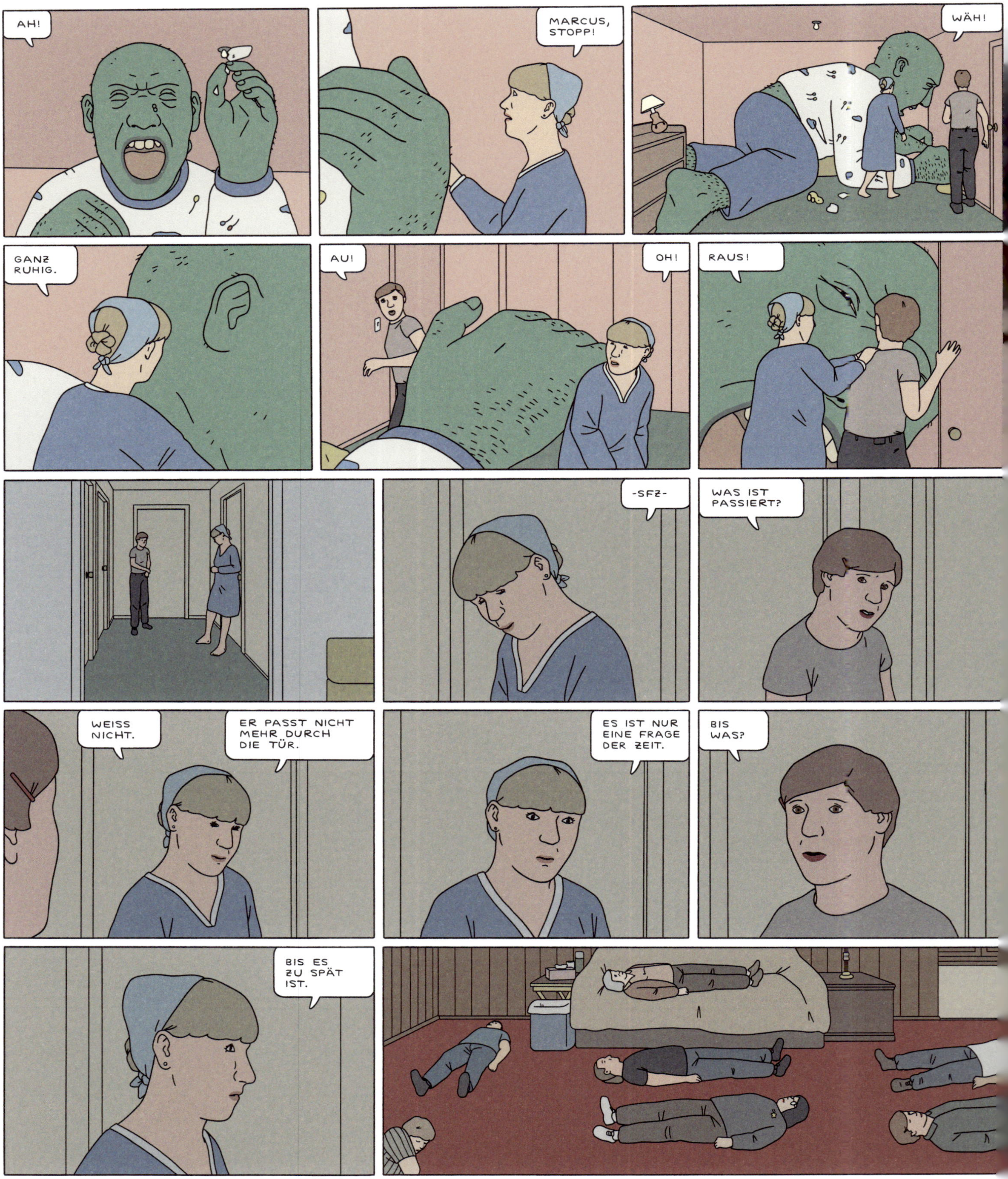
AH!
MARCUS, STOPP!
WÄH!
GANZ RUHIG.
AU!
OH!
RAUS!
-SFZ-
WAS IST PASSIERT?
WEISS NICHT.
ER PASST NICHT MEHR DURCH DIE TÜR.
ES IST NUR EINE FRAGE DER ZEIT.
BIS WAS?
BIS ES ZU SPÄT IST.

OK, THOMAS.
DANKE FÜRS WARTEN.
WURDE IHNEN SCHON WASSER ANGEBOTEN?
JA. DANKE.
GUT.
ALSO, DANKE, DASS SIE HEUTE HERGEKOMMEN SIND.
KLAR. ICH HELFE GERNE.
WIR MÜSSEN EINIGE FAKTEN KLÄREN.
NA SICHER.
SIE WAREN LETZTEN FREITAG AM SPRINGER COMMUNITY COLLEGE?
GENAU.
DAS WAR DANN DER .... DREIZEHNTE?
HM-HM.
FANGEN WIR AM ANFANG AN.
ALSO, AN DIESEM ABEND HAB ICH BEIM AKTZEICHENKURS IN GEBÄUDE C GEARBEITET.
UND WAS IST DAS?
DAS IST NUR EIN ZEICHENKURS, ICH ALS MODELL UND EIN LEHRER, UND LEUTE KOMMEN UND ZEICHNEN ... DAS IST ALLES, EIGENTLICH.

AH. ALSO SIND SIE PROFESSIONELLES MODELL?
NA JA, ICH WEISS NICHT.
KEIN MODE-MODELL. NUR FÜR KUNST.
ACH SO? INTERESSANT.
TUT MIR LEID, ICH WEISS WENIG ÜBER SOLCHE SACHEN.
KEIN DING.
ALSO MODELN SIE NACKT?
GENAU. DIE KÜNSTLER SOLLEN PROPORTIONEN UND ANATOMIE ÜBEN.
AHA.
ICH MACH DAS SCHON SEIT ... PUH, NEUN JAHREN?
HM.
JA, ÜBERALL. ICH WAR SCHON AN DEN MEISTEN COLLEGES IN DER STADT.
M-HM.
ES KANN EINE HERAUSFORDERUNG SEIN, ABER ICH MAG ES.
OK.
ZURÜCK ZUM DREIZEHNTEN.
OH, KLAR. JA, ICH WEISS GENAU, DASS ICH VON SIEBEN BIS ZEHN IM RAUM 1-16 WAR.

OK. UND WO SIND SIE DANACH HINGEGANGEN?
NACH HAUSE. ICH BIN DIREKT NACH HAUSE GEFAHREN.
KEIN UMWEG?
NOPE. NACH DER ARBEIT FAHR ICH IMMER DIREKT HEIM.
DAS WAR ERST LETZTE WOCHE, ALSO BITTE ERINNERN SIE SICH GENAU.
NA, VIELLEICHT HAB ICH NOCH GETANKT ODER SO.
VIELLEICHT AN DER ECKE 21ST STREET UND HARVEY?
JA, DAS KÖNNTE SEHR GUT SEIN.
ICH FRAGE DAS, WEIL EIN VERKÄUFER UND EIN KUNDE SAGEN, SIE HÄTTEN EINEN MANN GEGEN 22:15 UHR TANKEN SEHEN, AUF DEN IHRE BESCHREIBUNG – PFERDESCHWANZ – PASST.
DAS KÖNNTE SCHON HINKOMMEN.
ALSO HABEN SIE AM DREIZEHNTEN GETANKT?
JETZT, WO SIE ES SAGEN, VERMUTLICH WAR ES DIESER ABEND. ICH HALTE DA MANCHMAL, WEIL ES AUF DEM HEIMWEG LIEGT.
OK.
UND WAREN SIE ALLEIN?
JA, KLAR. ICH WAR AUF JEDEN FALL ALLEIN.
NIEMANDEN MITGENOMMEN? FREUNDE ODER SO?
NEIN. NEIN.

NOCH MAL ZURÜCK ZUM KURSENDE.
WAS WAR DANACH?
MEIST REDEN ALLE HINTERHER NOCH.
HATTEN SIE KONTAKT MIT GLORIA KROLL?
JA, ICH SAG IHR UND IHRER ENKELIN BETH IMMER ZUMINDEST HALLO.
MS. KROLL SAGTE, SIE SEIEN NOCH ZUSAMMEN ZUM PARKPLATZ GEGANGEN.
HM. DASS MEIN GEDÄCHT-NIS SO SCHLECHT IST.
KANN ICH GUT VERSTEHEN.
DESWEGEN GEHEN WIR JA ALLES SCHRITT FÜR SCHRITT DURCH.
ALSO GINGEN SIE MIT GLORIA UND BETH ZUM AUTO?
JA, DAS STIMMT.
UND DANN ALLEINE LOS?
GENAU.
GUCKEN SIE NACHRICHTEN?
EHER NICHT.
SIE VERFOLGEN KEINE LOKALNACHRICHTEN?
ZU DEPRIMIEREND.

ABER SIE WISSEN SCHON, WARUM SIE HEUTE HIER SIND, ODER?
ÄH, NEIN, EIGENTLICH NICHT.
NICHT? UND SIE HABEN SICH NIE GEFRAGT, WARUM SIE BEI DER POLIZEI SIND?
ICH DACHTE, SIE ERZÄHLEN MIR DAS SCHON IRGENDWANN.
SAGT IHNEN DER NAME GEORGE OTERO IRGENDETWAS?
NÖ.
OK. EINEN AUGENBLICK.
DANKE FÜR IHRE GEDULD. SICHER, DASS SIE KEIN WASSER WOLLEN?
BIN OK.
THOMAS.
ICH BIN DETECTIVE MOLINA.
SAGT IHNEN DER NAME GEORGE OTERO IRGENDETWAS?
ÄH.
NEIN, WORUM GEHT'S DENN HIER?
GLEICH. VIELLEICHT KANN ICH IHNEN HELFEN, SICH ZU ERINNERN.

MR. OTERO FÄHRT OFT MIT DEM RAD AM SPRINGER CAMPUS RUM UND SITZT BEI DEN PICKNICK-TISCHEN. MANCHMAL VERKLEIDET ER SICH ALS ELVIS UND SINGT.
AH, STIMMT, DEN KENN ICH. DER IST, ÄH, BEHINDERT, ODER?
DEN MEIN ICH. ER LEBT BEI SEINER SCHWESTER.
SIE WISSEN ALSO NICHT, DASS ER SEIT DEM DREIZEHNTEN VERMISST WIRD?
NEIN, WUSSTE ICH NICHT.
SEINE FAMILIE SORGT SICH SEHR.
DIE SACHE IST DIE: ER WURDE ZULETZT – UND DAS HABEN ZWEI ZEUGEN ANHAND SEINES FOTOS BESTÄTIGT – AUF DEM BEIFAHRERSITZ IHRES WAGENS GESEHEN, AN EINER TANKSTELLE, AM ABEND DES DREIZEHNTEN.
WAS?!
UND DAVOR WURDE ER AUF DEM SPRINGER-PARKPLATZ GESEHEN, AUCH AUF DEM BEIFAHRERSITZ IHRES WAGENS.
DAS IST UNMÖGLICH.
SIE SAGTEN, SIE SEIEN MIT GLORIA UND BETH KROLL ZUM AUTO GEGANGEN?
DAS STIMMT.
DIE BEIDEN SAGEN, DASS MR. OTERO IN IHREM AUTO SASS.
NEIN! ICH MUSS MIT IHNEN REDEN.

DAS GEHT LEIDER ERST, WENN WIR DIE SACHE AUFGEKLÄRT HABEN. ALSO, SAGEN SIE MIR, WARUM MR. OTERO IN IHREM WAGEN SASS?
DETECTIVE. ICH SCHWÖRE, ER WAR NICHT IN MEINEM AUTO.
WEN HABEN GLORIA UND BETH DANN IM AUTO GESEHEN?
DA WAR NIEMAND IN MEINEM AUTO.
WAREN SIE EINIGE TAGE ZUVOR MIT GLORIA UND BETH AUF EINER PARTY?
ES WAR KEINE PARTY. EIN KURS.
BEIDE SAGEN, ES WAR EINE PARTY IN BETHS WOHNUNG.
DAS STIMMT NICHT. ES WAR EINE SCHAUSPIELÜBUNG.
GLORIA SAGTE, SIE HÄTTEN ETWAS BEUNRUHIGENDES GESAGT: SIE HÄTTEN GEFRAGT, WAS DER BESTE WEG WÄRE, JEMANDEN ZU TÖTEN?
SO WAR DAS NICHT. ES SOLLTE EIN WITZ SEIN. SO WIE "WAS IST DAS VERRÜCKTESTE, WAS EUCH EINFÄLLT?".
DAS HALTEN SIE FÜR EINEN GUTEN WITZ?
WIR HABEN DAS ALLE NICHT ERNST GEMEINT. ES WAR EINE SCHAUSPIELÜBUNG.
DAS HIER IST ABER DAS ECHTE LEBEN.
IST MIR KLAR, DETECTIVE. ICH VERSUCHE NUR, ALLES ZU ERKLÄREN.
GLORIA SAGTE, SIE HABE NOCH ETWAS GESEHEN.
ACH JE.
DAS WAR AUCH NUR THEATER? GELD AUS JACKEN STEHLEN?

GOTT, NEIN. DAS IST ALLES EIN MISSVERSTÄNDNIS. SPRECHEN SIE MIT JOHN. ER KANN ALLES ERKLÄREN.
OH, DAS HABEN WIR BEREITS.
UND WAS HAT ER GESAGT?
SEINE VERSION PASST NICHT ZU IHRER.
NEIN! ER HAT MIR DEN AUFTRAG GEGEBEN, DIE PARTYGÄSTE ZU TÄUSCHEN! ES WAR EINE PERFORMANCE.
WIR KOMMEN VOM WEG AB, THOMAS. MÖCHTEN SIE UNS NICHT EINFACH DIE WAHRHEIT SAGEN?
ICH BIN EIN EHRLICHER MENSCH. DAS KLÄRT SICH ALLES.
MAN HAT SIE ÜBER IHRE RECHTE BELEHRT?
JA, ALS ICH HERKAM. ABER MAN SAGTE MIR, ES SEI NUR EINE FORMALITÄT.
IN DIESEM ZUGE HABEN SIE AUCH ZUGESTIMMT, DASS IHR WAGEN DURCHSUCHT WERDEN DARF.
JA. WARUM AUCH NICHT?
WAS SAGEN SIE DAZU, DASS WIR OTEROS RUCKSACK DARIN GEFUNDEN HABEN?
O MEIN GOTT. DAS KANN NICHT SEIN.
HABEN SIE DAFÜR EINE ERKLÄRUNG?
BITTE. IST NICHT WAHR.
DAS SPIEL IST AUS. ES BRINGT NICHTS.

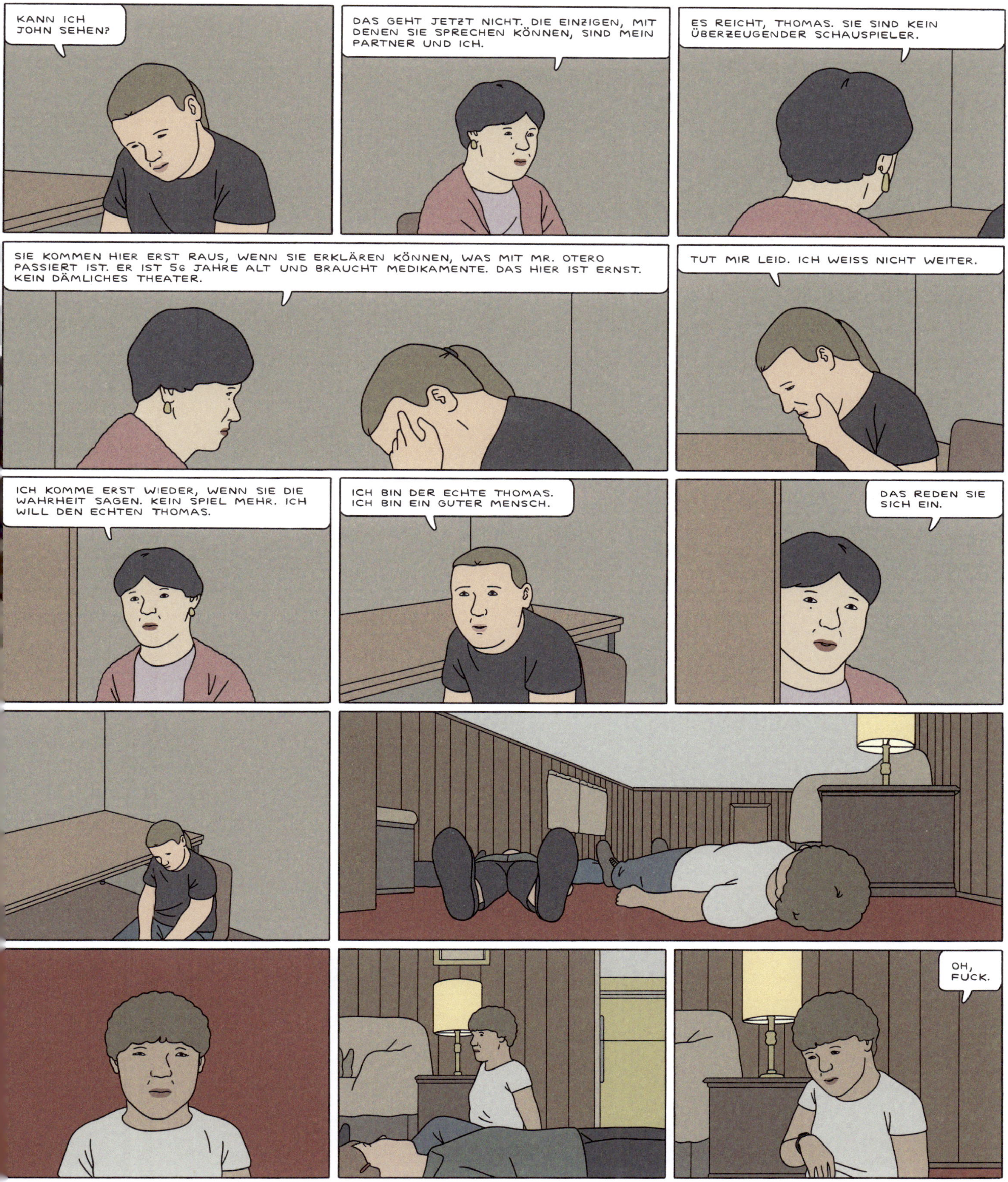
KANN ICH JOHN SEHEN?
DAS GEHT JETZT NICHT. DIE EINZIGEN, MIT DENEN SIE SPRECHEN KÖNNEN, SIND MEIN PARTNER UND ICH.
ES REICHT, THOMAS. SIE SIND KEIN ÜBERZEUGENDER SCHAUSPIELER.
SIE KOMMEN HIER ERST RAUS, WENN SIE ERKLÄREN KÖNNEN, WAS MIT MR. OTERO PASSIERT IST. ER IST 56 JAHRE ALT UND BRAUCHT MEDIKAMENTE. DAS HIER IST ERNST. KEIN DÄMLICHES THEATER.
TUT MIR LEID. ICH WEISS NICHT WEITER.
ICH KOMME ERST WIEDER, WENN SIE DIE WAHRHEIT SAGEN. KEIN SPIEL MEHR. ICH WILL DEN ECHTEN THOMAS.
ICH BIN DER ECHTE THOMAS. ICH BIN EIN GUTER MENSCH.
DAS REDEN SIE SICH EIN.
OH, FUCK.

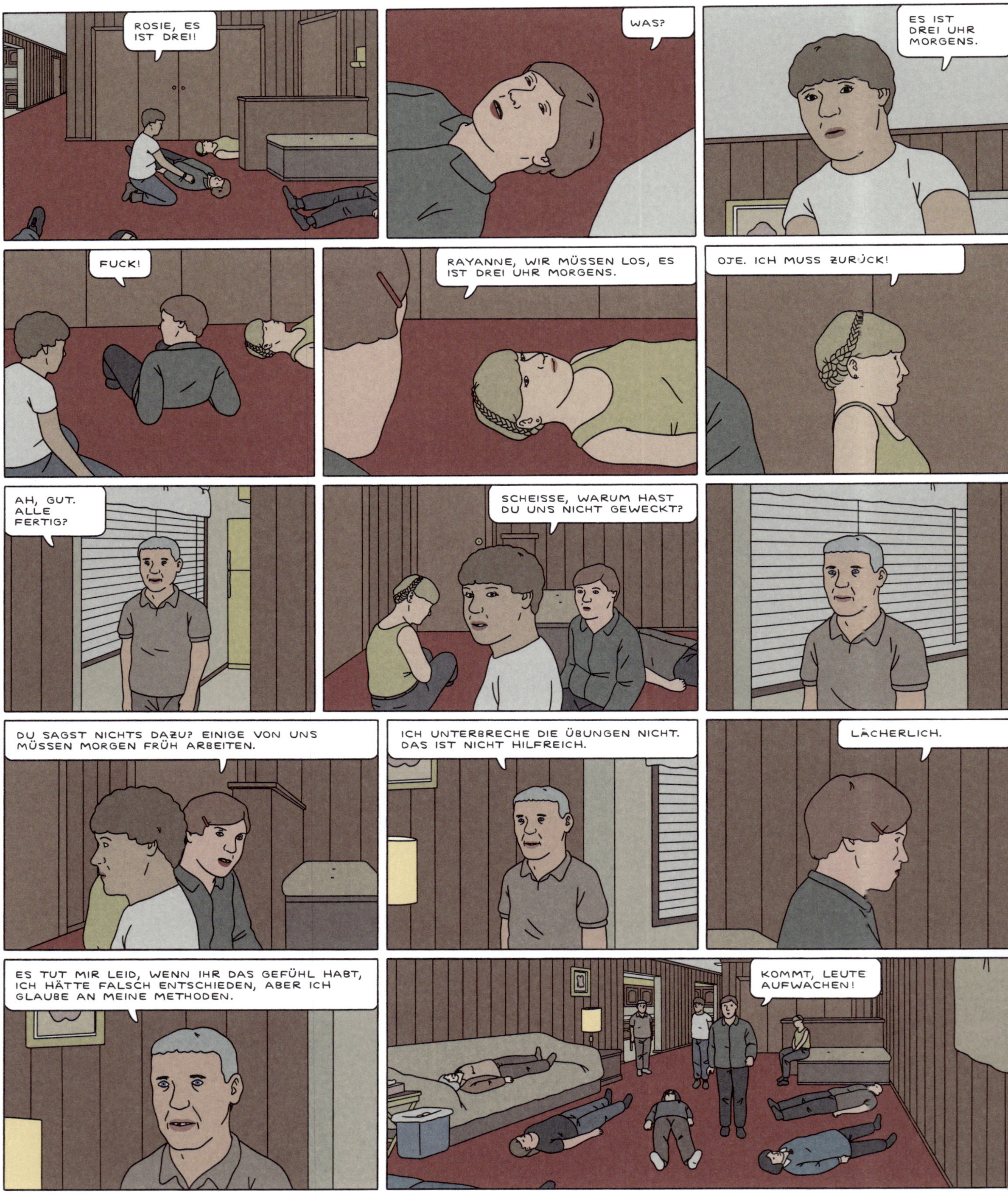
ROSIE, ES IST DREI!
WAS?
ES IST DREI UHR MORGENS.
FUCK!
RAYANNE, WIR MÜSSEN LOS, ES IST DREI UHR MORGENS.
OJE. ICH MUSS ZURÜCK!
AH, GUT. ALLE FERTIG?
SCHEISSE, WARUM HAST DU UNS NICHT GEWECKT?
DU SAGST NICHTS DAZU? EINIGE VON UNS MÜSSEN MORGEN FRÜH ARBEITEN.
ICH UNTERBRECHE DIE ÜBUNGEN NICHT. DAS IST NICHT HILFREICH.
LÄCHERLICH.
ES TUT MIR LEID, WENN IHR DAS GEFÜHL HABT, ICH HÄTTE FALSCH ENTSCHIEDEN, ABER ICH GLAUBE AN MEINE METHODEN.
KOMMT, LEUTE AUFWACHEN!

THOMAS?
KOMM!
GOTT, DANIELLE, DU MUSST IHNEN DEN UNTERRICHT ERKLÄREN. DIE HABEN EINEN FEHLER GEMACHT.
WACH AUF.
HÄ?
WIR GEHEN.
ANGEL, ALLES KLAR BEI DIR?
ALLES SUPER.
DANIELLE, KÖNNTEST DU SIE MITNEHMEN?
NEIN, NEIN, ALLES GUT.
ANGEL, DU MUSST MORGEN WIEDER ZUR ARBEIT.
ACH, KEIN PROBLEM.
SCHAU MICH AN. PASSIERT ES WIEDER?

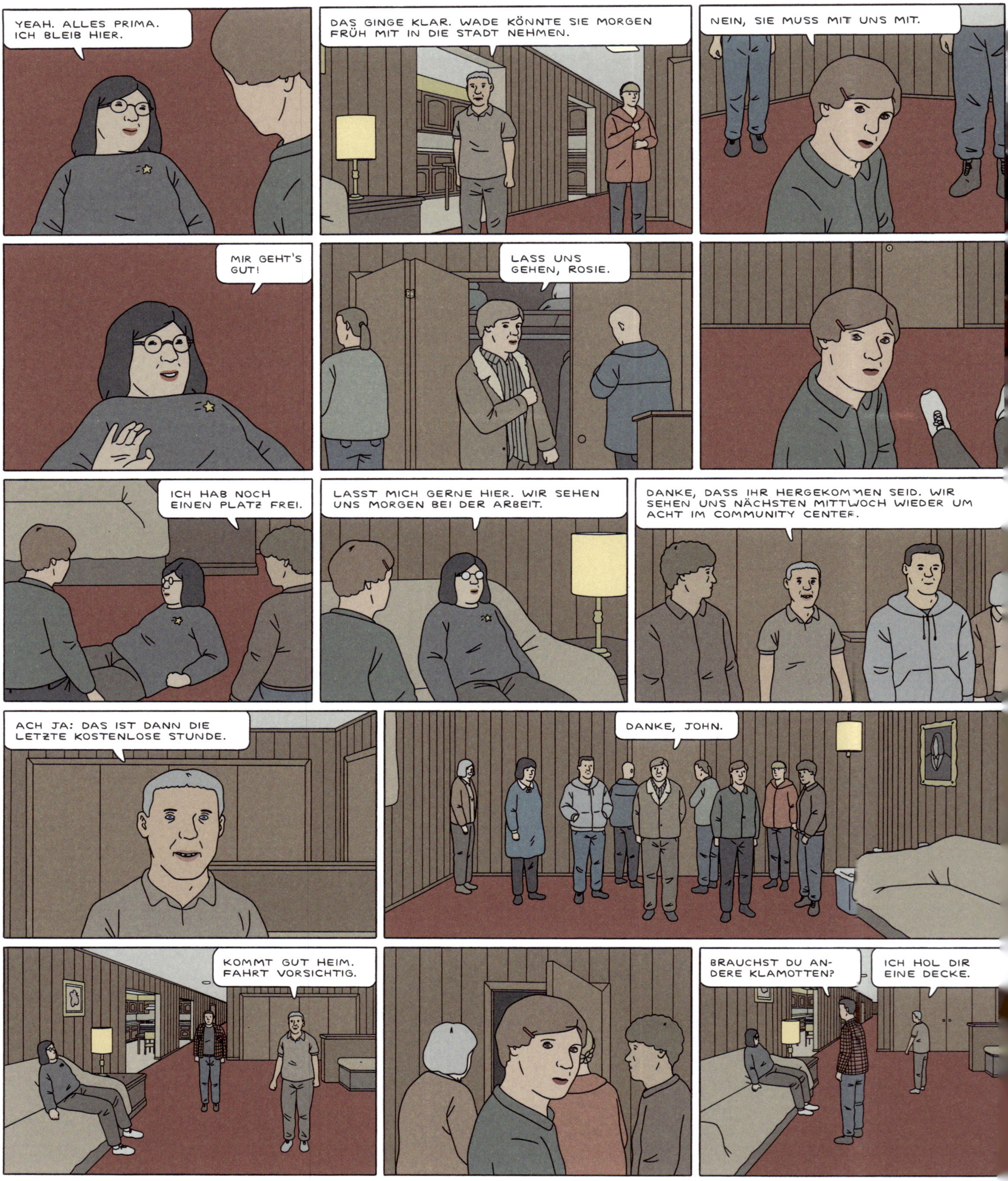

YEAH. ALLES PRIMA. ICH BLEIB HIER.
DAS GINGE KLAR. WADE KÖNNTE SIE MORGEN FRÜH MIT IN DIE STADT NEHMEN.
NEIN, SIE MUSS MIT UNS MIT.
MIR GEHT'S GUT!
LASS UNS GEHEN, ROSIE.
ICH HAB NOCH EINEN PLATZ FREI.
LASST MICH GERNE HIER. WIR SEHEN UNS MORGEN BEI DER ARBEIT.
DANKE, DASS IHR HERGEKOMMEN SEID. WIR SEHEN UNS NÄCHSTEN MITTWOCH WIEDER UM ACHT IM COMMUNITY CENTER.
ACH JA: DAS IST DANN DIE LETZTE KOSTENLOSE STUNDE.
DANKE, JOHN.
KOMMT GUT HEIM. FAHRT VORSICHTIG.
BRAUCHST DU ANDERE KLAMOTTEN?
ICH HOL DIR EINE DECKE.

SIE WIRD KOMMEN. VERSPROCHEN.
WARUM NIMMST DU SIE IMMER IN SCHUTZ?
SIE HAT IHRE GRÜNDE. PRIVATES. FAMILIENZEUG. SIE WIRD DIR ALLES ERKLÄREN.
ROSIE, MIR REICHT ES.
WIR BRAUCHEN SIE, ABER WAS SOLL ICH MACHEN? WO IST SIE?
SIE BRAUCHT DIESEN JOB. ER GIBT IHR STRUKTUR. BITTE, ICH SCHLEPP SIE MORGEN AUF JEDEN FALL HER.
WÜRDEST DU MICH NICHT HINHALTEN, HÄTTE ICH SIE BEI DER POLIZEI SCHON LÄNGST ALS VERMISST GEMELDET.
ICH VERSTEH NICHT, WARUM DU FÜR SIE LÜGST ODER WAS IHR VORHABT, ABER AB MORGEN BESETZE ICH DIE STELLE NEU.
OK. VERSTEHE.

WIR MÜSSEN EINFACH REALISTISCH SEIN.
WIR HABEN EINE DEADLINE, UND DIE RÜCKT JEDEN TAG NÄHER. JETZT SIND WIR EINE ZU WENIG, UND DIE ARBEIT TÜRMT SICH AUF.
SIE MACHT GERADE ETWAS DURCH, SIE IST VERWIRRT. ICH MACH MIR SORGEN.
ICH HÄTTE VIELLEICHT MEHR VERSTÄNDNIS, WENN ICH WÜSSTE, WORUM ES GEHT.
TUT MIR LEID, DAS GEHT JETZT NICHT. ICH BIN TOTAL ÜBERMÜDET.
WIR BRAUCHEN DICH IN DER WERKSTATT, DIE BESTELLUNGEN MÜSSEN RAUS. DANN SIND ES JETZT ERST MAL NUR JENNA UND DU.
SORRY.
WIR MÜSSEN REINHAUEN. DIE BESTELLUNGEN GEHEN UM 7 RAUS.
God Bless
The Kurtz Family
ZEIG MAL HER.
DU KONTROLLIERST MICH IMMER NOCH?
SCHEISSE. HIER SOLL DER FONT VON SEITE 22 DRAUF. DU HAST DEN NORMALEN VON SEITE 26 GENOMMEN.

HAST DU JETZT DIE GANZE ZEIT DEN FALSCHEN FONT ABGEMALT?
NEIN, NUR DAS EINE MAL. DIE SEHEN EH FAST GLEICH AUS, DAS MERKT DOCH NIEMAND.
DOCH. UND DANN BESCHWEREN DIE KUNDEN SICH.
JETZT MUSS ICH ALLE CHECKEN. HILF MIR MAL AUSPACKEN.
ES WAR NUR EINMAL.
HIER IST NOCH EINER. DAS SOLLTE FRAKTURSCHRIFT SEIN. SEITE 30.
SORRY.
ALSO, DIE GEHEN HEUTE NICHT MEHR RECHTZEITIG RAUS. ICH HOL NOCH MAL ROHLINGE.
FALLS ES WELCHE GIBT.
WO WILLST DU HIN?
ICH KÜNDIGE.
WAS? DESWEGEN?
ICH HATTE EH NIE RICHTIG ZEIT FÜR DIESEN JOB, MEIN SEMESTER IST SUPER BUSY.
DU KANNST NICHT EINFACH SO KÜNDIGEN. DANN KRIEGST DU KEIN ZEUGNIS.

WENN ICH 'NEN JOB BRAUCHE, FINDE ICH EINEN.
ABER DU HAST VERANTWORTUNG. LÄSST DU MICH EINFACH HÄNGEN?
TUT MIR ECHT LEID.
ICH SCHAFF'S NICHT ALLEINE. HILF MIR WENIGSTENS MIT DIESER SENDUNG.
ICH HAB NOCH EIN PROJEKT. VIEL GLÜCK MIT ALLEM.
BITTE?!
HEY.
DU BIST GEORGE, ODER? GEORGE OTERO?
ICH HEISS JIMMY.
OH, SORRY. WIE KOMM ICH DENN AUF GEORGE?

KANNST AUCH ELVIS SAGEN.
ICH BIN THOMAS.
WIE GEHT ES DIR?
ALLES GUT.
SCHÖN, DICH ZU SEHEN.
FÜHLST DU DICH GUT?
JA, ALLES GUT.
ZWISCHEN UNS IST ALLES KLAR, ODER?
ICH HAB DIR NIE WAS GETAN, NE?
GLAUB NICHT.
GUT.
OH. HALLO.
HALLO.
JIMMY UND ICH REDEN NUR.

AHA.
WAS IST LOS?
WAS? NICHTS. WAS SOLL DENN LOS SEIN?
HAHA.
OK, WIR SEHEN UNS DRINNEN.
MISS MOLINA?
HI, THOMAS.
MIR GEHT'S HEUT NICHT SO GUT.
HM?

ICH WOLLTE FRAGEN, OB ICH MEINE KLAMOTTEN ANLASSEN KANN?
AHA?
ICH ... FÜHL MICH PLÖTZLICH NICHT MEHR WOHL.
THOMAS, HIER SITZT EINE KLASSE, DIE FÜRS AKTZEICHNEN BEZAHLT HAT.
WIE KOMMT DAS DENN JETZT?
NA JA, DU LÄSST MIR KEINE WAHL.
DANKE DIR.
DAS IST EINE AUSNAHME. KRIEG DICH FÜRS NÄCHSTE MAL WIEDER EIN, SONST KÖNNEN WIR DICH NICHT MEHR BRAUCHEN.
ALSO, IHR LIEBEN. HEUTE MACHEN WIR MAL ETWAS ANDERES. WIR ZEICHNEN HEUTE EIN ANGEZOGENES MODELL.
DIE WELLEN UND FALTEN EINES HEMDS KÖNNEN ERSTAUNLICH KOMPLEX SEIN, ES IST ALSO EINE GUTE ÜBUNG.

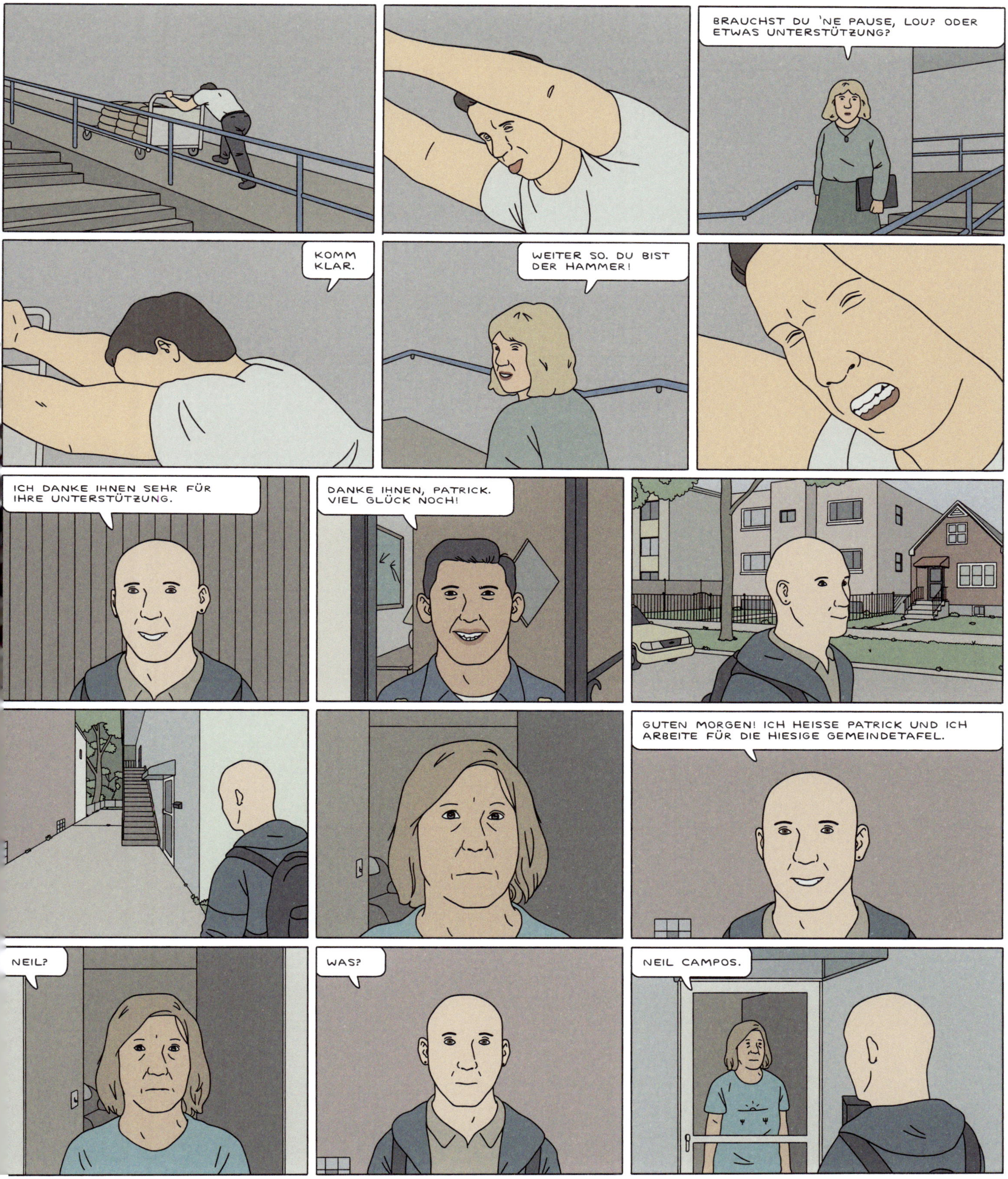
BRAUCHST DU 'NE PAUSE, LOU? ODER ETWAS UNTERSTÜTZUNG?
KOMM KLAR.
WEITER SO. DU BIST DER HAMMER!
ICH DANKE IHNEN SEHR FÜR IHRE UNTERSTÜTZUNG.
DANKE IHNEN, PATRICK. VIEL GLÜCK NOCH!
GUTEN MORGEN! ICH HEISSE PATRICK UND ICH ARBEITE FÜR DIE HIESIGE GEMEINDETAFEL.
NEIL?
WAS?
NEIL CAMPOS.

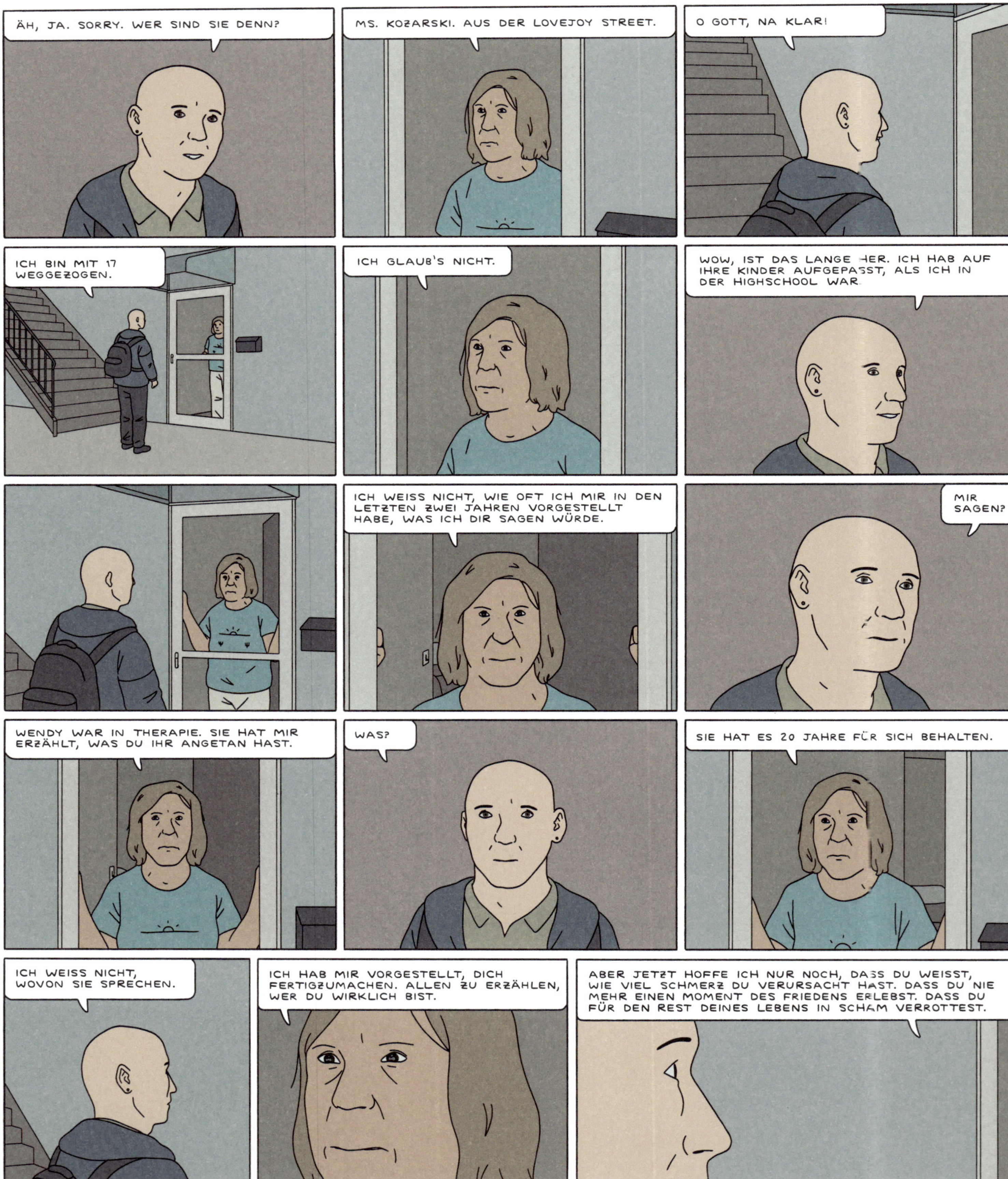
ÄH, JA. SORRY. WER SIND SIE DENN?
MS. KOZARSKI. AUS DER LOVEJOY STREET.
O GOTT, NA KLAR!
ICH BIN MIT 17 WEGGEZOGEN.
ICH GLAUB'S NICHT.
WOW, IST DAS LANGE HER. ICH HAB AUF IHRE KINDER AUFGEPASST, ALS ICH IN DER HIGHSCHOOL WAR.
ICH WEISS NICHT, WIE OFT ICH MIR IN DEN LETZTEN ZWEI JAHREN VORGESTELLT HABE, WAS ICH DIR SAGEN WÜRDE.
MIR SAGEN?
WENDY WAR IN THERAPIE. SIE HAT MIR ERZÄHLT, WAS DU IHR ANGETAN HAST.
WAS?
SIE HAT ES 20 JAHRE FÜR SICH BEHALTEN.
ICH WEISS NICHT, WOVON SIE SPRECHEN.
ICH HAB MIR VORGESTELLT, DICH FERTIGZUMACHEN. ALLEN ZU ERZÄHLEN, WER DU WIRKLICH BIST.
ABER JETZT HOFFE ICH NUR NOCH, DASS DU WEISST, WIE VIEL SCHMERZ DU VERURSACHT HAST. DASS DU NIE MEHR EINEN MOMENT DES FRIEDENS ERLEBST. DASS DU FÜR DEN REST DEINES LEBENS IN SCHAM VERROTTEST.

ICH BETE ZU GOTT, DASS DAS BEI DIR ANGEKOMMEN IST. FASS NIE WIEDER EIN KIND AN.
KEINE AHNUNG, WAS DU HIER ABZIEHST, ABER SOBALD DU WEG BIST, RUF ICH DIE POLIZEI UND SAG DENEN, DASS IN UNSERER NACHBARSCHAFT EIN MONSTER RUMLÄUFT.
NEIN.
OR ✪ SALE
-9018
PATRICK?
WO BIST DU?
HEY, BUDDY.
WAS SOLL ICH MACHEN?
ICH HELFE DIR.
BITTE SAG MIR, WAS ICH HÖREN WILL.

WAS VERGANGEN IST, IST VERGANGEN. MENSCHEN MACHEN FEHLER.
DIE WELT IST GNADENLOS. WIR ALLE HABEN UNSERE DÄMONEN.
DU MUSST LOSLASSEN. VERGIB DIR.
HILFT DAS?
JA. MACH WEITER.
DIE KENNEN DICH NICHT. DIE WOLLEN DICH NUR RUNTERZIEHEN. ABER WAS DICH NICHT UMBRINGT, MACHT DICH NUR STÄRKER, STIMMT'S?
JA.
FÜHLST DU DICH BESSER?
JA.
ANGEL?
HALLO?
BIST DU DA?
SHIT.
HEY, STAPELT SICH SCHON DIE POST FÜR APARTMENT 3?
NEIN, SIE HAT EINEN NACHSENDE-AUFTRAG. NEUE ADRESSE.

WAS? WOHIN?
KEINE AHNUNG. DAS LÄUFT ÜBERS POSTAMT.
MEIN GOTT.
FUCK. OKAY.
AUS DEM WEG, KLEINE.
KOMM HER, SÜSSE. GEHT'S DIR GUT?
OH, GUT.
DU HAST JA FUTTER. BIST DU 'NE KÄMPFERIN?
HAST DU GESCHWISTER?
HALLO?

WO IST DEINE MOM?
KEIN ADRESSBUCH? KEINERLEI KONTAKTE?
WAS MACHEN WIR JETZT?
KOMMST DU MIT ZU MIR, BIS WIR WISSEN, WAS ZU TUN IST?
WUFF!

ES GIBT SCHON WIEDER EIER UND KARTOFFELN, OK?
JEP.
WIR HABEN AUCH SCHINKEN.
EINE VOLIERE?
WAS?
WIE EINE MAGNETISCHE TASCHENUHR. DIE BESTE.
O NEIN, BETH. GANZ RUHIG.
WIE EIN KONSTANTES STAMPFEN. ES KÖCHELT SO VOR SICH HIN.
OK. ICH VERSTEHE. LASS ES UNS DURCHGEHEN, WIE REBECCA GESAGT HAT.
WAHLKAMPF. PULSKAMPFHYMNE. IST VORGESCHRIEBEN. HÖRST DU ES?
WIE FÜHLST DU DICH?
ICH MACH DAS. WELCHES?

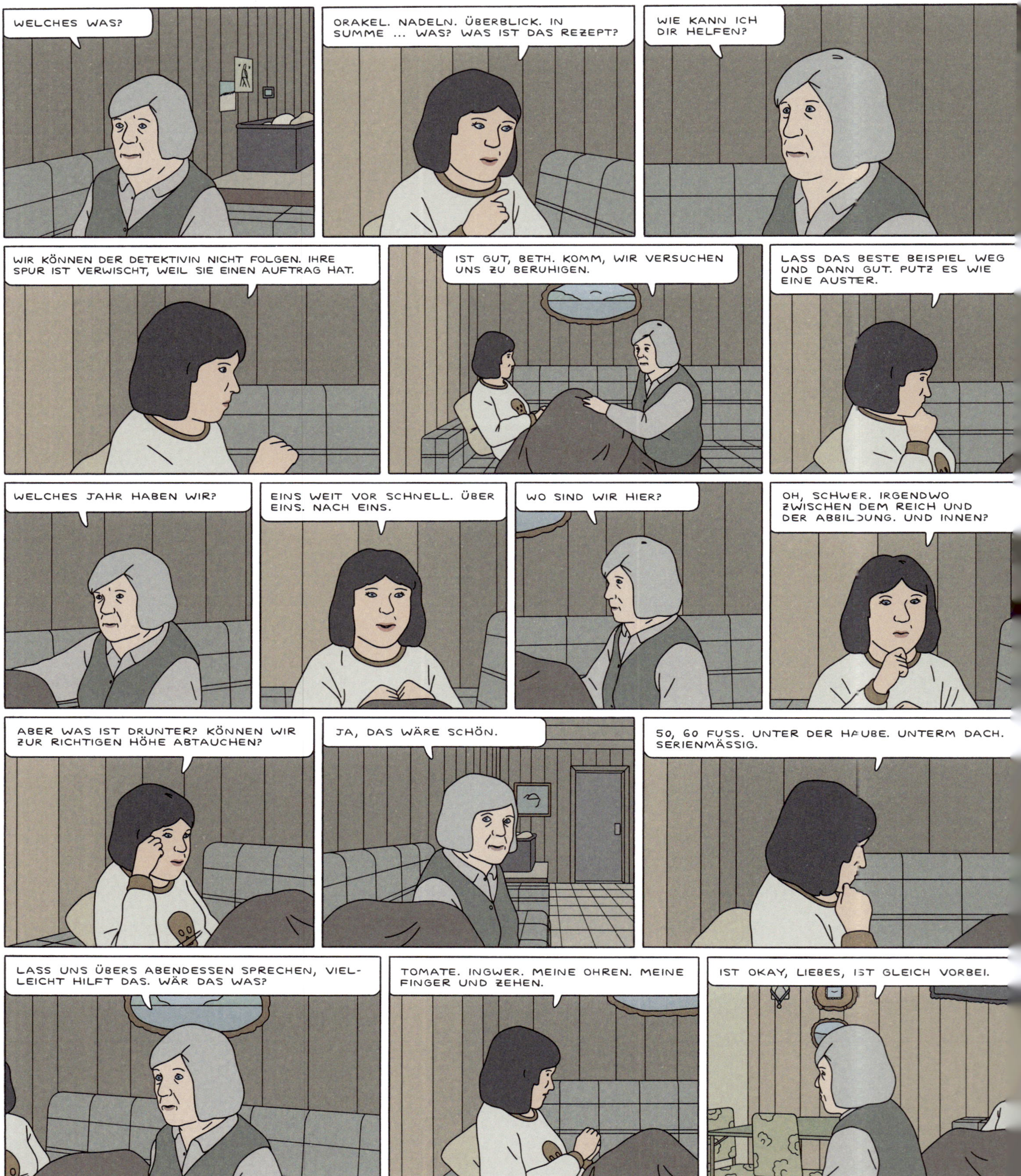
WELCHES WAS?
ORAKEL. NADELN. ÜBERBLICK. IN SUMME ... WAS? WAS IST DAS REZEPT?
WIE KANN ICH DIR HELFEN?
WIR KÖNNEN DER DETEKTIVIN NICHT FOLGEN. IHRE SPUR IST VERWISCHT, WEIL SIE EINEN AUFTRAG HAT.
IST GUT, BETH. KOMM, WIR VERSUCHEN UNS ZU BERUHIGEN.
LASS DAS BESTE BEISPIEL WEG UND DANN GUT. PUTZ ES WIE EINE AUSTER.
WELCHES JAHR HABEN WIR?
EINS WEIT VOR SCHNELL. ÜBER EINS. NACH EINS.
WO SIND WIR HIER?
OH, SCHWER. IRGENDWO ZWISCHEN DEM REICH UND DER ABBILDUNG. UND INNEN?
ABER WAS IST DRUNTER? KÖNNEN WIR ZUR RICHTIGEN HÖHE ABTAUCHEN?
JA, DAS WÄRE SCHÖN.
50, 60 FUSS. UNTER DER HAUBE. UNTERM DACH. SERIENMÄSSIG.
LASS UNS ÜBERS ABENDESSEN SPRECHEN, VIELLEICHT HILFT DAS. WÄR DAS WAS?
TOMATE. INGWER. MEINE OHREN. MEINE FINGER UND ZEHEN.
IST OKAY, LIEBES, IST GLEICH VORBEI.

WÄRE DOCH GUT, WENN WIR DAS INNERE TRAGEN KÖNNTEN, NE?
JA.
ABER DANN MÜSSTEN WIR DIE ABBILDUNG ENTSCHLÜSSELN.
HIER, WARUM SCHREIBST DU NICHT ALLE DEINE GEDANKEN AUF, WÄHREND ICH ESSEN MACHE?
AH, GUTE IDEE. DIE TRITTLEITER.
DANKE, DASS SIE RANGEHEN.
JA. HEUTE BESON-DERS SCHLIMM.
KÜRZERE ABSTÄNDE.
EINIGE STUNDEN.
NACH DER LETZTEN SCHAU-SPIELSTUNDE WURDEN DIE SCHÜBE SCHLIMMER.
NUR EINFACHE ÜBUNGEN.
MÖGLICH.
GENAU.
ERST NÄCHSTEN FREITAG?
DANN MÜSSEN WIR WOHL WARTEN.
DANKE, FRAU DOK-TOR. GUTE NACHT.

PLR·054
Olive & Adrian
"Night Is When I'm Wistful"
NO WAY.

PLR-054
SIDE ONE
LET ME BACK IN
HUM-DRUM
FRUITCAKE
GIVE ME BACK MY MEMORIES
SIDE TWO
LOVE IN HEAVEN
TINSEL, GARLAND, AND COLORED LIGHTS
I LEAVE THE GATE OPEN FOR YOU
NIGHT IS WHEN I'M WISTFUL
PLEASING RECORDS
1600 SW 1ST AVE
AMARILLO, TX 79106
ALL MATERIAL WRITTEN BY
OLIVE INMAN & ADRIAN HAWKINS
MUSICIANS:
TONY PIDONE - CLARINET, FLUTE
SALLY HUBERS - BASS, PIANO
REINDORF MILLER - PERCUSSION
BRIANNA CAMPBELL - ZITHER, ACCORDION, AUTOHARP
MICHAEL SWAN - TRUMPET, TROMBONE
OLIVE INMAN - VOCALS, VIOLIN
ADRIAN HAWKINS - VOCALS
RECORDED AT: COMFORT STUDIOS
ENGINEER: BARRY HENK
PRODUCTION: MARISSA LAVENDER
PHOTOGRAPHY: JO WALL-PIERCE
SLEEVE DESIGN: BUTLER DESIGNS
ADVISER: JOHN S.
PUBLISHED BY: PLEASING MEDIA INTERNATIONAL
MANUFACTURED BY RECORD MANUFACTURERS (EL PASO)
EIN JUWEL VON ALBUM.
HÄ?
HAST DU FRAGEN DAZU?
WERD ICH VERRÜCKT?

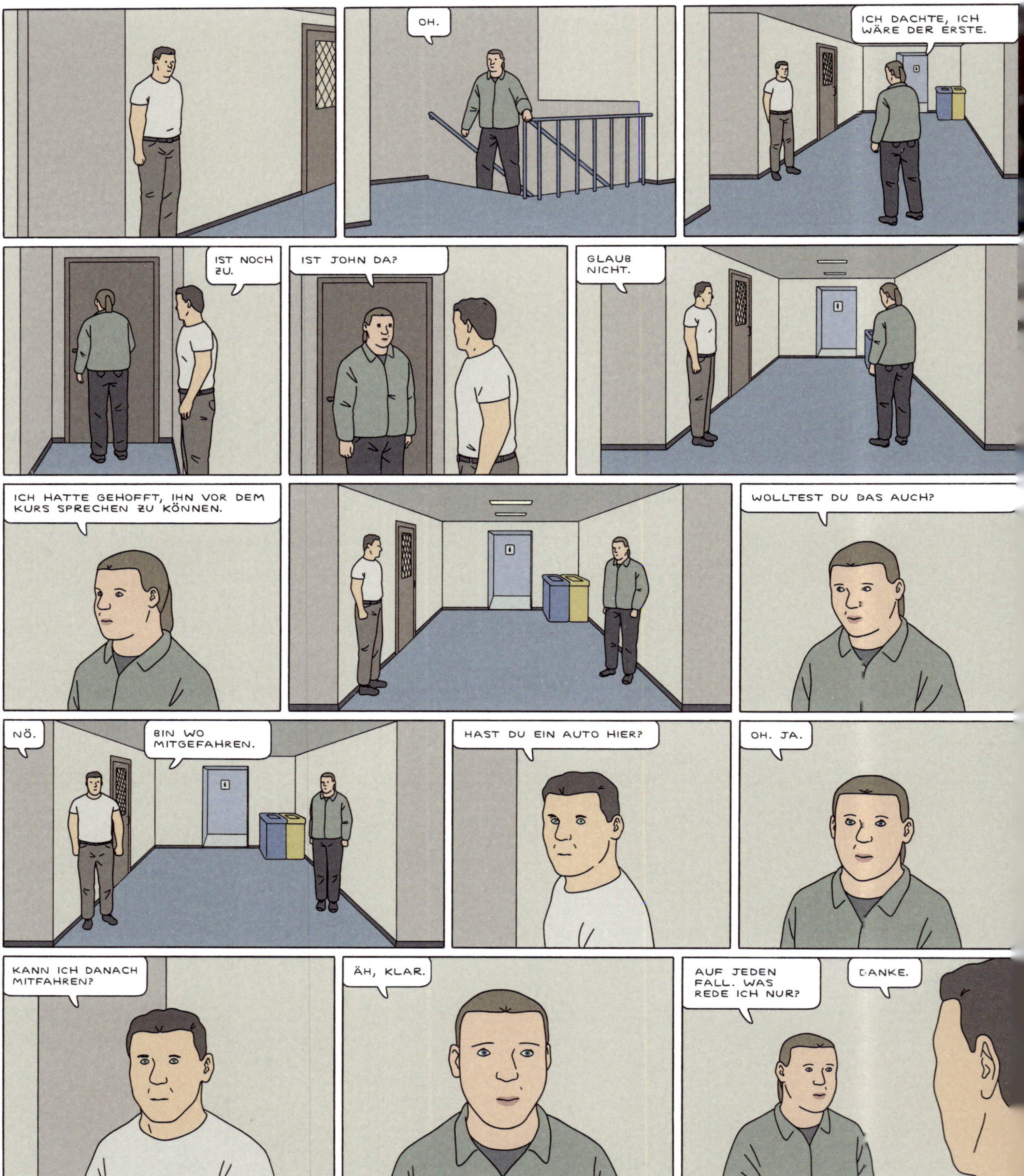
OH.
ICH DACHTE, ICH WÄRE DER ERSTE.
IST NOCH ZU.
IST JOHN DA?
GLAUB NICHT.
ICH HATTE GEHOFFT, IHN VOR DEM KURS SPRECHEN ZU KÖNNEN.
WOLLTEST DU DAS AUCH?
NÖ.
BIN WO MITGEFAHREN.
HAST DU EIN AUTO HIER?
OH. JA.
KANN ICH DANACH MITFAHREN?
ÄH, KLAR.
AUF JEDEN FALL. WAS REDE ICH NUR?
DANKE.

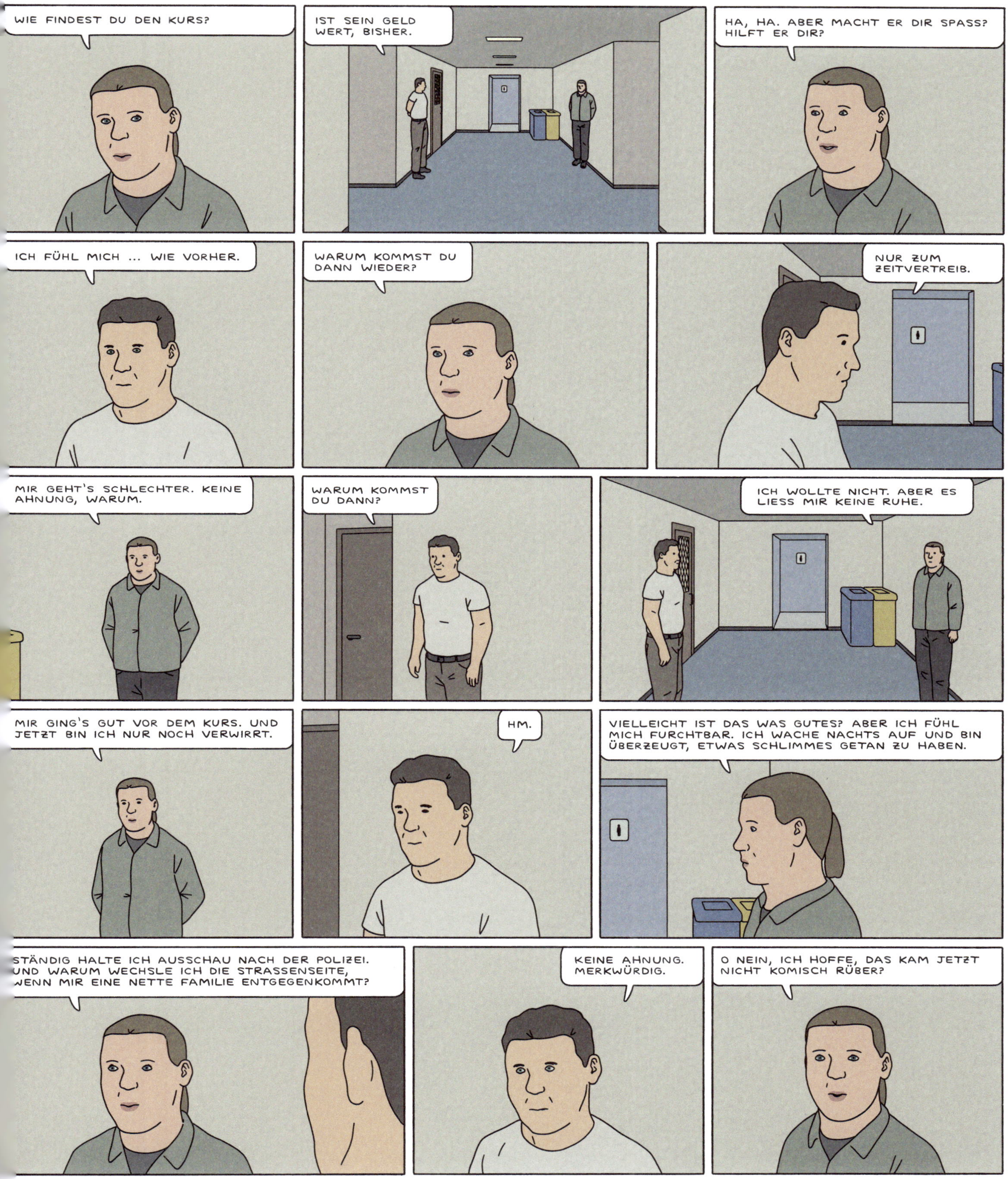

WIE FINDEST DU DEN KURS?
IST SEIN GELD WERT, BISHER.
HA, HA. ABER MACHT ER DIR SPASS? HILFT ER DIR?
ICH FÜHL MICH ... WIE VORHER.
WARUM KOMMST DU DANN WIEDER?
NUR ZUM ZEITVERTREIB.
MIR GEHT'S SCHLECHTER. KEINE AHNUNG, WARUM.
WARUM KOMMST DU DANN?
ICH WOLLTE NICHT. ABER ES LIESS MIR KEINE RUHE.
MIR GING'S GUT VOR DEM KURS. UND JETZT BIN ICH NUR NOCH VERWIRRT.
HM.
VIELLEICHT IST DAS WAS GUTES? ABER ICH FÜHL MICH FURCHTBAR. ICH WACHE NACHTS AUF UND BIN ÜBERZEUGT, ETWAS SCHLIMMES GETAN ZU HABEN.
STÄNDIG HALTE ICH AUSSCHAU NACH DER POLIZEI. UND WARUM WECHSLE ICH DIE STRASSENSEITE, WENN MIR EINE NETTE FAMILIE ENTGEGENKOMMT?
KEINE AHNUNG. MERKWÜRDIG.
O NEIN, ICH HOFFE, DAS KAM JETZT NICHT KOMISCH RÜBER?

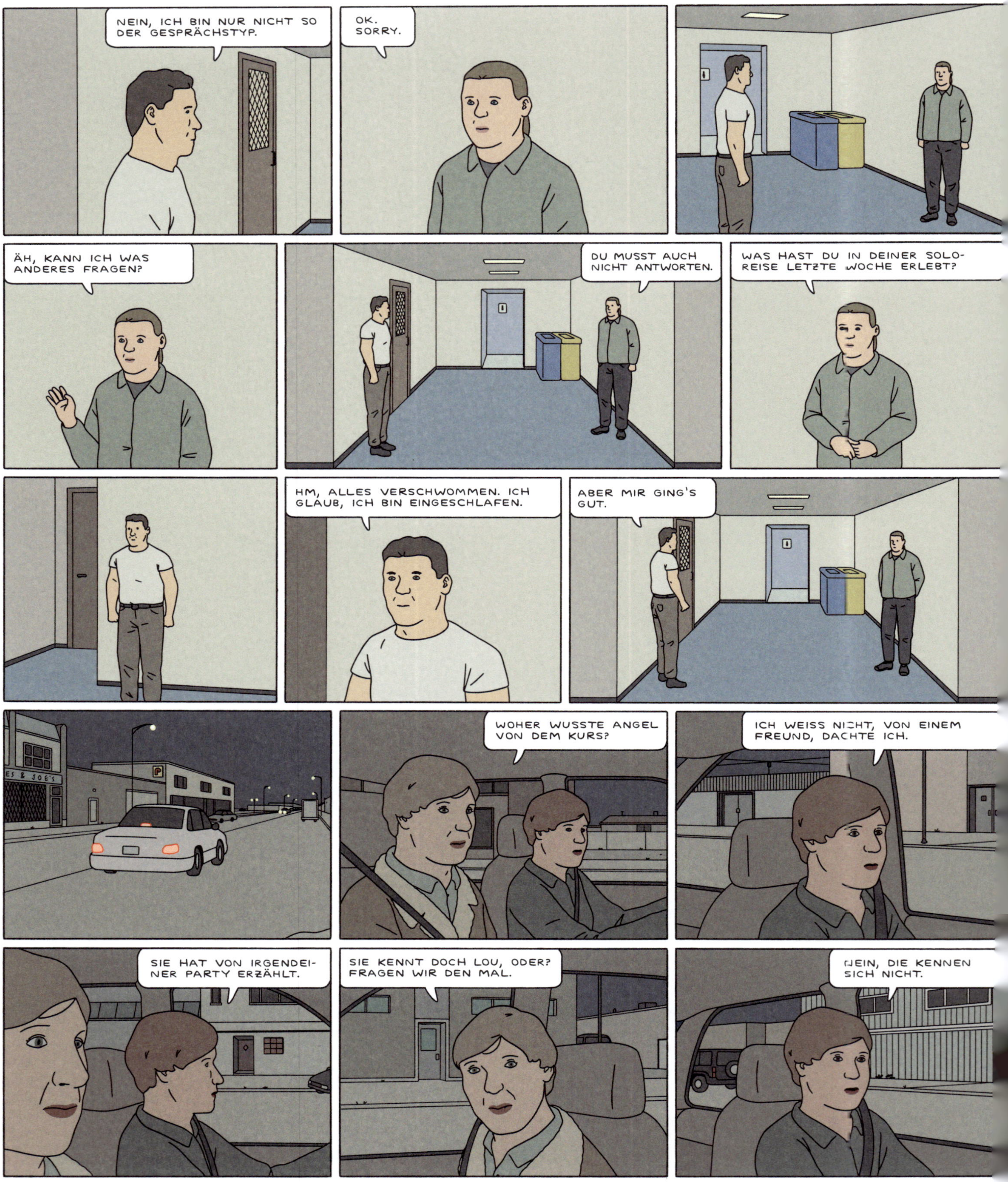
NEIN, ICH BIN NUR NICHT SO DER GESPRÄCHSTYP.
OK. SORRY.
ÄH, KANN ICH WAS ANDERES FRAGEN?
DU MUSST AUCH NICHT ANTWORTEN.
WAS HAST DU IN DEINER SOLO-REISE LETZTE WOCHE ERLEBT?
HM, ALLES VERSCHWOMMEN. ICH GLAUB, ICH BIN EINGESCHLAFEN.
ABER MIR GING'S GUT.
WOHER WUSSTE ANGEL VON DEM KURS?
ICH WEISS NICHT, VON EINEM FREUND, DACHTE ICH.
SIE HAT VON IRGENDEI-NER PARTY ERZÄHLT.
SIE KENNT DOCH LOU, ODER? FRAGEN WIR DEN MAL.
NEIN, DIE KENNEN SICH NICHT.

WAS GENAU SAGTE SIE?
DASS SIE VON DEM KURS GEHÖRT HABE UND DACHTE, DAS WÄRE WAS FÜR UNS.
UND VON ALLEN IN DER FIRMA HAT SIE DABEI AN DICH GEDACHT?
SIE IST MIT NIEMANDEM WIRKLICH BEFREUNDET. BEZIEHUNGSWEISE WAR.
DAS WIRD SCHON.
ICH HÄTTE SIE LETZTE WOCHE NICHT DORT LASSEN SOLLEN. WER WEISS, WO SIE JETZT IST.
WENN SIE HEUTE NICHT KOMMT, WEISS ICH ECHT NICHT MEHR WEITER.
JOHN WEISS BESTIMMT WAS.
ICH MEINE, WAS LETZTE WOCHE PASSIERT IST. WO SIE HIN IST.
HEY.
WIR MÜSSEN HEUTE NICHT DA HIN.
WAS MEINST DU?
WENN DU DICH NICHT DANACH FÜHLST, LASSEN WIR ES.
ICH LIEBE DEN KURS. ICH FREU MICH SCHON DIE GANZE WOCHE.

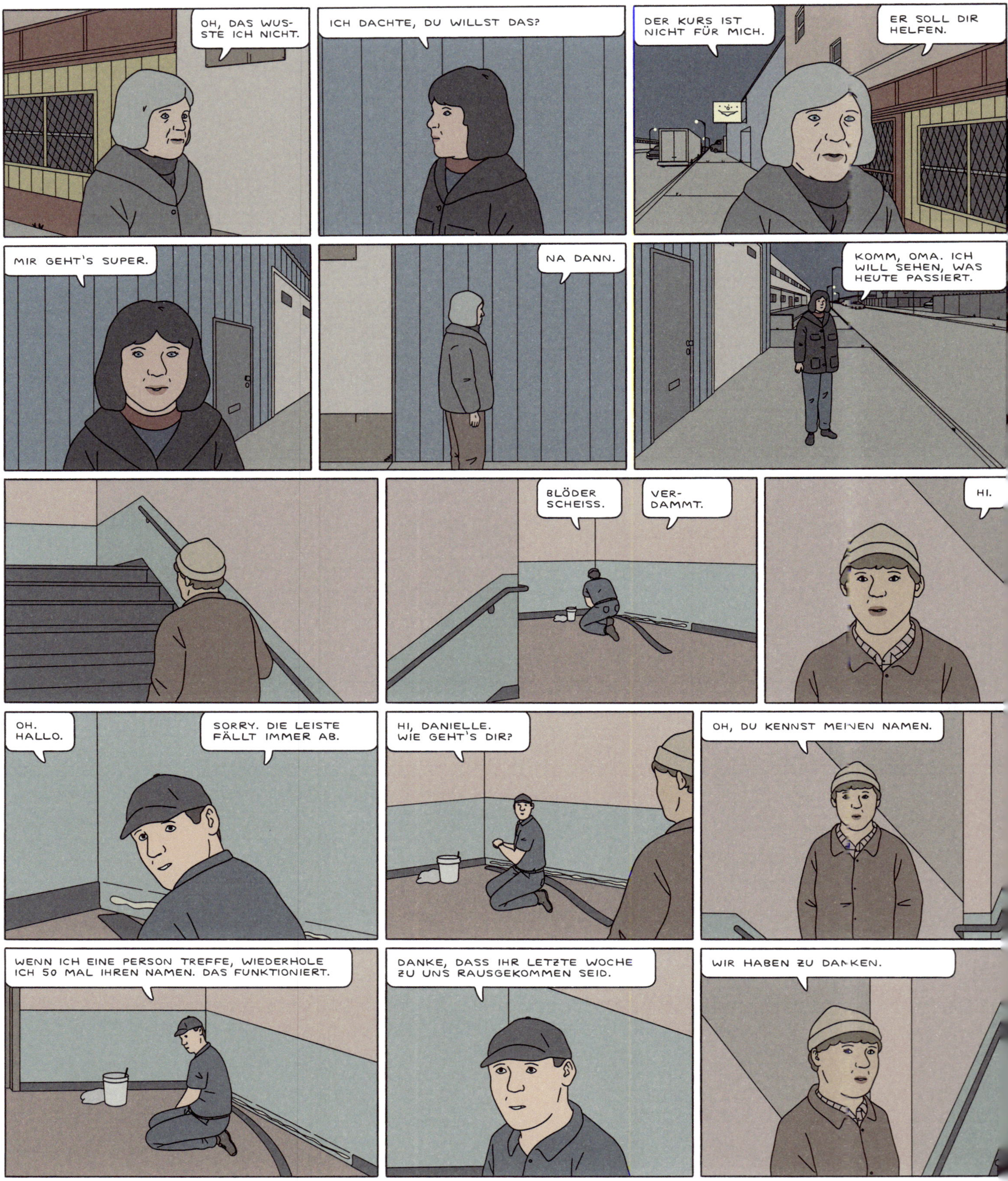
OH, DAS WUS-
STE ICH NICHT.
ICH DACHTE, DU WILLST DAS?
DER KURS IST
NICHT FÜR MICH.
ER SOLL DIR
HELFEN.
MIR GEHT'S SUPER.
NA DANN.
KOMM, OMA. ICH
WILL SEHEN, WAS
HEUTE PASSIERT.
BLÖDER
SCHEISS.
VER-
DAMMT.
HI.
OH.
HALLO.
SORRY. DIE LEISTE
FÄLLT IMMER AB.
HI, DANIELLE.
WIE GEHT'S DIR?
OH, DU KENNST MEINEN NAMEN.
WENN ICH EINE PERSON TREFFE, WIEDERHOLE
ICH 50 MAL IHREN NAMEN. DAS FUNKTIONIERT.
DANKE, DASS IHR LETZTE WOCHE
ZU UNS RAUSGEKOMMEN SEID.
WIR HABEN ZU DANKEN.

WOHER KENNST DU EIGENTLICH JOHN?
HM, ICH HAB IHN ÜBER FRÜHERE NACHBARN KENNENGELERNT. DIE WAREN IRGENDWIE VERWANDT, WEISS NICHT MEHR GENAU.
UND DU LÄSST IHN DAS CENTER HIER NUTZEN?
JA, MIT DER CHEFIN GEKLÄRT. IST DOCH SCHADE, DASS HIER ABENDS NICHTS IST.
UND JOHN WOHNT BEI DIR?
NEIN, HINTEN IN DER KLEINEN HÜTTE, DIE VORHER LEER STAND.
UND IHR HABT NICHTS DAGEGEN, VÖLLIG FREMDE IN EUER HAUS ZU LASSEN?
NEIN, ICH VERTRAUE JOHN KOMPLETT.
WIR SIND FREUNDE.
SORRY FÜR MEINE NEUGIER.
KEIN DING. JOHN IST DER AUFRICHTIGSTE MENSCH, DEN ICH KENNE. IHR MÜSST EUCH WIRKLICH KEINE SORGEN MACHEN.
OKAY, DANKE. ICH SOLLTE MAL HOCH.
HAB EINEN GUTEN KURS!
TSCHÜSS.

COOLE MÜTZE. VOLL STYLISCH.
WAS MEINST DU?
AH.
TRÄGST DU SONST AUCH BRILLE?
ICH SOLLTE.
EIN NEUER LOOK, HM?
GENAU.
HAB SIE NICHT GESEHEN.
O MANN.
JA, ICH SAUGE DEN UNTERRICHT KOMPLETT AUF.
DAS GEHÖRT JA ZUM PROZESS. MACH DICH EINFACH LOCKER.
ICH DENKE, JOHN WEISS, WAS ER TUT. ROSIE IST NOCH NICHT TOTAL DABEI, ABER ICH GLAUB ECHT, DASS ES UNS HILFT.

FIND ICH AUCH. IHR LEUCHTET HEUTE BEIDE RICHTIG.
ICH SPÜRE ES.
ECHT?
WOW. DANKE!
OH.
WER IST DAS?
HI, ALLERSEITS. DAS IST MARCUS.
OH, WAS FÜR EIN SÜSSER KLEINER ZWERG.
SAG HI ZU MAMIS FREUNDEN, SCHATZ.
HI.
AW.
WO IST JOHN?
ZU SPÄT.
IST DAS OK MIT MARCUS? NIEMAND HATTE ZEIT ZUM AUFPASSEN.

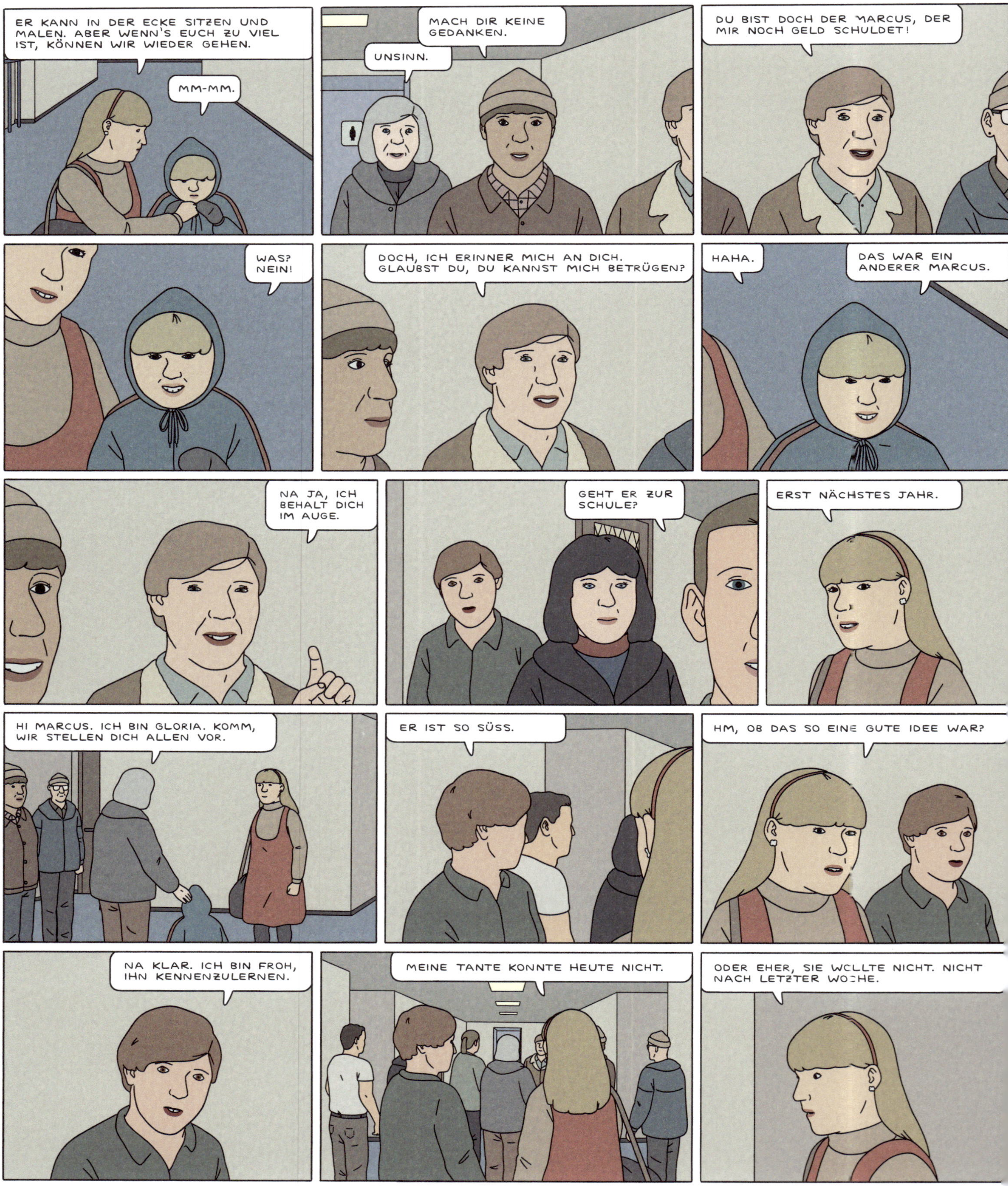
ER KANN IN DER ECKE SITZEN UND MALEN. ABER WENN'S EUCH ZU VIEL IST, KÖNNEN WIR WIEDER GEHEN.
MM-MM.
MACH DIR KEINE GEDANKEN.
UNSINN.
DU BIST DOCH DER MARCUS, DER MIR NOCH GELD SCHULDET!
WAS? NEIN!
DOCH, ICH ERINNER MICH AN DICH. GLAUBST DU, DU KANNST MICH BETRÜGEN?
HAHA.
DAS WAR EIN ANDERER MARCUS.
NA JA, ICH BEHALT DICH IM AUGE.
GEHT ER ZUR SCHULE?
ERST NÄCHSTES JAHR.
HI MARCUS. ICH BIN GLORIA. KOMM, WIR STELLEN DICH ALLEN VOR.
ER IST SO SÜSS.
HM, OB DAS SO EINE GUTE IDEE WAR?
NA KLAR. ICH BIN FROH, IHN KENNENZULERNEN.
MEINE TANTE KONNTE HEUTE NICHT.
ODER EHER, SIE WOLLTE NICHT. NICHT NACH LETZTER WOCHE.

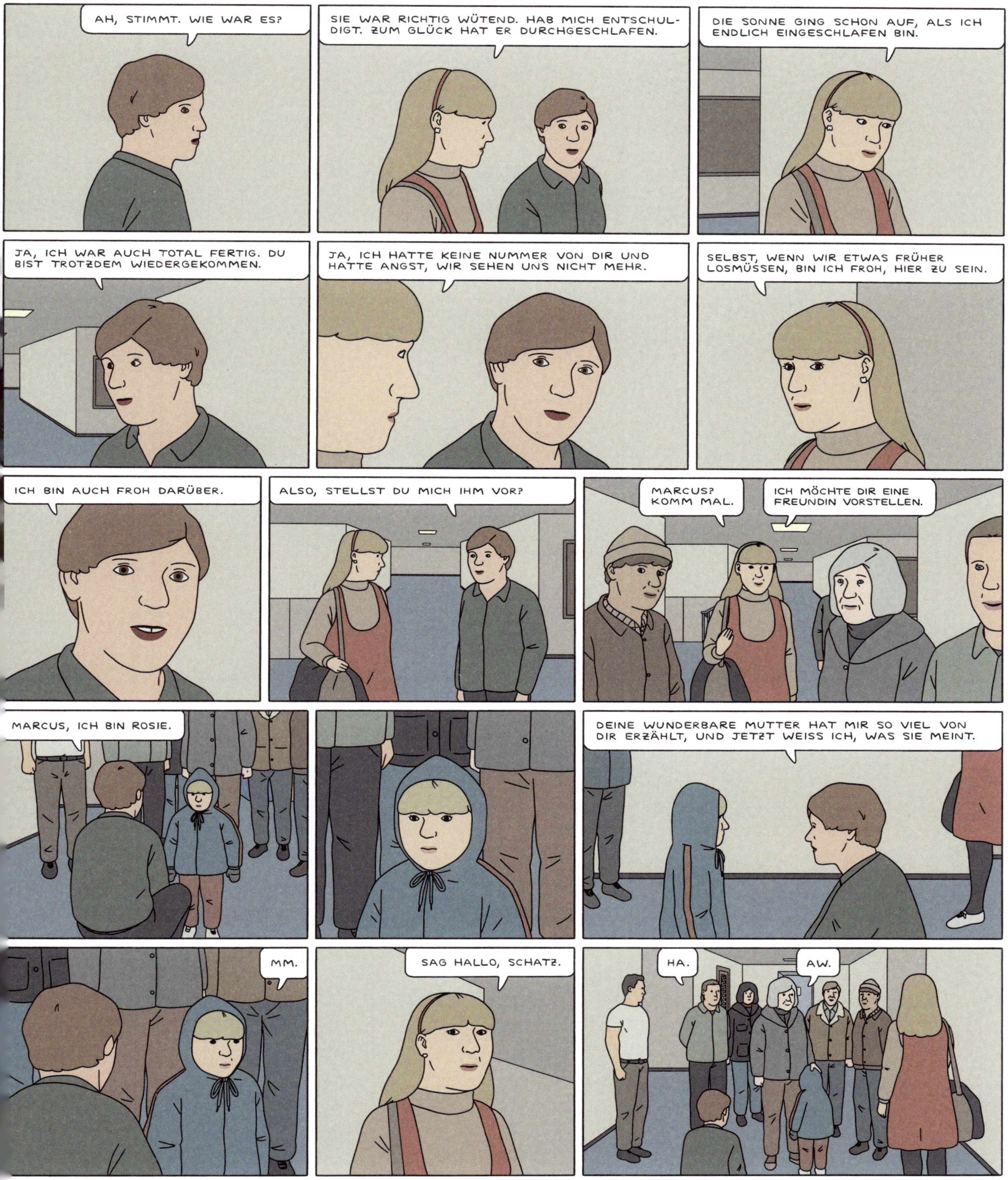
AH, STIMMT. WIE WAR ES?
SIE WAR RICHTIG WÜTEND. HAB MICH ENTSCHULDIGT. ZUM GLÜCK HAT ER DURCHGESCHLAFEN.
DIE SONNE GING SCHON AUF, ALS ICH ENDLICH EINGESCHLAFEN BIN.
JA, ICH WAR AUCH TOTAL FERTIG. DU BIST TROTZDEM WIEDERGEKOMMEN.
JA, ICH HATTE KEINE NUMMER VON DIR UND HATTE ANGST, WIR SEHEN UNS NICHT MEHR.
SELBST, WENN WIR ETWAS FRÜHER LOSMÜSSEN, BIN ICH FROH, HIER ZU SEIN.
ICH BIN AUCH FROH DARÜBER.
ALSO, STELLST DU MICH IHM VOR?
MARCUS? KOMM MAL.
ICH MÖCHTE DIR EINE FREUNDIN VORSTELLEN.
MARCUS, ICH BIN ROSIE.
DEINE WUNDERBARE MUTTER HAT MIR SO VIEL VON DIR ERZÄHLT, UND JETZT WEISS ICH, WAS SIE MEINT.
MM.
SAG HALLO, SCHATZ.
HA.
AW.

TUT MIR LEID. DAS WIRD NOCH.
SCHON GUT. ER IST NOCH KLEIN.
WAS MACHT IHR ALLE HIER OBEN?
JOHN WARTET IM UNTERGESCHOSS.
AH, NICHT HIER OBEN?
SHIT. DAS WAR WOHL EIN MISS-VERSTÄNDNIS.
EGAL, MIR NACH.
SCHAU MAL HIER!
OH, WUNDERBAR! ALLE DA. HAB MIR SCHON SOR-GEN GEMACHT.
ANGEL!
HI, ROSIE.
ICH MUSS SOFORT MIT DIR SPRECHEN.
WAS IST LOS?

WIR SIND SCHON SPÄT DRAN, WIR SOLLTEN ANFANGEN.
ES IST DRINGEND.
SORRY, LEUTE. NUR EINE MINUTE.
MENSCH, ANGEL! WO WARST DU NUR?
ICH WEISS. ICH HÄTTE IM BÜRO ANRUFEN SOLLEN.
DU HAST KEINE AHNUNG, WAS LOS WAR.
WAS MEINST DU?
DIE WOLLTEN DICH ALS VERMISST MELDEN.
ICH WOLLTE DICH ALS VERMISST MELDEN.
DEIN JOB IST WEG.
DU WARST WEG.
WARST NICHT ERREICHBAR.
DEINE NOTFALL-NUMMER FUNK-TIONIERTE NICHT.
ICH WAR IN DEINER WOHNUNG.
ICH BIN EINGEBROCHEN, UM DEINE KATZE ZU RETTEN. SIE IST BEI MIR.
ICH MUSSTE DEINE HAUSVERWALTUNG ANRUFEN UND DAS FENSTER ERSETZEN LASSEN.
DER DUMME NACHBAR SOLLTE DOCH AUF SIE AUFPASSEN.
MEHR HAST DU DAZU NICHT ZU SAGEN?

WAS IST DENN LOS?
ICH KÜMMERE MICH ENDLICH UM MICH.
DER KURS IST EINE ECHTE OFFENBARUNG.
ABER DU KÜMMERST DICH NICHT UM DICH!
IMMER DIESE ENDLOSEN SORGEN. DAS IST JETZT VORBEI.
ANGEL, ICH HATTE RICHTIG ANGST UM DICH. ICH WEISS NICHT MEHR WEITER.
WENN DAS STIMMT, WARUM BIST DU DANN NICHT ZU JOHN GEFAHREN? MIR GING'S GUT.
DU WARST DIE GANZE WOCHE BEI JOHN?
ICH KANN DOCH MACHEN, WAS ICH WILL.
ICH SAG DIR JA NICHT, WAS DU TUN SOLLST. ICH SORGE MICH NUR!
ALLES IN ORDNUNG?
WIR WOLLEN LOSLEGEN.
JA, SORRY. EINE SEKUNDE.
LASST EUCH ZEIT.
ICH FANG NOCH MAL AN.
OK. ICH WEISS, WAS ICH SAGEN WILL.
ICH VERSTEHE, WAS ICH DIR ZUGEMUTET HABE. WIRKLICH.

UND DAS CHAOS BEI DER ARBEIT TUT MIR AUCH LEID. DANKE, DASS DU DICH FÜR MICH EINGESETZT HAST.
SCHON OK. ICH WOLLTE NUR HELFEN.
UND DAS HAST DU AUCH, SEHR. ICH BIN DANKBAR FÜR DEINE FREUNDSCHAFT.
ICH BIN FROH, DASS DU NACHGESEHEN HAST, OB ES MIR GUT GEHT.
MIR GEHT ES GUT.
SEHR SOGAR.
ANGEL, LETZTE WOCHE WUSSTEST DU NICHT, WO DU GEWESEN BIST.
ICH MACH MIR SORGEN.
ICH WEISS. BITTE ENTSCHULDIGE.
ICH WAR SELBST ERSCHROCKEN, ABER DAS SIND NUR WACHSTUMSSCHMERZEN.
ICH VERSTEH'S NICHT.
ALLES IST GUT.
KÖNNEN WIR JETZT ZUSAMMEN DEN KURS MACHEN? DAS IST MIR SEHR WICHTIG.
WIR KLÄREN DAS ALLES MORGEN. ICH MUSS SOWIESO NACH HAUSE.
OK, DANN LASS MICH DICH WENIGSTENS FAHREN.
DANKE FÜR DEINE FREUNDSCHAFT.

AH, DA SIND SIE.
WER IST DAS?
MARCUS.
UNSER NÄCHSTER THESPIS.
HA.
WIE SÜSS. ICH BIN ANGEL.
UMARMST DU MICH?
ICH BIN MARCUS.
ALLES KLAR, LEUTE. SOLLEN WIR UNS AUFWÄRMEN?
SAG MIR, WENN DU WAS BRAUCHST, OK?
ALSO ... DANIELLE?
ERZÄHL UNS ETWAS VON DIR, ALS OB DU UNS ZUM ERSTEN MAL TREFFEN WÜRDEST.
SUCH NACH ANKNÜPFUNGSPUNKTEN. BEWEG DICH ABSEITS DER TYPISCHEN VORSTELLUNGSFLOSKELN.
HI, LEUTE. ICH BIN DANIELLE.
ICH SOLL MICH NICHT SO VORSTELLEN, WIE MAN DAS NORMALERWEISE MACHT.

MEINE WOHNUNG RIECHT SCHIMMELIG. ICH TRINK 'NE KANNE KAFFEE UND 2 LITER LIMO AM TAG.
IN MEINEM KOFFERRAUM LIEGEN SEIT 2 JAHREN EIN KARTON FOTOALBEN UND EIN KAPUTTER STAUBSAUGER. ICH HAB KEINE LUST, SIE RAUSZURÄUMEN.
HAHA.
ICH KANN MIR GUT UNNÜTZES ZEUG MERKEN. ICH BEDAURE NUR EINS: DASS ICH NIE EIN INSTRUMENT GELERNT HABE, ODER EINE SPORTART. NA GUT, DAS SIND ZWEI SACHEN.
MIR IST JETZT ERST KLAR GEWORDEN, DASS ICH SCHRITTE ZÄHLE. ICH MACH DAS SCHON MEIN GANZES LEBEN, ABER ICH HAB NIE DARÜBER NACHGEDACHT ODER ES JEMANDEM ERZÄHLT.
WIE STELLT MAN SICH SONST NOCH NICHT VOR? HM. MANCHMAL SCHREIE ICH IM SCHLAF.
DAS WAR'S. HI ALLERSEITS.
PHANTASTISCH! GUT GEKONTERT, DANIELLE.
NÄCHSTE RUNDE. THOMAS?
OK. SOLL ICH DAS GENAUSO MACHEN?
STELL DICH VOR. UND SEI EHRLICH.
HI, ICH ...
BIN THOMAS.
WIE SCHÖN, MIT EUCH ALLEN HIER ZU SEIN.
GRAD AUS DENVER EINGEFLOGEN. MIR TUN DIE ARME WEH.

HA.
OK, ERNSTHAFT. MAL EIN BISSCHEN WAS ZU MIR.
ICH BIN ZU 100 PROZENT POLNISCH. UND JA, ICH KENN ALLE WITZE.
MEINE GROSSMUTTER HAT MIR BEIGEBRACHT, POLNISCHE GERICHTE ZU KOCHEN. ICH MACH PIEROGI, DIE HAUEN EUCH UM.
GEH NOCH TIEFER.
OH. ÄH ... IN DER GRUNDSCHULE HATTE ICH PROBLEME MITZUKOMMEN.
ICH WURDE NICHT GEHÄNSELT, ABER ICH PASSTE AUCH NICHT GUT REIN.
MEIN TRAUM WAR IMMER WEGZUZIEHEN. OFT HAB ICH MICH NEBEN DEM OFEN EINGEROLLT.
IST DAS JETZT ... KEINE AHNUNG. ICH HOFFE, DAS REICHT ERST MAL SO?
DANKE, THOMAS. GUTE ARBEIT.
DANKE.
JETZT VIELLEICHT IMPROVISATIONEN ZU ZWEIT? WIE WÄR'S MIT ... GLORIA UND ROSIE?
SO KURZE KLEINE SZENEN ODER VIGNETTEN. DAS ÜBERLASS ICH EUCH.
WAS IST LOS?

ICH WEISS NICHT, WAS ICH SAGEN SOLL.
ERZÄHL IHR EINFACH NEUIGKEITEN. SCHREIB IHR, WAS SIE HIER GERADE ALLES VERPASST.
WÜRDEST DU ES MAL LESEN?
ZUM BEISPIEL HIER: ANSTATT SIE ZU FRAGEN, WIE SIE BEHANDELT WIRD, FRAG SIE "WIE GEFÄLLT ES DIR?".
DAS KLINGT GUT. VIEL POSITIVER.
UND DANN KÖNNTEST DU SO WAS SCHREIBEN WIE "WIR SIND STOLZ AUF DICH. DU BIST STARK, DU WIRST WIEDER GESUND WERDEN."
OK. SEHR GUT.
"PSYCHE" IST FALSCH GESCHRIEBEN.
HUCH.
SIE HASST MICH.
NEIN.
WEIL ICH SIE FORTGESCHICKT HABE.
DU HATTEST KEINE WAHL. DU RETTEST DAMIT IHR LEBEN.
WAS WÜRDEST DU NOCH SCHREIBEN?

FRAG SIE, WIE DER SONNENUNTERGANG IN NEW MEXICO AUSSIEHT.
UND SAG IHR, DASS IHRE TANTE ROSIE SIE VERMISST UND IHRE RÜCKKEHR SEHNLICHST ERWARTET.
DEINE GLORIA UND ROSIE.
WAS MEINT IHR? WAR DAS 'NE SZENE?
ABSOLUT GROSSARTIG. ICH HABE NICHTS ALS LOB FÜR EUCH.
UND WER JETZT? LOU UND NEIL?
HI.
WIE KANN ICH HELFEN?

EINMAL HAARE SCHNEIDEN.
SICHER. DANN WOLLEN WIR MAL SCHAUEN.
WOW, SCHÖN DICHTES HAAR.
RASIEREN SIE ES AB. ALLES.
WIRKLICH? DAS WÄRE DOCH SCHADE. SOLL ICH ES NICHT EIN BISSCHEN STYLEN?
NEE, AB DAMIT. UND DEN BART AUCH, WENN SIE SCHON DABEI SIND.
AU!
SORRY.
JETZT KOMMT MEIN INNERER MONOLOG.
JEDEN TAG DIE GLEICHEN BESCHWERDEN UND UNSICHERHEITEN.
"KÜRZER! NEIN, NICHT SO KURZ!"
"ZU BUSCHIG AN DEN SEITEN."
"ICH HASSE MEINE GLATZE."
HIER KÖNNTE ES ENDEN.
EIN SCHNITT, UND DAS WÄRE MEIN LETZTER KUNDE. SEIN LETZTER ATEMZUG. MEIN LETZTER TAG AUF ERDEN.

ICH WEISS NICHT, WIE LANGE ICH DAS NOCH AUSHALTE.
GUT ZU WISSEN, DASS ES EINEN AUSWEG GÄBE.
WISSEN SIE WAS, ICH BEHALTE MEINE FRISUR.
SUPER ENTSCHEIDUNG. SIEHT TOP AUS SO.
HIER EIN TRINKGELD FÜR IHRE MÜHE.
HEY, VIELEN DANK!
GERNE WIEDER!
SUPER.
GUTER INNERER KONFLIKT.
BEVOR WIR ZUR NÄCHSTEN ÜBUNG KOMMEN, WER WAR NOCH NICHT?
RAYANNE UND BETH, MACHT IHR DIE NÄCHSTE VIGNETTE ZU ZWEIT?
LEG DAS HIN!
RÄUM DEINE SPIELSACHEN AUF.
OK.
LUST AUF FISCHSTÄBCHEN HEUTE?
JA, GERNE.

KOMM HER, SCHATZ.
UFF! DU WIRST SCHWER.
HAHA.
WELCHES PUZZLE WILLST DU HEUTE MACHEN?
DAS MIT DER NEW-YORK-CITY-SKYLINE.
ICH MAG RUNTER.
WAS IST LOS?
LASS MICH IN RUHE, MOM!
DA MAULT JEMAND. ZEIT FÜRS BETT?
ICH MAUL NICHT. ICH SAG, WAS ICH DENK.
MACH NUR SO WEITER. DEIN PAPA WIRD SICH FREUEN, WENN ER HEIMKOMMT.
MEIN PAPA.
ICH WILL NICHTS MEHR VON PAPA HÖREN.

DU TUST DEINER ARMEN MAMA WEH.
LASS MICH.
NA DANN. DIE FISCHSTÄBCHEN KANNST DU VERGESSEN. UND D E NEW-YORK-CITY-SKYLINE AUCH.
MIR EGAL.
GUTNACHT.
EXZELLENT. PUR. REINE EMOTION.
HEY, SCHATZ!
WILLST DU EINEN SAFT?
SO, WER IST ÜBRIG?
AH, DENNIS UND ANGEL.
ANGEL, BEI DIESER SZENE FÜHRST DU.

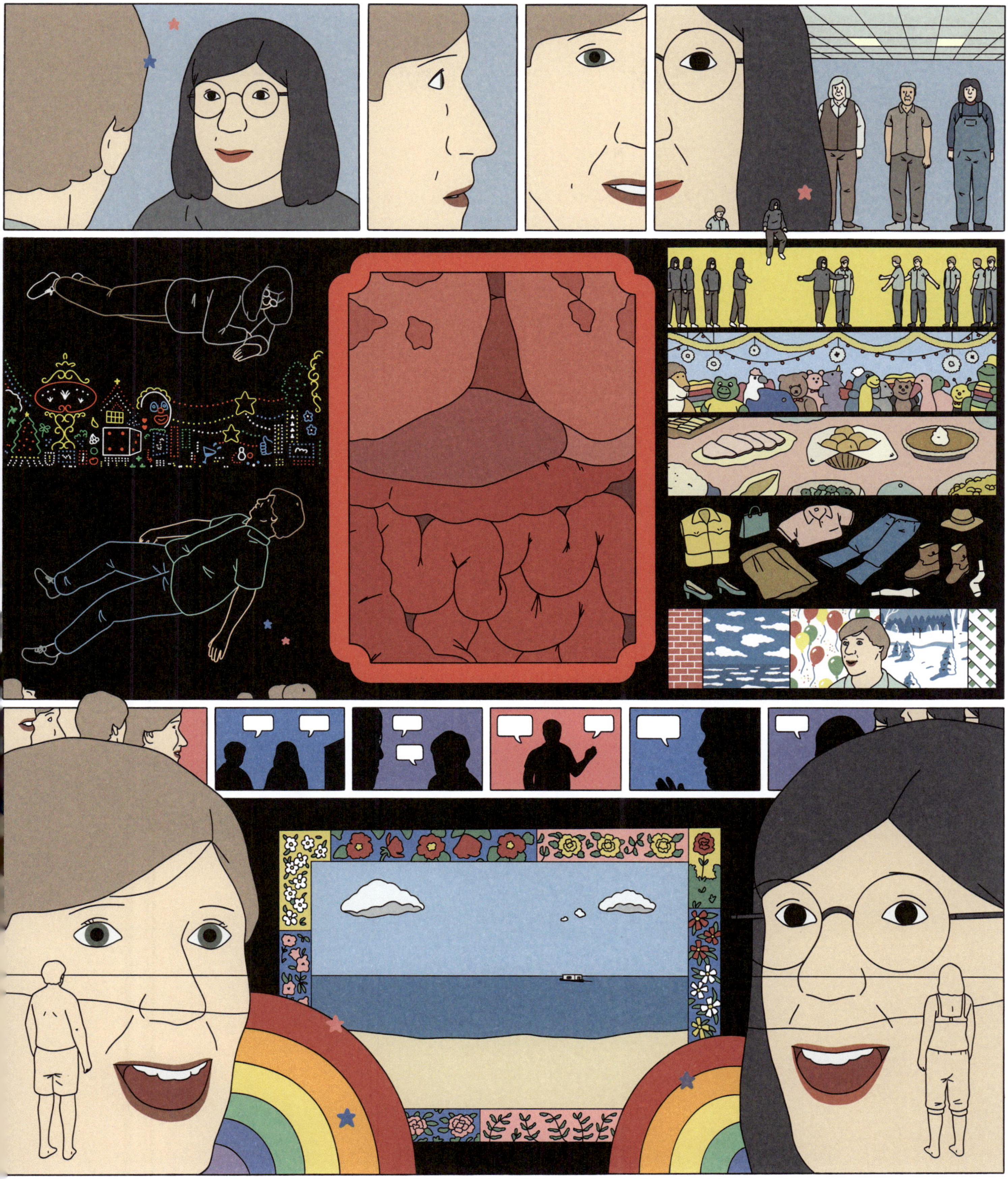

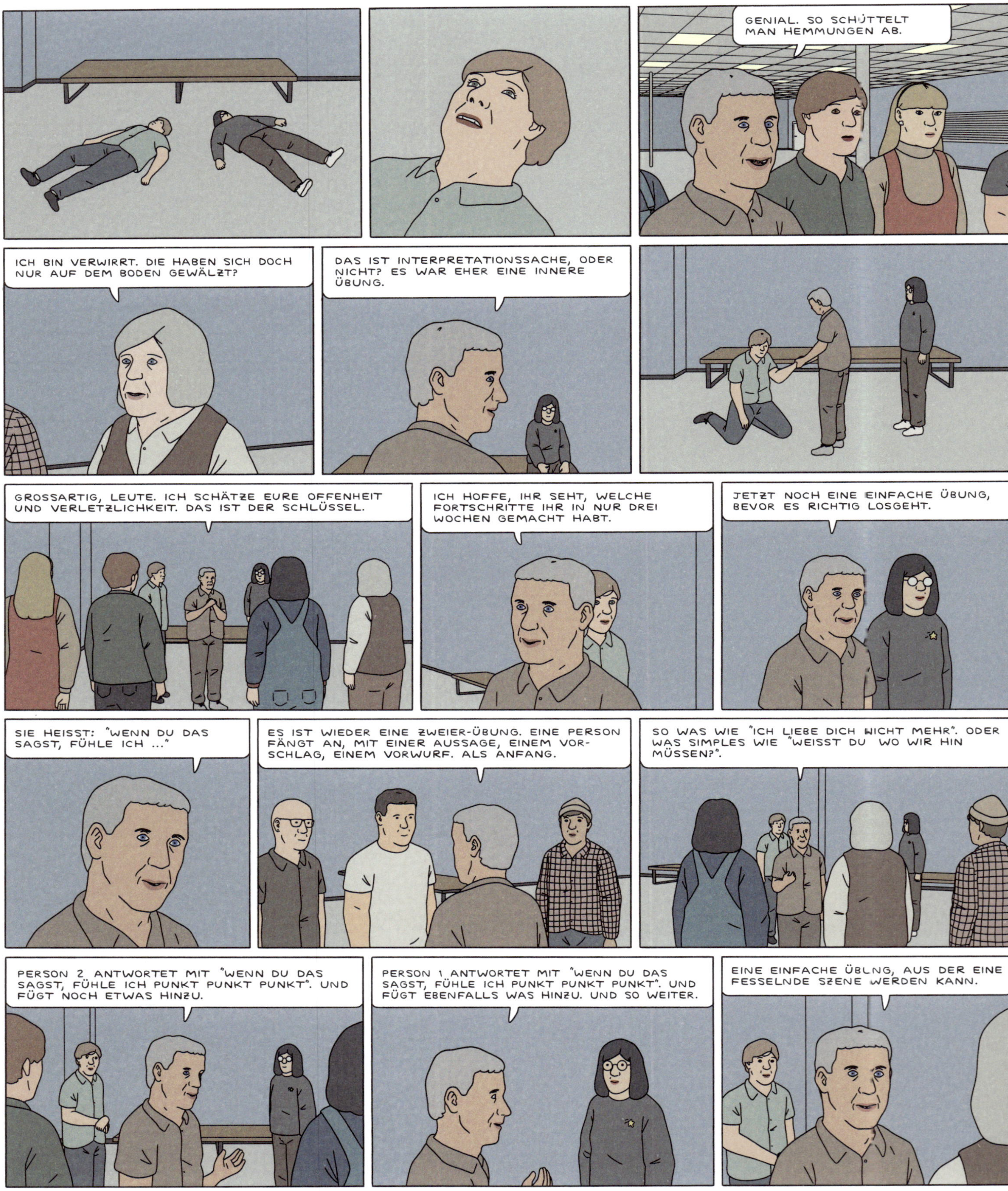
GENIAL. SO SCHÜTTELT MAN HEMMUNGEN AB.
ICH BIN VERWIRRT. DIE HABEN SICH DOCH NUR AUF DEM BODEN GEWÄLZT?
DAS IST INTERPRETATIONSSACHE, ODER NICHT? ES WAR EHER EINE INNERE ÜBUNG.
GROSSARTIG, LEUTE. ICH SCHÄTZE EURE OFFENHEIT UND VERLETZLICHKEIT. DAS IST DER SCHLÜSSEL.
ICH HOFFE, IHR SEHT, WELCHE FORTSCHRITTE IHR IN NUR DREI WOCHEN GEMACHT HABT.
JETZT NOCH EINE EINFACHE ÜBUNG, BEVOR ES RICHTIG LOSGEHT.
SIE HEISST: „WENN DU DAS SAGST, FÜHLE ICH …“
ES IST WIEDER EINE ZWEIER-ÜBUNG. EINE PERSON FÄNGT AN, MIT EINER AUSSAGE, EINEM VORSCHLAG, EINEM VORWURF. ALS ANFANG.
SO WAS WIE „ICH LIEBE DICH NICHT MEHR“. ODER WAS SIMPLES WIE „WEISST DU WO WIR HIN MÜSSEN?“.
PERSON 2 ANTWORTET MIT „WENN DU DAS SAGST, FÜHLE ICH PUNKT PUNKT PUNKT“. UND FÜGT NOCH ETWAS HINZU.
PERSON 1 ANTWORTET MIT „WENN DU DAS SAGST, FÜHLE ICH PUNKT PUNKT PUNKT“. UND FÜGT EBENFALLS WAS HINZU. UND SO WEITER.
EINE EINFACHE ÜBUNG, AUS DER EINE FESSELNDE SZENE WERDEN KANN.

BILDET PAARE!
UND ICH?
MARCUS, WIR HABEN DOCH GESAGT, DASS DU IN DER ECKE SPIELST.
ER KANN AUCH GERNE MITMACHEN.
OH. WENN DU DAS OKAY FINDEST.
WIE WÄR ES MIT MARCUS UND ... BETH ALS PAAR?
SUCHT EUCH ALLE EINEN PARTNER.
HEY, ALLES KLAR? DAS WAR GANZ SCHÖN KRASS.
ES WAR TOLL. HABT IHR GESEHEN, WAS PASSIERT IST?
ICH MACH MIR SORGEN, DENNIS.
HM?
ICH HAB KEIN GUTES GEFÜHL DABEI. VIELLEICHT KÖNNEN WIR FRÜHER LOS UND ANGEL MITNEHMEN?
WENN DU DAS SAGST, FÜHLE ICH MICH NICHT GESEHEN.
ANGEL, WOLLEN WIR BEIDE?

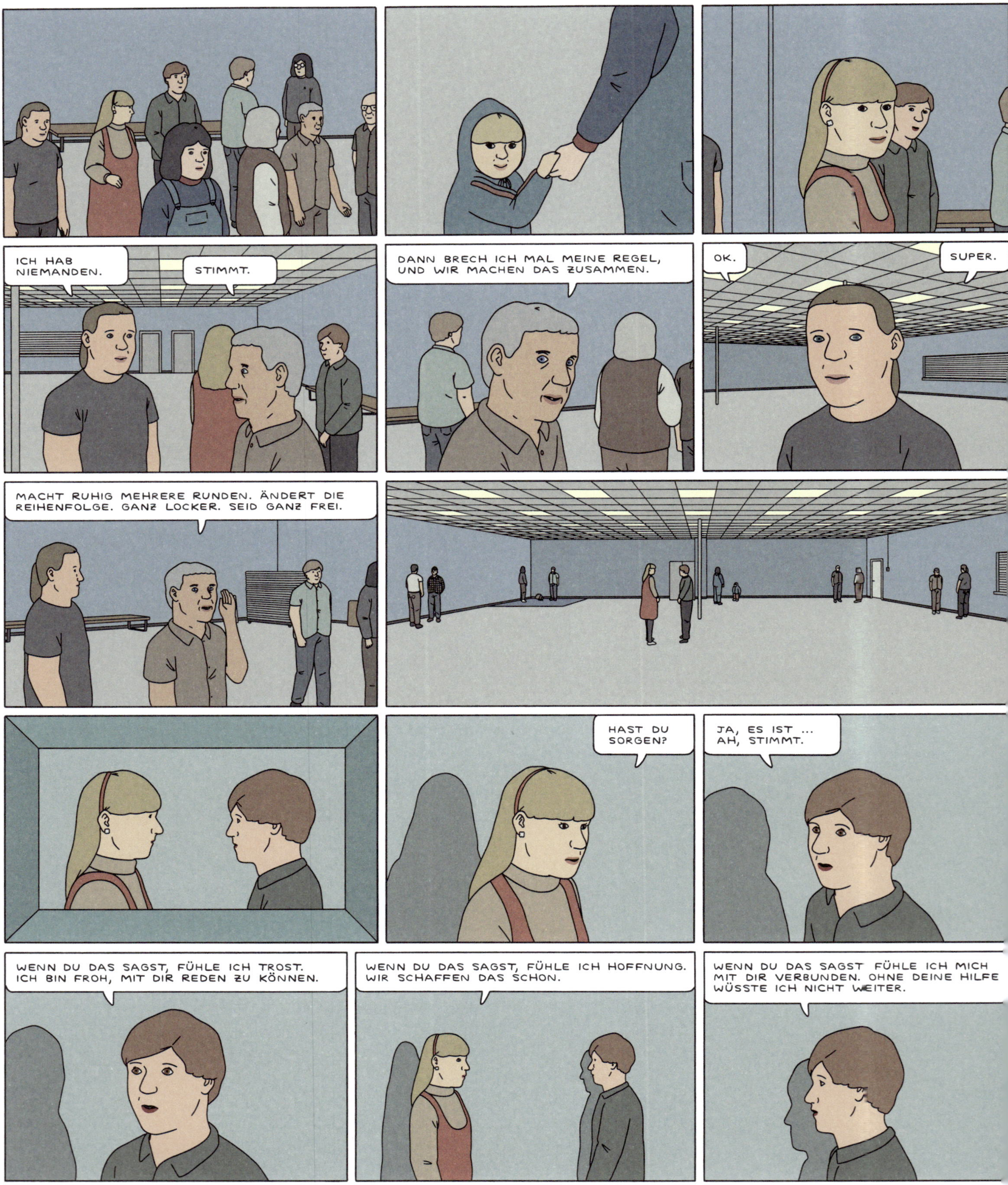

ICH HAB NIEMANDEN.
STIMMT.
DANN BRECH ICH MAL MEINE REGEL, UND WIR MACHEN DAS ZUSAMMEN.
OK.
SUPER.
MACHT RUHIG MEHRERE RUNDEN. ÄNDERT DIE REIHENFOLGE. GANZ LOCKER. SEID GANZ FREI.
HAST DU SORGEN?
JA, ES IST ... AH, STIMMT.
WENN DU DAS SAGST, FÜHLE ICH TROST. ICH BIN FROH, MIT DIR REDEN ZU KÖNNEN.
WENN DU DAS SAGST, FÜHLE ICH HOFFNUNG. WIR SCHAFFEN DAS SCHON.
WENN DU DAS SAGST FÜHLE ICH MICH MIT DIR VERBUNDEN. OHNE DEINE HILFE WÜSSTE ICH NICHT WEITER.

WENN DU DAS SAGST, FÜHLE ICH MICH GUT. ALS THERAPEUTIN IST ES MIR EINE FREUDE, MENSCHEN DURCH SCHWERE ZEITEN ZU HELFEN.
WENN DU DAS SAGST, FÜHLE ICH MICH UNGLAUBLICH TRAURIG.
WENN DU DAS SAGST, FÜHLE ICH EMPATHIE. DIESER PROZESS IST SCHWIERIG. DU DARFST TRAURIG SEIN.
WENN DU DAS SAGST, FÜHLE ICH ENT-TÄUSCHUNG. VIELLEICHT BIN ICH IN EINER UNGESUNDEN BEZIEHUNG GEFANGEN.
WENN DU DAS SAGST, FÜHLE ICH BESORGNIS. ERZÄHL MIR MEHR DAVON.
ICH HABE ANGST VOR DIR. ICH FÜHLE, DASS IN DIR ETWAS BÖSES STECKT.
WENN DU DAS SAGST, FÜHLE ICH MICH SCHOCKIERT. ICH HAB VERSUCHT, NETT ZU DIR ZU SEIN. KEINE AHNUNG, WAS SCHIEFGING.
WENN DU DAS SAGST, FÜHLE ICH UNBEHAGEN. ICH WOLLTE DAMIT GAR NICHT ANFANGEN, ABER JETZT IST ES RAUS, UND ES GIBT KEIN ZURÜCK.
WENN DU DAS SAGST, FÜHLE ICH MICH VERZWEIFELT. SAG MIR BITTE, WAS ICH TUN KANN, UM DEINE MEINUNG ZU ÄNDERN. ICH PACK DAS SONST NICHT.
WENN DU DAS SAGST, FÜHLE ICH MICH ANGEGRIFFEN. ICH TEILE MEINE PERS-PEKTIVE, ABER WERDE NICHT GEHÖRT.
WENN DU DAS SAGST, FÜHLE ICH MICH, ALS WÜRDE ICH VERRÜCKT WERDEN. ES GIBT KEINE RICHTIGE ANTWORT, UND DU WILLST MIR WEHTUN.
WENN DU DAS SAGST, FÜHLE ICH MICH EXTREM FRUSTRIERT. ICH WOLLTE IN MEINEM GANZEN LEBEN NOCH NIE JEMANDEM WEHTUN UND WEISE DIESE ANSCHULDIGUNG ZURÜCK.
WENN DU DAS SAGST, FÜHLE ICH TIEFE VERZWEIFLUNG. ICH WEISS NICHT, WAS ICH MACHEN SOLL.

WENN DU DAS SAGST, FÜHLE ICH MITLEID. MEHR HABE ICH DIR NICHT ZU SAGEN.
OK.
WOW, SEHR GUT!
WAHRSCHEINLICH DEINE BISLANG BESTE PERFORMANCE.
DANKE.
JETZT FÄNGST DU AN.
ICH MUSS SAGEN, DU HAST DICH GANZ SCHÖN ENTWICKELT.
WENN DU DAS SAGST, FÜHLE ICH MICH DANKBAR. ICH HABE GROSSE FORTSCHRITTE GEMACHT UND FREU MICH, DASS DAS GESEHEN WIRD.
WENN DU DAS SAGST, FÜHLE ICH ZUVERSICHT. ICH DENKE, ICH LERNE AUCH SEHR VIEL.
WENN DU DAS SAGST, FÜHLE ICH ENTHUSIASMUS. SCHÖN, DASS WIR GEMEINSAM LERNEN. ZUSAMMENARBEIT IST WICHTIG.
WENN DU DAS SAGST, FÜHLE ICH MICH LEBENDIG. IN MIR IST DIESES SPANNENDE KNISTERN.
WENN DU DAS SAGST, FÜHLE ICH MICH INSPIRIERT. DEINE WORTE SIND SO POETISCH.
WENN DU DAS SAGST, FÜHLE ICH MICH GESCHMEICHELT. ABER ICH SPIEGEL NUR DEINE AUSSTRAHLUNG.
WENN DU DAS SAGST, FÜHLE ICH MICH ERFÜLLT. PRÄSENT UND ZUFRIEDEN.

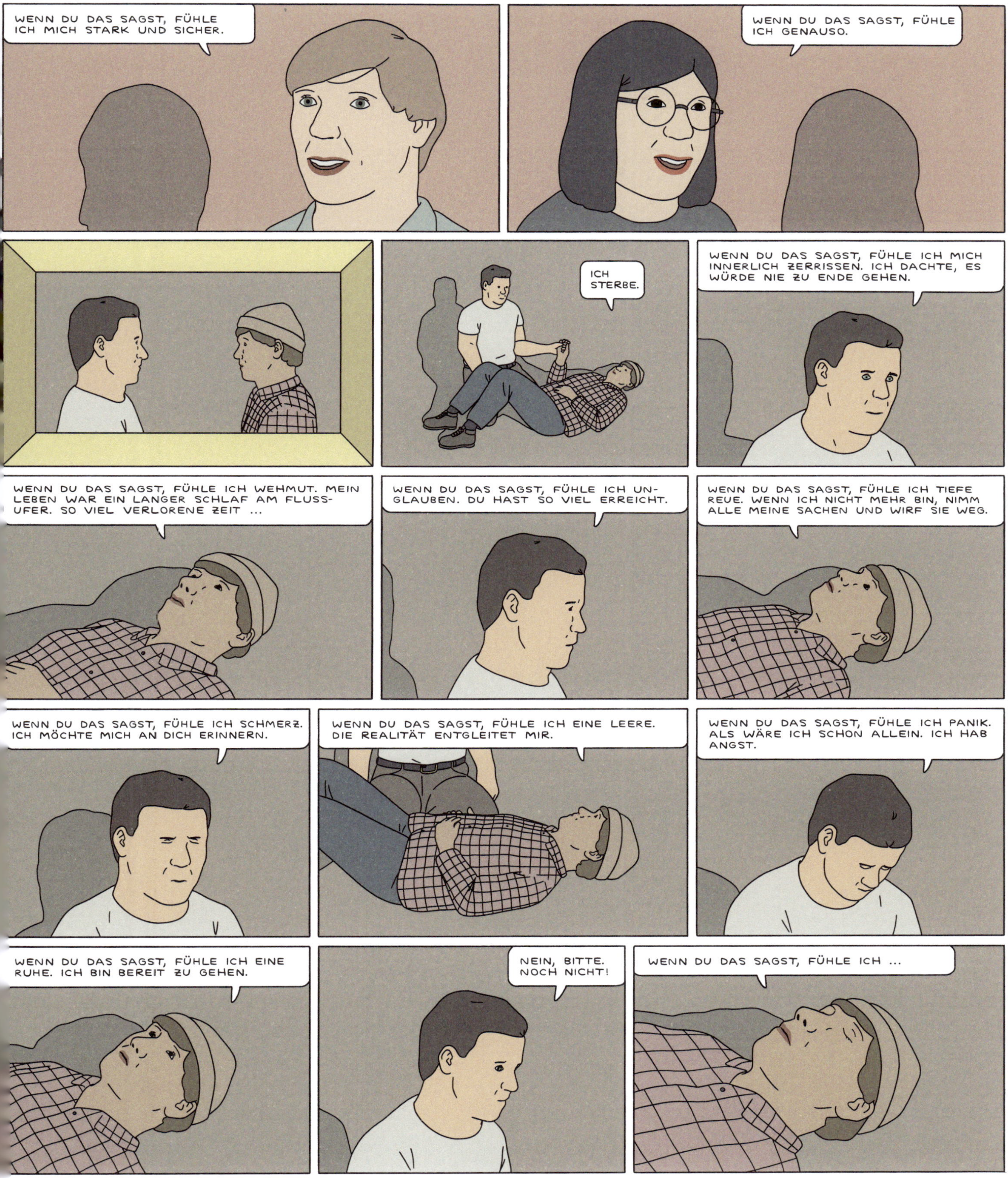
WENN DU DAS SAGST, FÜHLE ICH MICH STARK UND SICHER.
WENN DU DAS SAGST, FÜHLE ICH GENAUSO.
ICH STERBE.
WENN DU DAS SAGST, FÜHLE ICH MICH INNERLICH ZERRISSEN. ICH DACHTE, ES WÜRDE NIE ZU ENDE GEHEN.
WENN DU DAS SAGST, FÜHLE ICH WEHMUT. MEIN LEBEN WAR EIN LANGER SCHLAF AM FLUSSUFER. SO VIEL VERLORENE ZEIT ...
WENN DU DAS SAGST, FÜHLE ICH UNGLAUBEN. DU HAST SO VIEL ERREICHT.
WENN DU DAS SAGST, FÜHLE ICH TIEFE REUE. WENN ICH NICHT MEHR BIN, NIMM ALLE MEINE SACHEN UND WIRF SIE WEG.
WENN DU DAS SAGST, FÜHLE ICH SCHMERZ. ICH MÖCHTE MICH AN DICH ERINNERN.
WENN DU DAS SAGST, FÜHLE ICH EINE LEERE. DIE REALITÄT ENTGLEITET MIR.
WENN DU DAS SAGST, FÜHLE ICH PANIK. ALS WÄRE ICH SCHON ALLEIN. ICH HAB ANGST.
WENN DU DAS SAGST, FÜHLE ICH EINE RUHE. ICH BIN BEREIT ZU GEHEN.
NEIN, BITTE. NOCH NICHT!
WENN DU DAS SAGST, FÜHLE ICH ...

NA, DAS WAR JA WAS.
DU WARST TOLL.
DU AUCH.
FANG AN.
NEIN, DU. DU BIST DIE GROSSE.
WENN DU DAS SAGST, FÜHLE ICH MICH EXTRA GROSS.
WENN DU DAS SAGST, FÜHLE ICH MICH WIE EINE STERNSCHNUPPE.
WENN DU DAS SAGST, FÜHLE ICH MICH WIE EINE KAHLE WAND.
WENN DU DAS SAGST, FÜHLE ICH MICH WIE EIN SCHIFF AM MEERES-GRUND.
WENN DU DAS SAGST, FÜHLE ICH MICH WIE VERGAMMELTES OBST.
WENN DU DAS SAGST, FÜHLE ICH MICH WIE EIN ELEFANT, DER AUS DEM ZOO RAUSDARF.

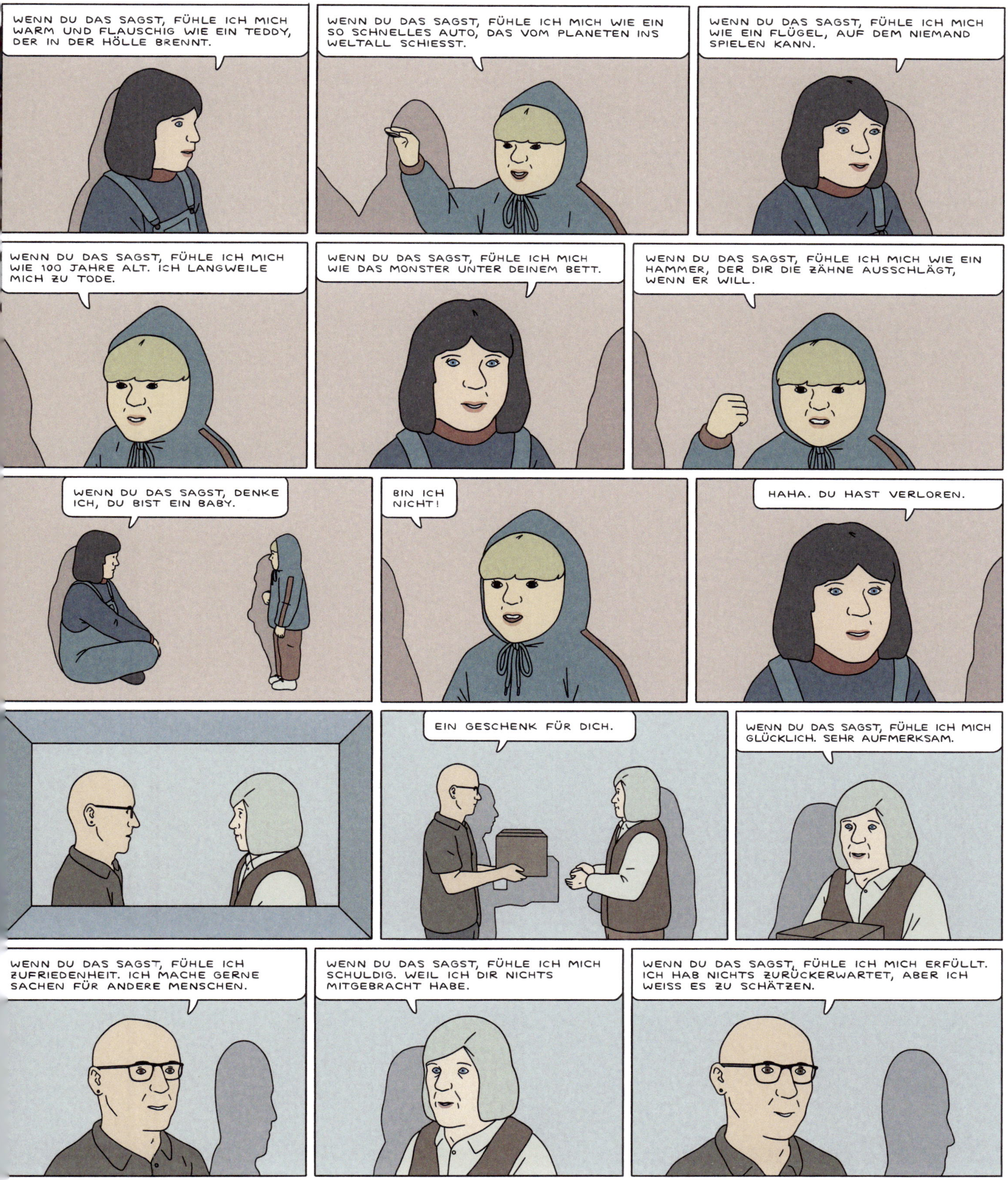
WENN DU DAS SAGST, FÜHLE ICH MICH WARM UND FLAUSCHIG WIE EIN TEDDY, DER IN DER HÖLLE BRENNT.
WENN DU DAS SAGST, FÜHLE ICH MICH WIE EIN SO SCHNELLES AUTO, DAS VOM PLANETEN INS WELTALL SCHIESST.
WENN DU DAS SAGST, FÜHLE ICH MICH WIE EIN FLÜGEL, AUF DEM NIEMAND SPIELEN KANN.
WENN DU DAS SAGST, FÜHLE ICH MICH WIE 100 JAHRE ALT. ICH LANGWEILE MICH ZU TODE.
WENN DU DAS SAGST, FÜHLE ICH MICH WIE DAS MONSTER UNTER DEINEM BETT.
WENN DU DAS SAGST, FÜHLE ICH MICH WIE EIN HAMMER, DER DIR DIE ZÄHNE AUSSCHLÄGT, WENN ER WILL.
WENN DU DAS SAGST, DENKE ICH, DU BIST EIN BABY.
BIN ICH NICHT!
HAHA. DU HAST VERLOREN.
EIN GESCHENK FÜR DICH.
WENN DU DAS SAGST, FÜHLE ICH MICH GLÜCKLICH. SEHR AUFMERKSAM.
WENN DU DAS SAGST, FÜHLE ICH ZUFRIEDENHEIT. ICH MACHE GERNE SACHEN FÜR ANDERE MENSCHEN.
WENN DU DAS SAGST, FÜHLE ICH MICH SCHULDIG. WEIL ICH DIR NICHTS MITGEBRACHT HABE.
WENN DU DAS SAGST, FÜHLE ICH MICH ERFÜLLT. ICH HAB NICHTS ZURÜCKERWARTET, ABER ICH WEISS ES ZU SCHÄTZEN.

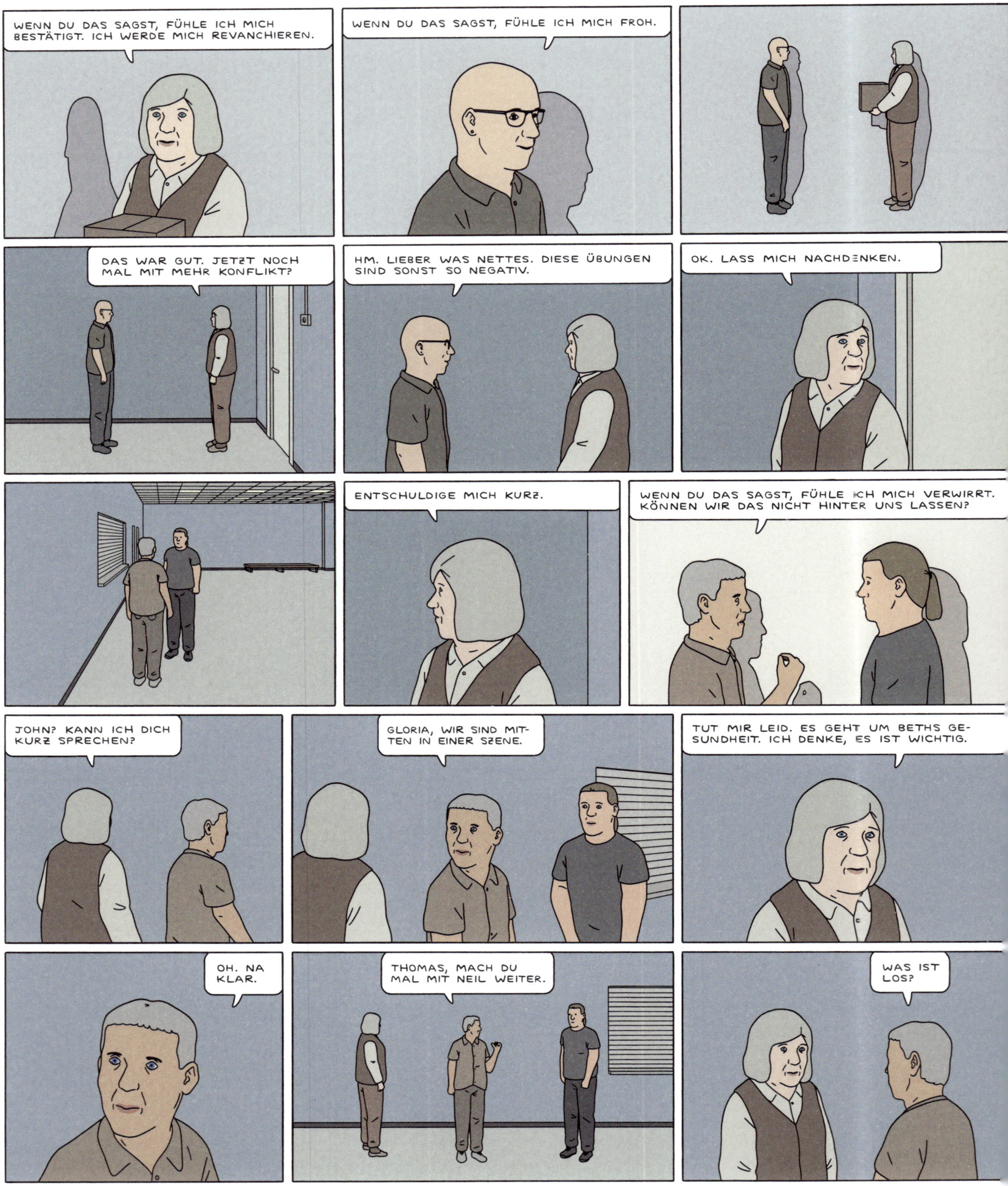
WENN DU DAS SAGST, FÜHLE ICH MICH BESTÄTIGT. ICH WERDE MICH REVANCHIEREN.
WENN DU DAS SAGST, FÜHLE ICH MICH FROH.
DAS WAR GUT. JETZT NOCH MAL MIT MEHR KONFLIKT?
HM. LIEBER WAS NETTES. DIESE ÜBUNGEN SIND SONST SO NEGATIV.
OK. LASS MICH NACHDENKEN.
ENTSCHULDIGE MICH KURZ.
WENN DU DAS SAGST, FÜHLE ICH MICH VERWIRRT. KÖNNEN WIR DAS NICHT HINTER UNS LASSEN?
JOHN? KANN ICH DICH KURZ SPRECHEN?
GLORIA, WIR SIND MITTEN IN EINER SZENE.
TUT MIR LEID. ES GEHT UM BETHS GESUNDHEIT. ICH DENKE, ES IST WICHTIG.
OH. NA KLAR.
THOMAS, MACH DU MAL MIT NEIL WEITER.
WAS IST LOS?

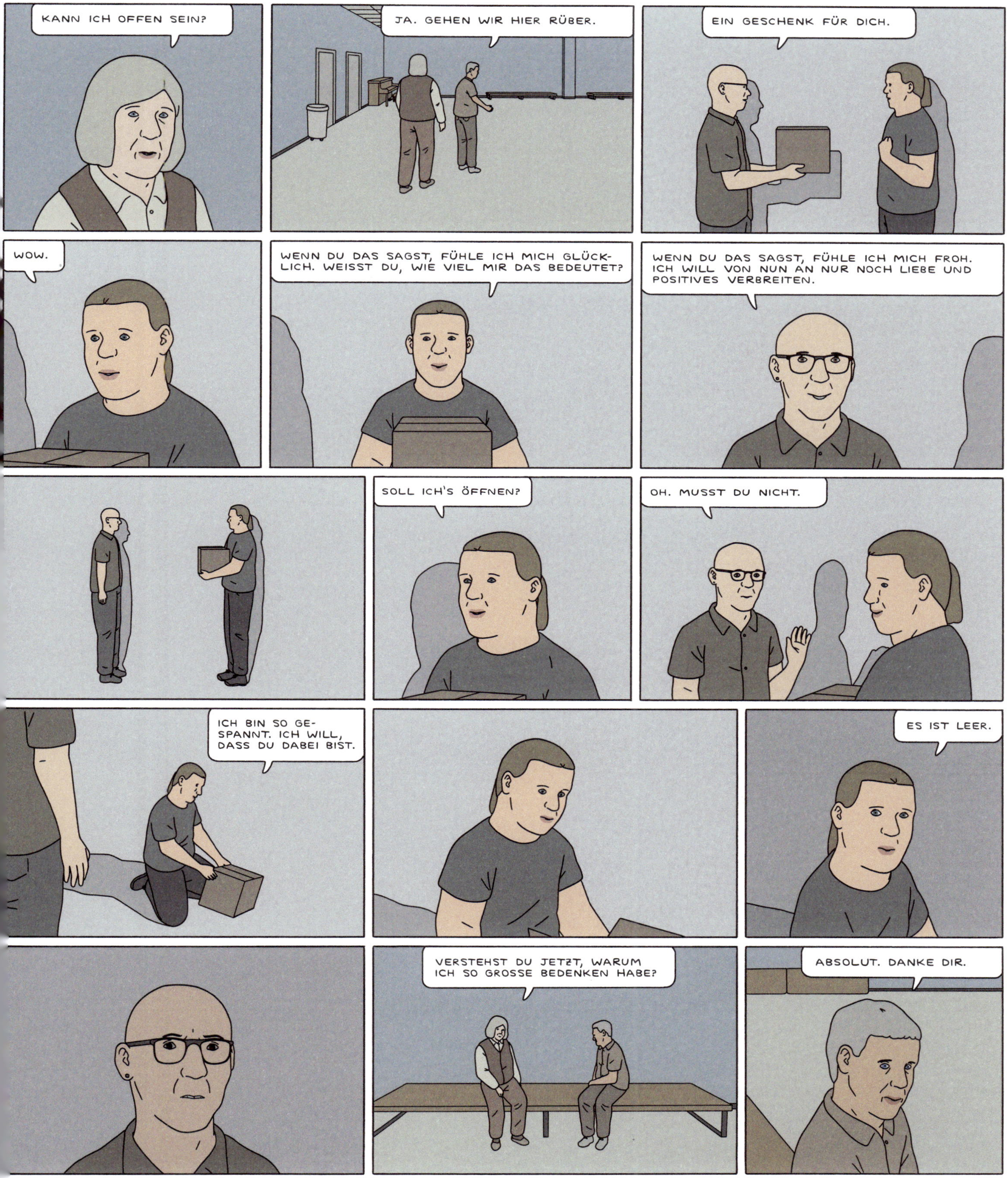
KANN ICH OFFEN SEIN?
JA. GEHEN WIR HIER RÜBER.
EIN GESCHENK FÜR DICH.
WOW.
WENN DU DAS SAGST, FÜHLE ICH MICH GLÜCK-LICH. WEISST DU, WIE VIEL MIR DAS BEDEUTET?
WENN DU DAS SAGST, FÜHLE ICH MICH FROH. ICH WILL VON NUN AN NUR NOCH LIEBE UND POSITIVES VERBREITEN.
SOLL ICH'S ÖFFNEN?
OH. MUSST DU NICHT.
ICH BIN SO GE-SPANNT. ICH WILL, DASS DU DABEI BIST.
ES IST LEER.
VERSTEHST DU JETZT, WARUM ICH SO GROSSE BEDENKEN HABE?
ABSOLUT. DANKE DIR.

ICH BIN UNSICHER, OB DER KURS IHR GUTTUT. IHRE ÄRZTIN FÜRCHTET, ER KÖNNTE SIE DESTABILISIEREN.
WAS HAT IHRE ÄRZTIN DENN NOCH GESAGT?
SIE MÖCHTE, DASS ICH AUF VERHALTENSÄNDERUNGEN ACHTE UND SIE DARÜBER INFORMIERE.
NUN, ICH MÖCHTE FÜR BETH NUR DAS BESTE.
ABER SIEH SIE DIR AN. SIE IST GLÜCKLICH. VIELLEICHT IST DIESE ERFAHRUNG GUT FÜR SIE.
ICH GLAUBE, WIR KÖNNEN AN DEINEM KURS NICHT WEITER TEILNEHMEN.
ALLES KLAR.
ICH HOFFE, DU VERSTEHST DAS. FÜR MANCHE IST SO EIN KURS EINFACH NICHTS.
ICH WÜRDE DICH GERN VOM GEGENTEIL ÜBERZEUGEN. GIB MIR DOCH BIS ZUM ENDE DER STUNDE. DANN ÜBERLEGT IHR, OB IHR WIEDERKOMMEN WOLLT.
...
BEI DEN ERSTEN ANZEICHEN VON PROBLEMEN GEHEN WIR.
SO MACHEN WIR ES.
OK. ALLE MAL HERKOMMEN.
BEVOR WIR FORTFAHREN, WOLLTE ICH EUCH ALLEN FÜR EURE ARBEIT DANKEN. ES WAR MIR EIN VERGNÜGEN.
ICH DENKE, ALS LETZTE ÜBUNG HEUTE SEID IHR BEREIT FÜR EINE LANGE IMPROVISATION.

WIR TAUCHEN EIN IN EINE UNUNTERBROCHENE MEHRTEILIGE STORY. KEINE VORGABEN, KEINE THEMEN.
VIELLEICHT MÜSST IHR EUCH ERST AN EUREN PLATZ IN DER GRUPPE HERANTASTEN. DAS IST OK.
LASST EUCH ZEIT. FINDET HERAUS, WER EURE FIGUR IST, BEVOR IHR MIT ANDEREN INTERAGIERT.
MACHT EUCH KLAR, DASS MEHRERE SZENEN PARALLEL ABLAUFEN WERDEN. DIESE KÖNNEN SICH ZUWEILEN AUCH ÜBERSCHNEIDEN, WENN ES SICH ERGIBT.
ABER MACHT EUCH NICHT ZU VIELE GEDANKEN. SOBALD DIE GRENZEN KLAR SIND, WIRD SICH ALLES VON SELBST REGELN.
IHR WERDET ÜBERRASCHT SEIN, WIE LEICHT ES IST, DIE NONVERBALEN SIGNALE DER ANDEREN ZU ERKENNEN.
IHR WERDET JEMANDEM IN DIE AUGEN SEHEN UND INTUITIV EURE BEZIEHUNG ZUEINANDER VERSTEHEN.
ES KANN EUER EHEPARTNER SEIN, EUER MECHANIKER, EIN FREMDER, EUER SCHLIMMSTER FEIND. ES WIRD SICH VON SELBST ERGEBEN.
ES IST WIE BEI EINEM OUIJA-BRETT. IHR ALLE ERZÄHLT EINE GESCHICHTE, ABER WER BEWEGT DEN ZEIGER?
MACHT DAS SINN?
EIN ELEMENT MÖCHTE ICH ABER NOCH ERGÄNZEN.
ICH MACHE DAS SCHON VIELE JAHRE, UND ICH WEISS, DASS HIN UND WIEDER EINE NEBENFIGUR NÖTIG IST, UM DIE GESCHICHTE VORANZUTREIBEN.
ICH WERDE MICH ALSO DURCH DEN RAUM BEWEGEN, EURE FORTSCHRITTE BEOBACHTEN UND DA EINSPRINGEN, WO ES NÖTIG IST.
IHR ALLE BESCHRÄNKT EUCH AUF EINE ROLLE. ICH FÜLLE DEN REST AUS.
HABT IHR DAZU FRAGEN?

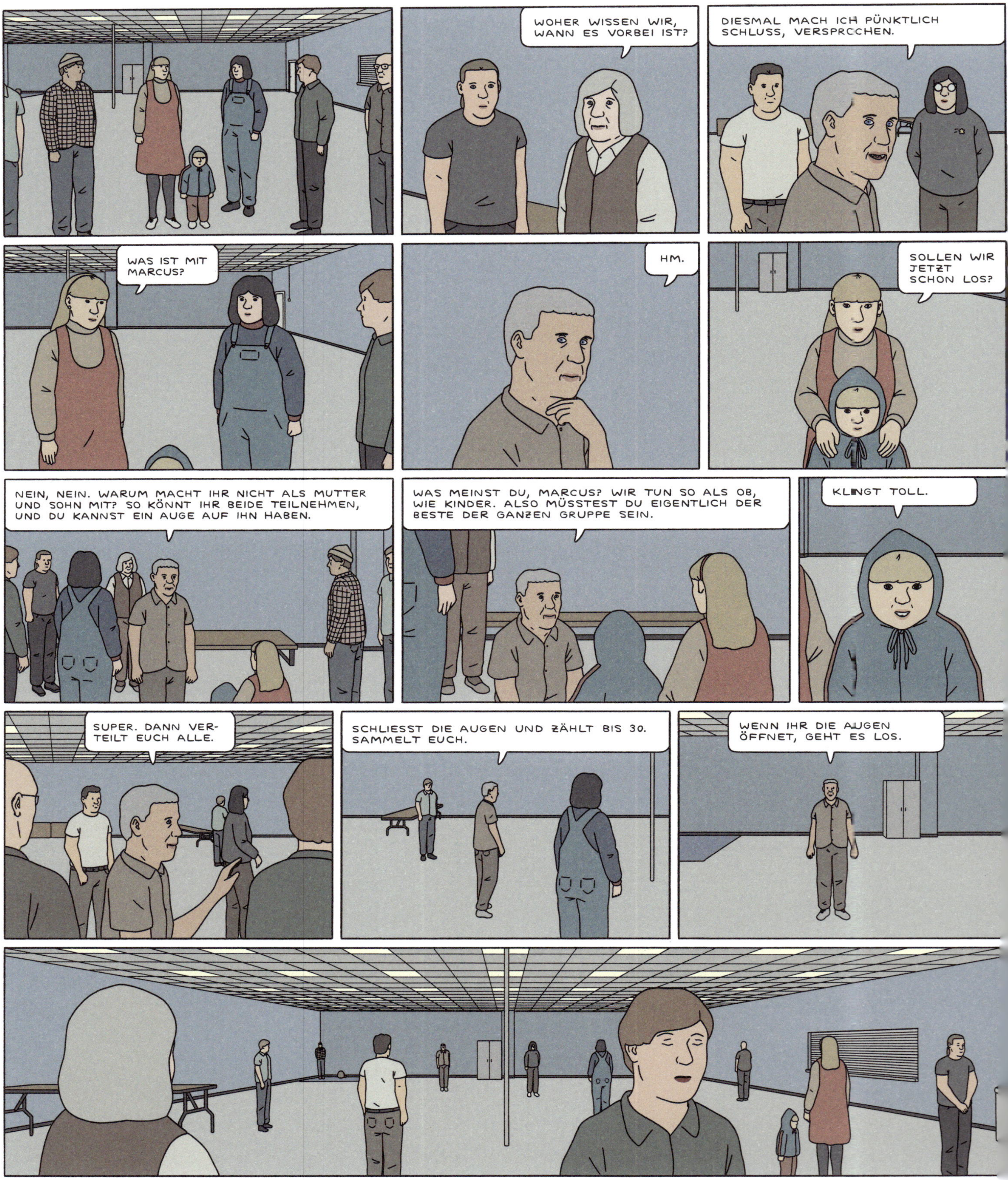
WOHER WISSEN WIR, WANN ES VORBEI IST?
DIESMAL MACH ICH PÜNKTLICH SCHLUSS, VERSPROCHEN.
WAS IST MIT MARCUS?
HM.
SOLLEN WIR JETZT SCHON LOS?
NEIN, NEIN. WARUM MACHT IHR NICHT ALS MUTTER UND SOHN MIT? SO KÖNNT IHR BEIDE TEILNEHMEN, UND DU KANNST EIN AUGE AUF IHN HABEN.
WAS MEINST DU, MARCUS? WIR TUN SO ALS OB, WIE KINDER. ALSO MÜSSTEST DU EIGENTLICH DER BESTE DER GANZEN GRUPPE SEIN.
KLINGT TOLL.
SUPER. DANN VERTEILT EUCH ALLE.
SCHLIESST DIE AUGEN UND ZÄHLT BIS 30. SAMMELT EUCH.
WENN IHR DIE AUGEN ÖFFNET, GEHT ES LOS.

HM.
A&A
CHIPS
BBQ CHIP

HALLO?
HALLO!
SORRY, HAB SIE NICHT GEHÖRT.
WIE KANN ICH HELFEN?
ICH SUCHE DEN MAPLE LAKE.
DORT WOHNT MEINE SCHWESTER.
ICH WEISS GENAU, WO DAS IST. EIN FREUND VON MIR LEBT DA.
JA, GENAU HIER LANG. UNGEFÄHR NOCH 40 MEILEN SÜDWÄRTS.
DANKE.
ABER ES GIBT EINE ABKÜRZUNG ZUM SEE. BIEGEN SIE AUF DER ROUTE 6 NACH LINKS IN DIE TREMONT ROAD AB.
AN DER KREUZUNG STEHT EIN BLAUES HAUS. SEHR WAHRSCHEINLICH WIRD MISS HOWARD DAVORSITZEN.
FOLGEN SIE DEN SCHILDERN NACH "TOWN OF PINES", DANN KOMMEN SIE AUF DIE LANG ROAD. EINMAL RECHTS, UND SIE SIND DA. DAS SPART IHNEN GLATT 15 MINUTEN.
MACH ICH VIEL-LEICHT. DANKE.
TSCHÜSS.
WOLLTEN SIE DIE KAUFEN?

OH.
SORRY.
50 CENT.
BITTE SCHÖN.
STIMMT SO.
SCHÖNEN
TACH.
HOLTON
ROAD
WAS?
FUCK.

ENTSCHULDIGUNG, WIE KOMM ICH ZUR LANG ROAD?
LANG ROAD? DAS IST JA AUF DER ANDEREN SEITE DES SEES.
WEITER HIER LANG. AM SCHILD "RAMSEY BOAT RENTAL" LINKS. DANN NOCH MAL LINKS IN DIE PAULETTE ROAD. DANN KOMMT LANG.
DANKE.
Ramsey
BOAT RENTAL
LANG ROAD
BLÖDES ARSCHLOCH.

LOU!
DU BIST DA!
TUT MIR LEID, DASS ICH SO SPÄT BIN. ÄTZENDE FAHRT.
HI.
SCHÖN, DICH ZU SEHEN.
WOW, HIER IST ES ALSO?
MARCUS HAT DEN GANZEN TAG AUF DICH GEWARTET. ER IST SO AUFGEREGT.
ECHT?
TANTE ROSIE!
OH! HI, KLEINER.
HAHA.
WIR HABEN SO VIEL VOR. MOM SAGT, WIR KÖNNEN HEUTE MIT DEM RUDER-BOOT RAUSFAHREN.
JETZT IST ESSENSZEIT. WIE WÄR'S MIT MORGEN?
ES EILT JA NICHT. WIE SÜSS DU AUSSIEHST.
OK. ICH ZEIG DIR ALLES.

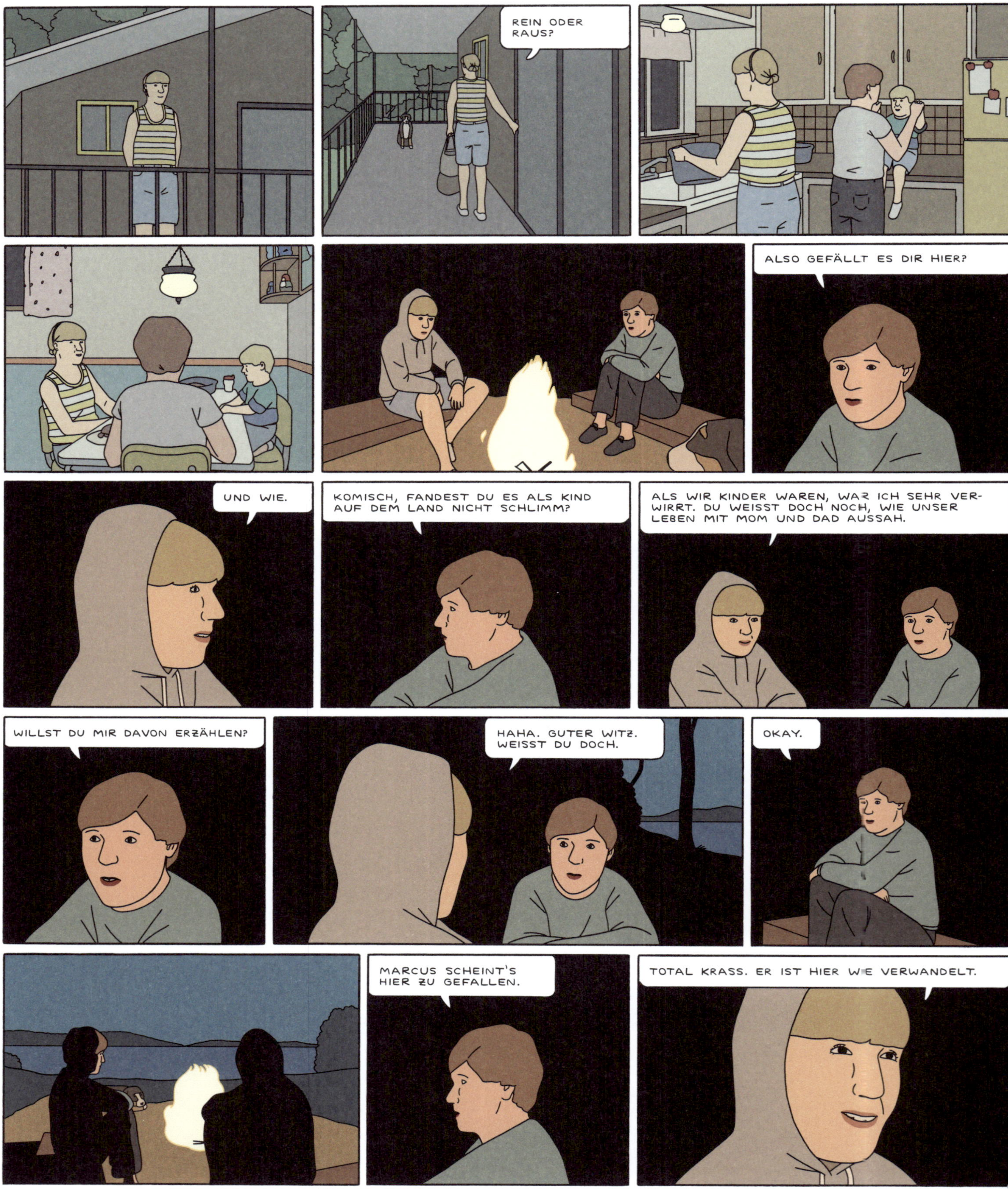

REIN ODER RAUS?
ALSO GEFÄLLT ES DIR HIER?
UND WIE.
KOMISCH, FANDEST DU ES ALS KIND AUF DEM LAND NICHT SCHLIMM?
ALS WIR KINDER WAREN, WAR ICH SEHR VERWIRRT. DU WEISST DOCH NOCH, WIE UNSER LEBEN MIT MOM UND DAD AUSSAH.
WILLST DU MIR DAVON ERZÄHLEN?
HAHA. GUTER WITZ. WEISST DU DOCH.
OKAY.
MARCUS SCHEINT'S HIER ZU GEFALLEN.
TOTAL KRASS. ER IST HIER WIE VERWANDELT.

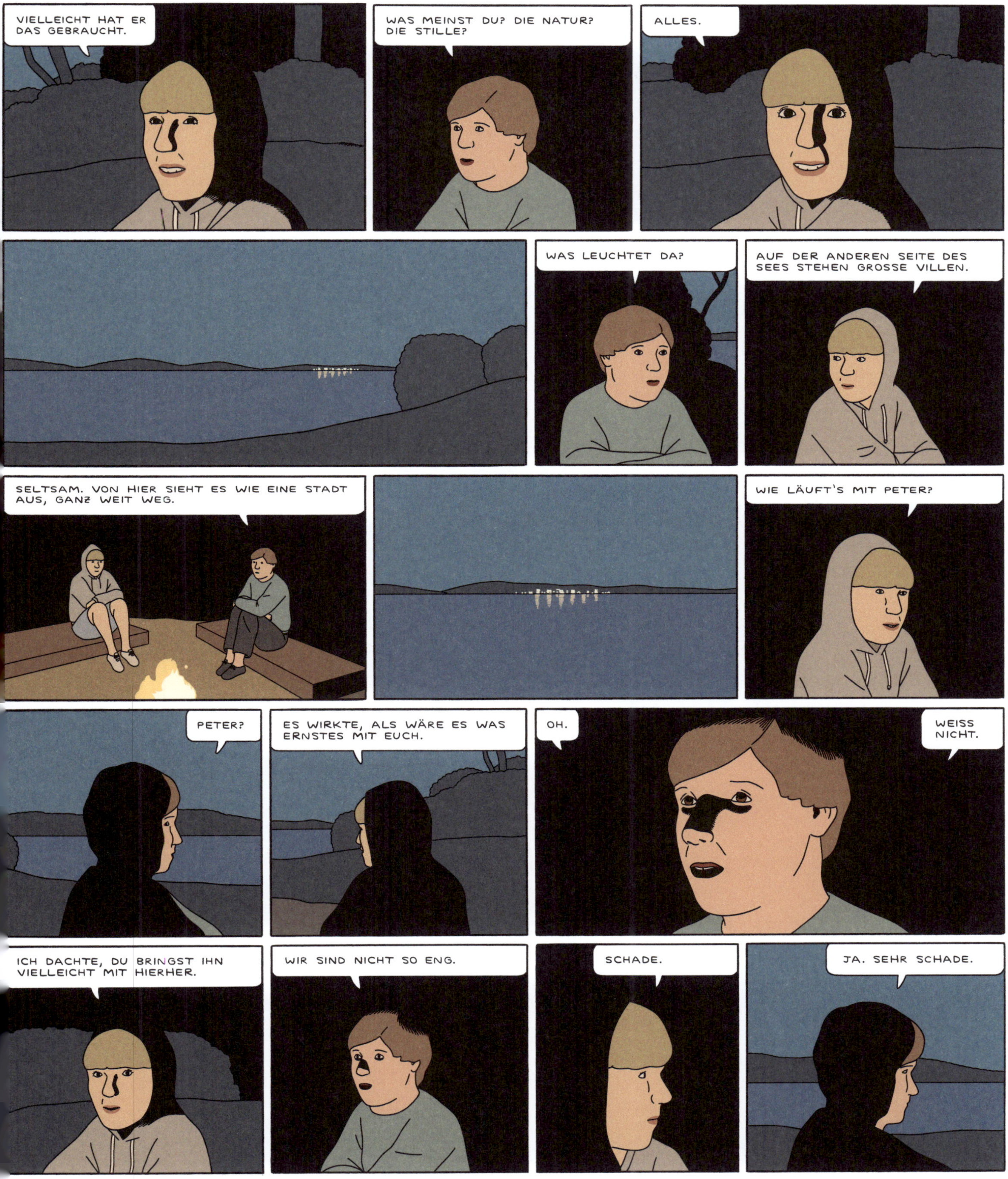
VIELLEICHT HAT ER DAS GEBRAUCHT.
WAS MEINST DU? DIE NATUR? DIE STILLE?
ALLES.
WAS LEUCHTET DA?
AUF DER ANDEREN SEITE DES SEES STEHEN GROSSE VILLEN.
SELTSAM. VON HIER SIEHT ES WIE EINE STADT AUS, GANZ WEIT WEG.
WIE LÄUFT'S MIT PETER?
PETER?
ES WIRKTE, ALS WÄRE ES WAS ERNSTES MIT EUCH.
OH.
WEISS NICHT.
ICH DACHTE, DU BRINGST IHN VIELLEICHT MIT HIERHER.
WIR SIND NICHT SO ENG.
SCHADE.
JA. SEHR SCHADE.

WUFF!
AH!
WAS?
WER IST DA?
HUCH. SORRY. ICH MUSS MIR WAS EINGEBILDET HABEN.
HA, STADTKIND ZURÜCK AUF DEM LAND.
ICH SEH MAL NACH MARCUS.
WUFF.

AH!
MARCUS!
WAS?!
WAS IST LOS?
DA IST EIN MONS-
TER DRAUSSEN!
ABER NEIN,
MARCUS ...
DOCH!
SCH ... IS' OK.
DU GLAUBST MIR NICHT.
ICH GLAUBE, DU SCHAFFST
DAS. ICH DACHTE WIRKLICH,
ES GINGE DIR BESSER.
ICH WILL
NACH HAUSE.

SCHATZ, WIR SIND DOCH GRADE ERST HERGEKOMMEN.
HAB ANGST.
SEI TAPFER. DU MACHST DAS TOLL.
HI, BUDDY.

DU BIST JA EIN GANZ HÜBSCHER.
HAHA.
ALLES KLAR?
BIST EIN FEINER.
HIER GEFÄLLT'S DIR, HM? SO VIEL PLATZ ZUM RUMRENNEN UND SPIELEN.
WÜRD DICH GERN MITNEHMEN.
HAHA, NUR SPASS. DEIN BESITZER LIEBT DICH BESTIMMT ÜBER ALLES.
GUTER JUNGE.
WUFF!
HEY, LOU!
SCHATZ, FÜTTERST DU IHN?
WIE GEHT'S MARCUS HEUTE?
OH, SUPER. WIRKLICH.

SCHÖN, ODER?
JA. TOTAL.
DIE HABEN MAC AND CHEESE MIT HUMMER.
MM.
WAS SOLLEN WIR NEHMEN?
HM?
WAS IST?
HIER SIND ABER VIELE LEUTE.
OH, JA. DAS IST DAS EINZIGE RESTAURANT IN DER GEGEND.
NA JA, JETZT SIND WIR HIER. WOLLEN WIR 'NE FLASCHE WEIN BESTELLEN UND ES UNS SCHÖN MACHEN?

NA KOMM.
ES IST OK.
MM ...
O GOTT!
MOM!
WAS IST
HIER LOS?!
WER SIND SIE?! WAS WOLLEN
SIE?!
AH!
RAUS
HIER!

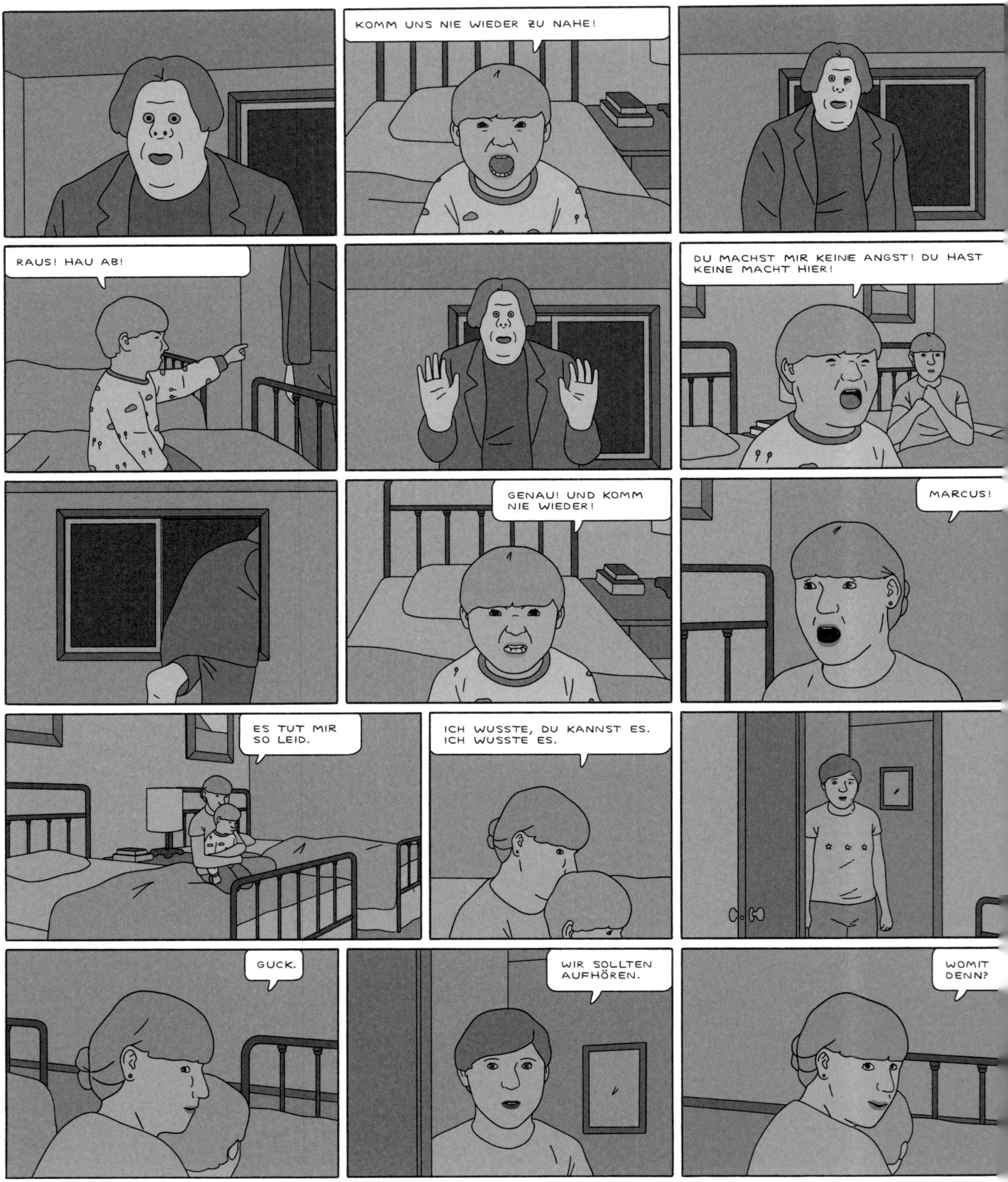
KOMM UNS NIE WIEDER ZU NAHE!
RAUS! HAU AB!
DU MACHST MIR KEINE ANGST! DU HAST KEINE MACHT HIER!
GENAU! UND KOMM NIE WIEDER!
MARCUS!
ES TUT MIR SO LEID.
ICH WUSSTE, DU KANNST ES. ICH WUSSTE ES.
GUCK.
WIR SOLLTEN AUFHÖREN.
WOMIT DENN?

HI. WIE KANN ICH HELFEN?
ICH GLAUB, ICH BRAUCH EIN ZIMMER.
EINE NACHT?
ERST MAL.

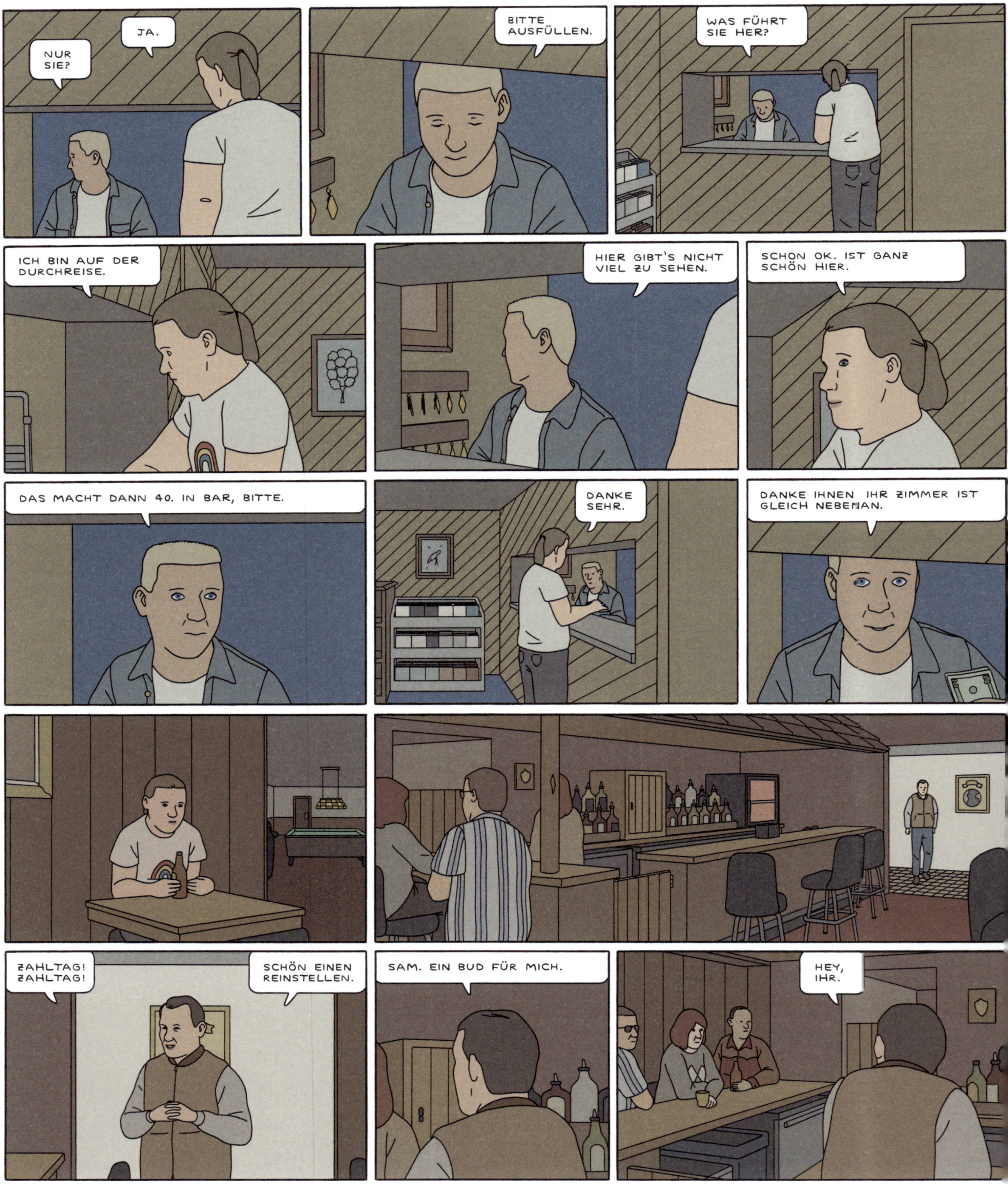
NUR SIE?
JA.
BITTE AUSFÜLLEN.
WAS FÜHRT SIE HER?
ICH BIN AUF DER DURCHREISE.
HIER GIBT'S NICHT VIEL ZU SEHEN.
SCHON OK. IST GANZ SCHÖN HIER.
DAS MACHT DANN 40. IN BAR, BITTE.
DANKE SEHR.
DANKE IHNEN IHR ZIMMER IST GLEICH NEBENAN.
ZAHLTAG! ZAHLTAG!
SCHÖN EINEN REINSTELLEN.
SAM. EIN BUD FÜR MICH.
HEY, IHR.

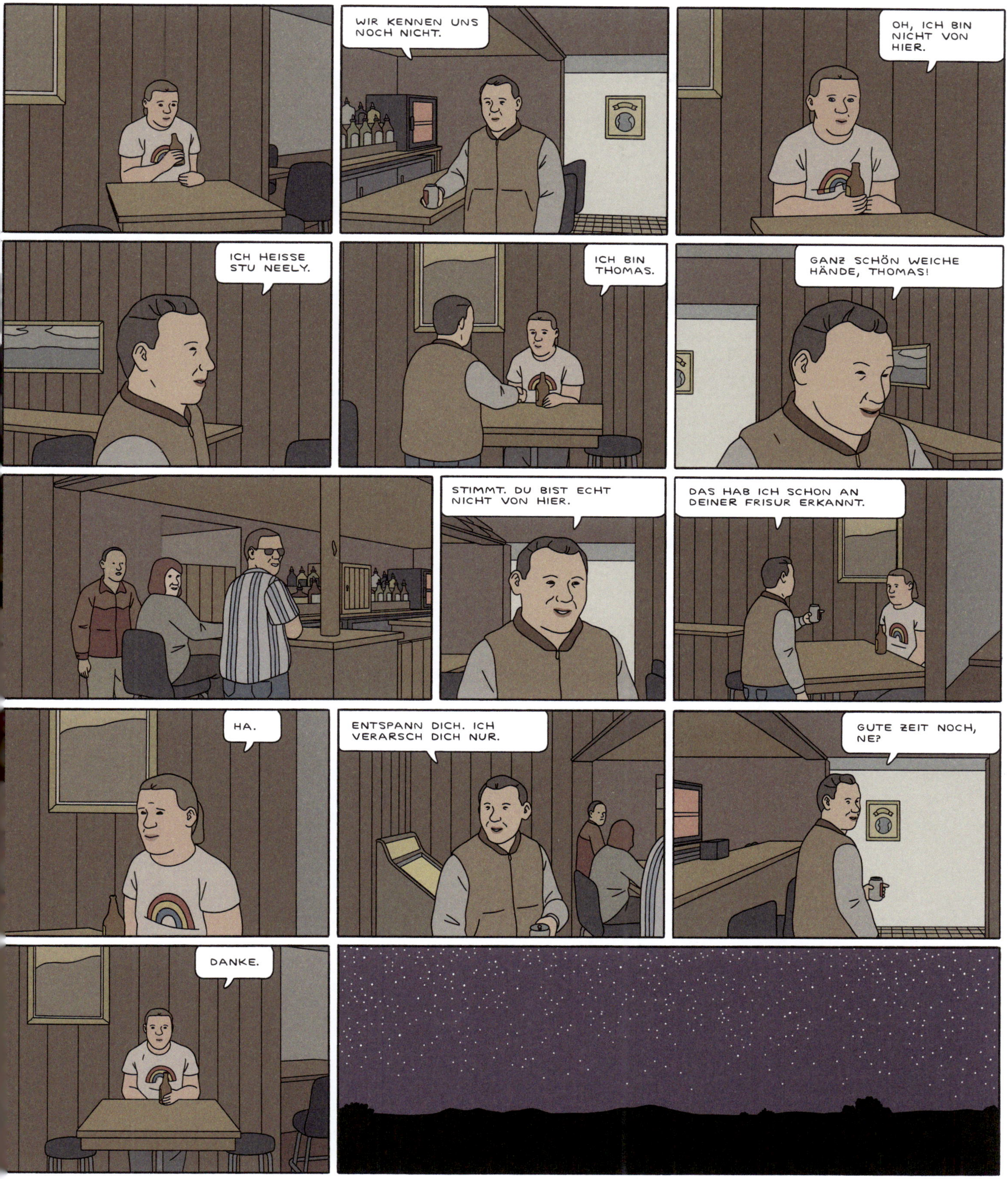
WIR KENNEN UNS NOCH NICHT.
OH, ICH BIN NICHT VON HIER.
ICH HEISSE STU NEELY.
ICH BIN THOMAS.
GANZ SCHÖN WEICHE HÄNDE, THOMAS!
STIMMT. DU BIST ECHT NICHT VON HIER.
DAS HAB ICH SCHON AN DEINER FRISUR ERKANNT.
HA.
ENTSPANN DICH. ICH VERARSCH DICH NUR.
GUTE ZEIT NOCH, NE?
DANKE.

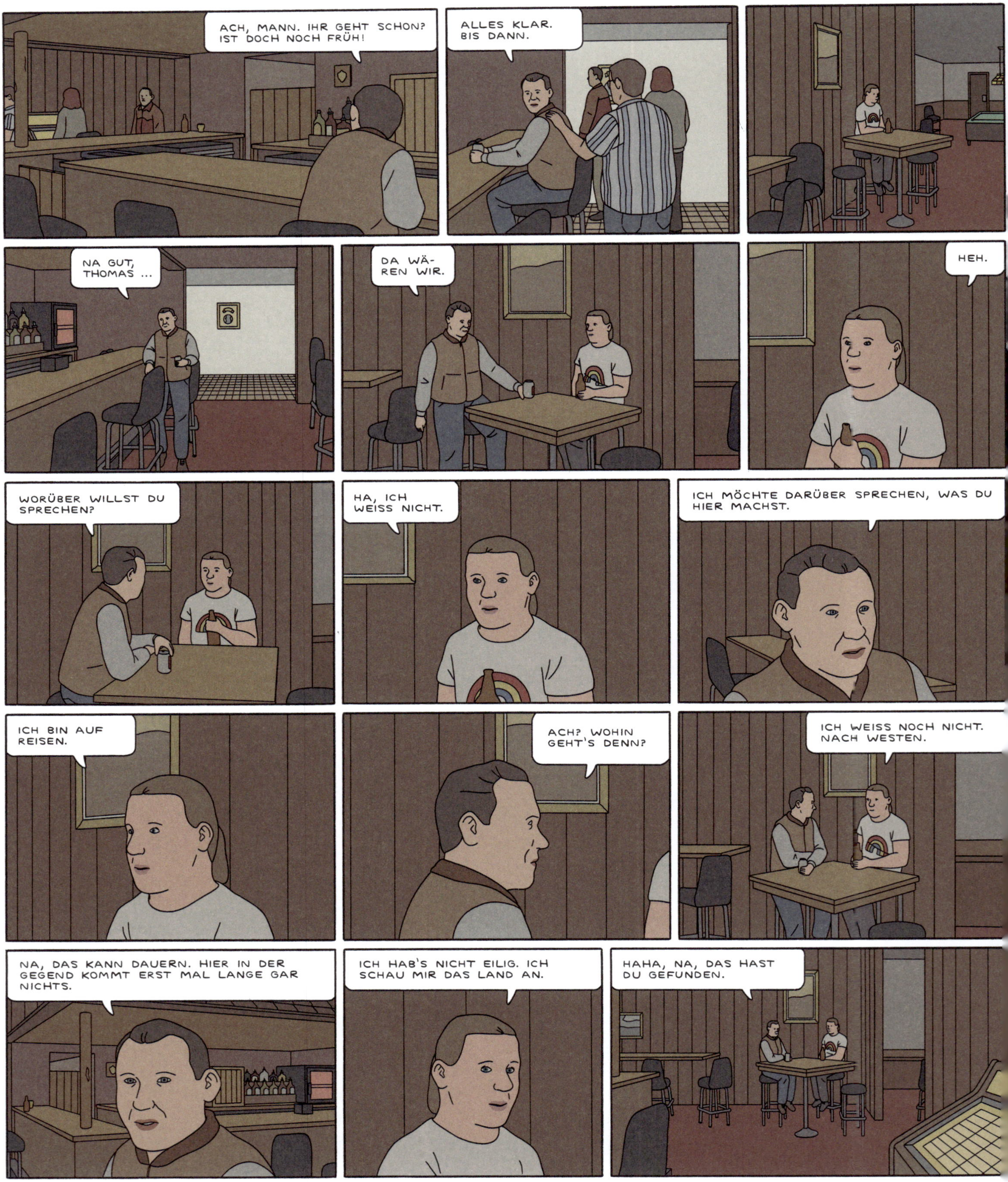
ACH, MANN. IHR GEHT SCHON? IST DOCH NOCH FRÜH!
ALLES KLAR. BIS DANN.
NA GUT, THOMAS ...
DA WÄ-REN WIR.
HEH.
WORÜBER WILLST DU SPRECHEN?
HA, ICH WEISS NICHT.
ICH MÖCHTE DARÜBER SPRECHEN, WAS DU HIER MACHST.
ICH BIN AUF REISEN.
ACH? WOHIN GEHT'S DENN?
ICH WEISS NOCH NICHT. NACH WESTEN.
NA, DAS KANN DAUERN. HIER IN DER GEGEND KOMMT ERST MAL LANGE GAR NICHTS.
ICH HAB'S NICHT EILIG. ICH SCHAU MIR DAS LAND AN.
HAHA, NA, DAS HAST DU GEFUNDEN.

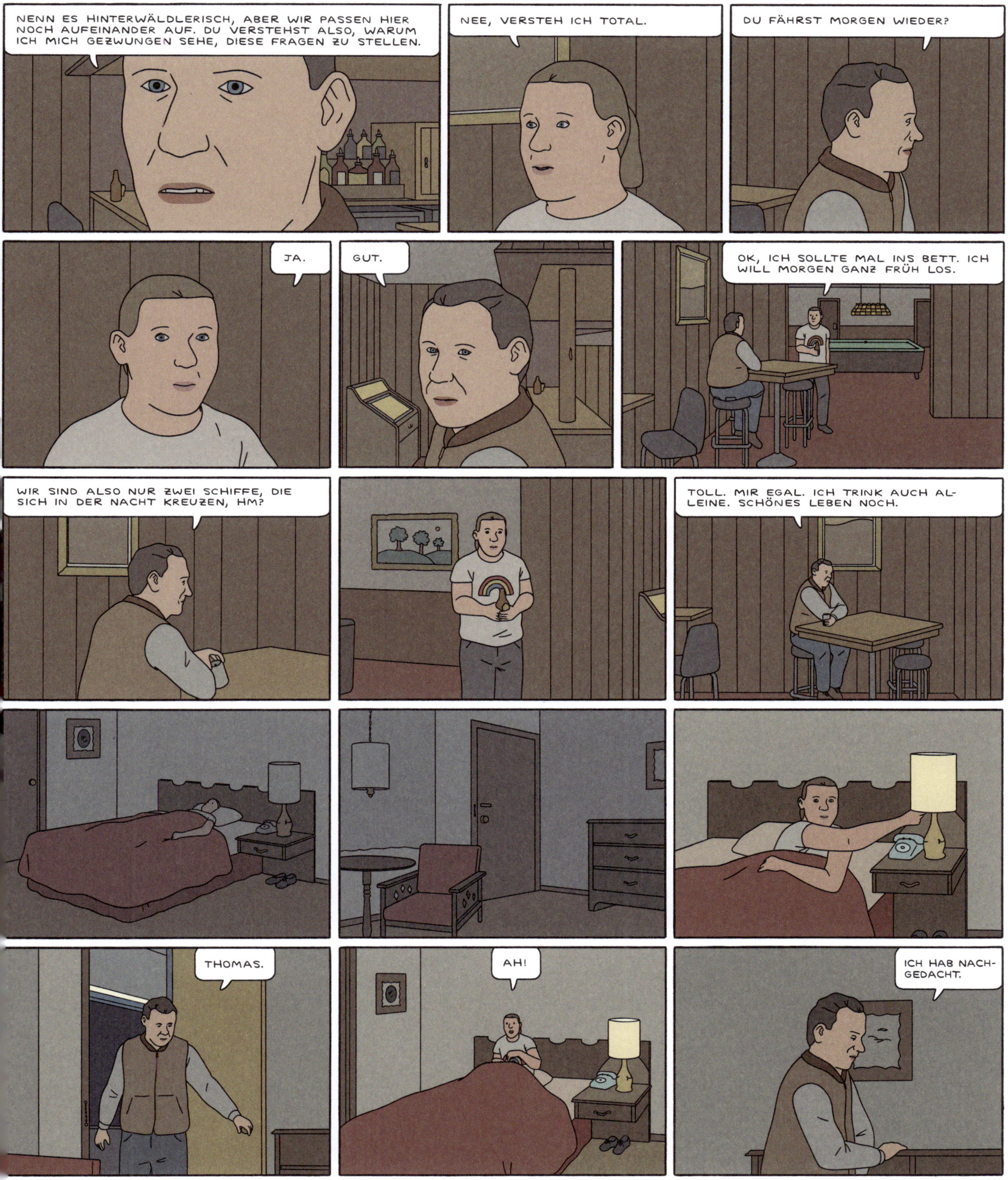
NENN ES HINTERWÄLDLERISCH, ABER WIR PASSEN HIER NOCH AUFEINANDER AUF. DU VERSTEHST ALSO, WARUM ICH MICH GEZWUNGEN SEHE, DIESE FRAGEN ZU STELLEN.
NEE, VERSTEH ICH TOTAL.
DU FÄHRST MORGEN WIEDER?
JA.
GUT.
OK, ICH SOLLTE MAL INS BETT. ICH WILL MORGEN GANZ FRÜH LOS.
WIR SIND ALSO NUR ZWEI SCHIFFE, DIE SICH IN DER NACHT KREUZEN, HM?
TOLL. MIR EGAL. ICH TRINK AUCH ALLEINE. SCHÖNES LEBEN NOCH.
THOMAS.
AH!
ICH HAB NACHGEDACHT.

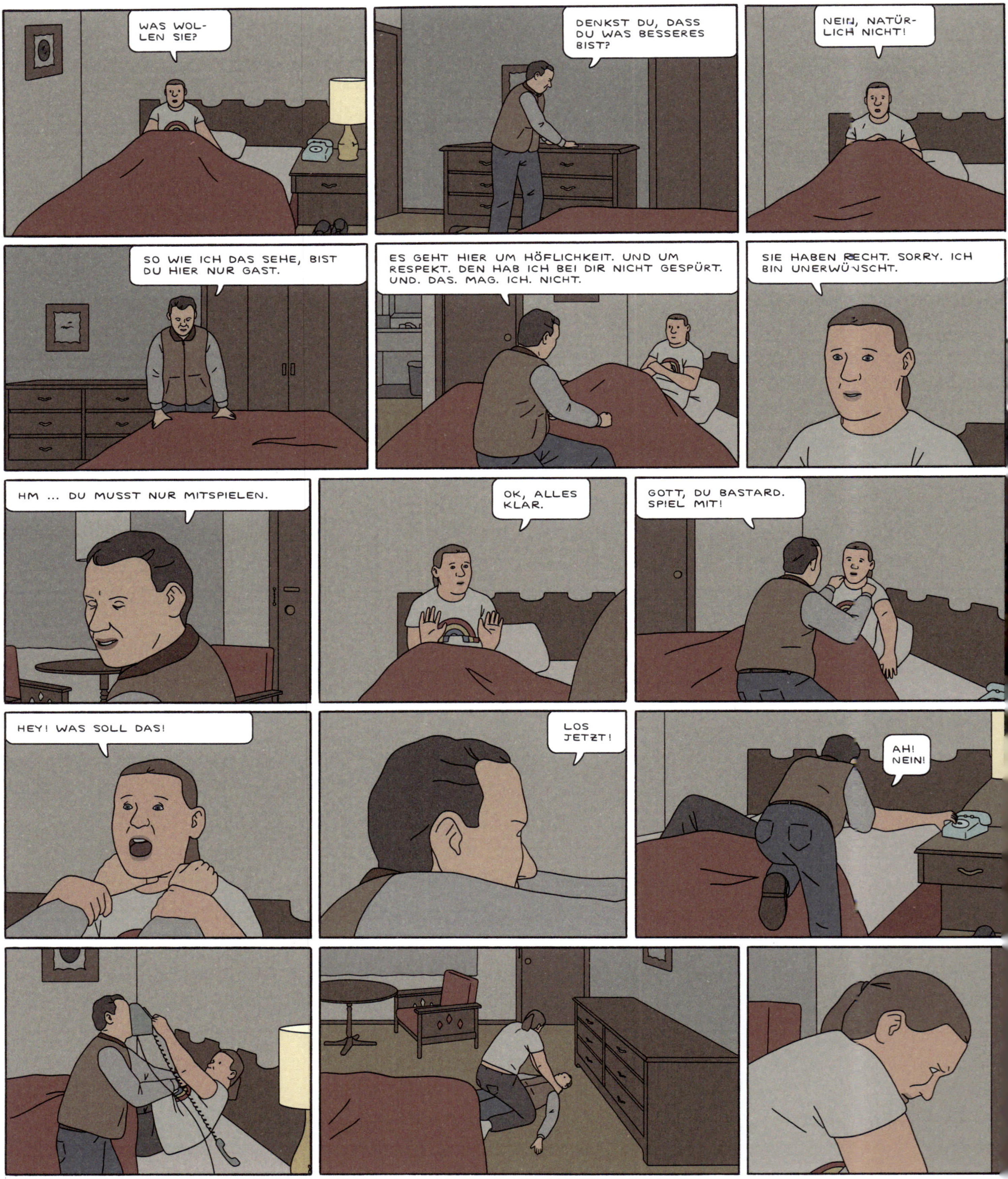
WAS WOL-LEN SIE?
DENKST DU, DASS DU WAS BESSERES BIST?
NEIN, NATÜR-LICH NICHT!
SO WIE ICH DAS SEHE, BIST DU HIER NUR GAST.
ES GEHT HIER UM HÖFLICHKEIT. UND UM RESPEKT. DEN HAB ICH BEI DIR NICHT GESPÜRT. UND. DAS. MAG. ICH. NICHT.
SIE HABEN RECHT. SORRY. ICH BIN UNERWÜNSCHT.
HM ... DU MUSST NUR MITSPIELEN.
OK, ALLES KLAR.
GOTT, DU BASTARD. SPIEL MIT!
HEY! WAS SOLL DAS!
LOS JETZT!
AH! NEIN!

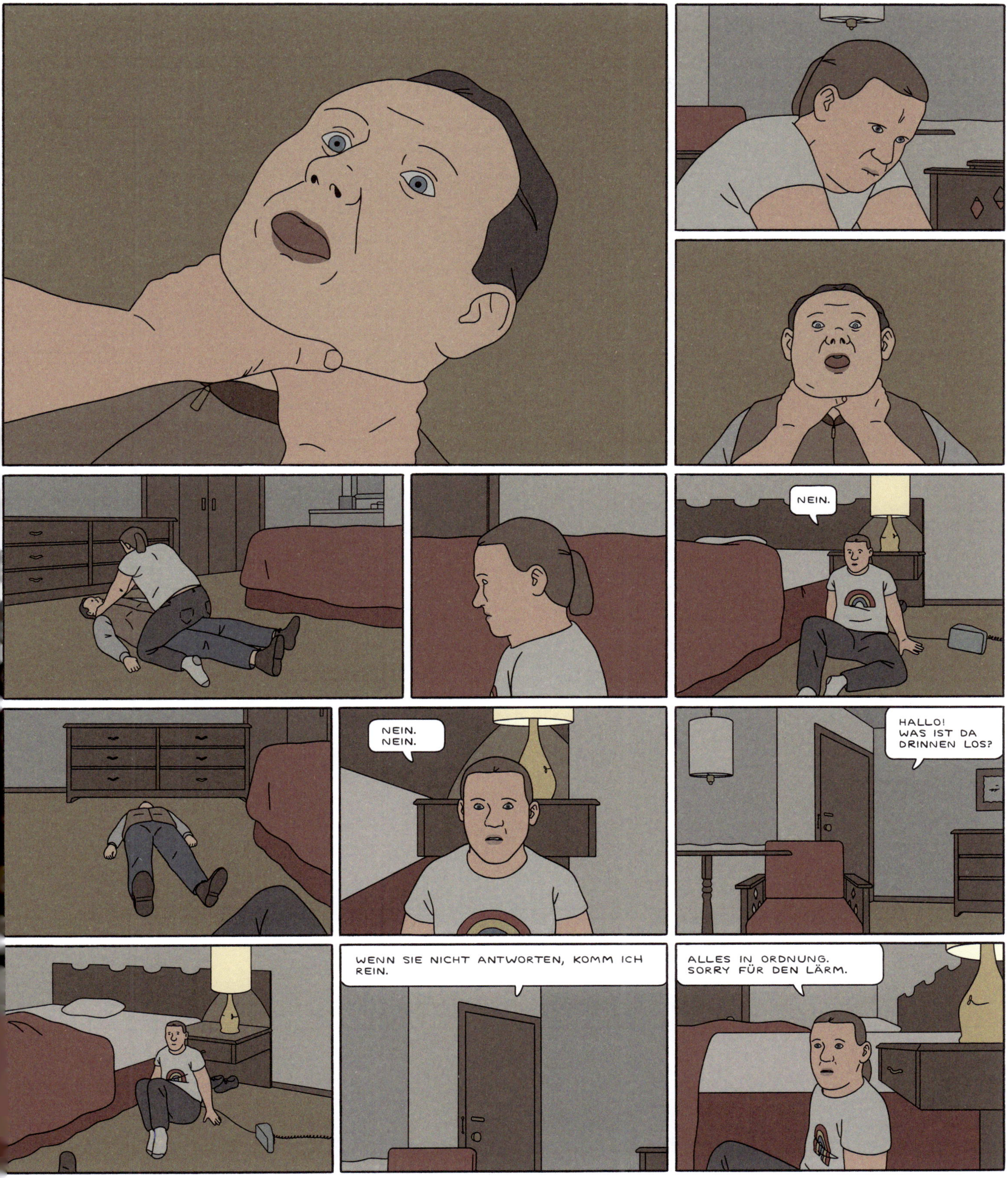
NEIN.
NEIN.
NEIN.
HALLO!
WAS IST DA
DRINNEN LOS?
WENN SIE NICHT ANTWORTEN, KOMM ICH
REIN.
ALLES IN ORDNUNG.
SORRY FÜR DEN LÄRM.

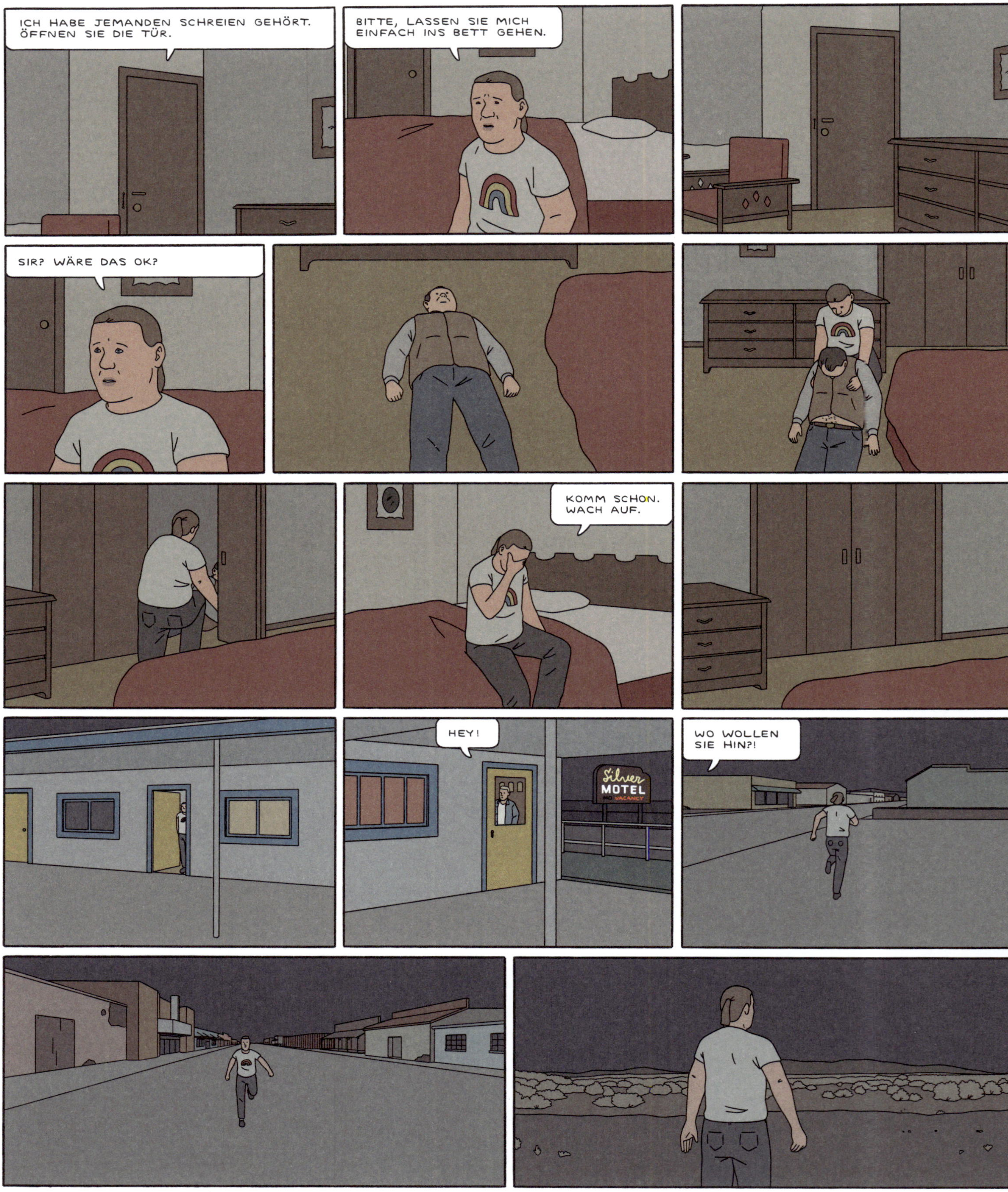
ICH HABE JEMANDEN SCHREIEN GEHÖRT. ÖFFNEN SIE DIE TÜR.
BITTE, LASSEN SIE MICH EINFACH INS BETT GEHEN.
SIR? WÄRE DAS OK?
KOMM SCHON. WACH AUF.
Silver MOTEL
NO VACANCY
HEY!
WO WOLLEN SIE HIN?!

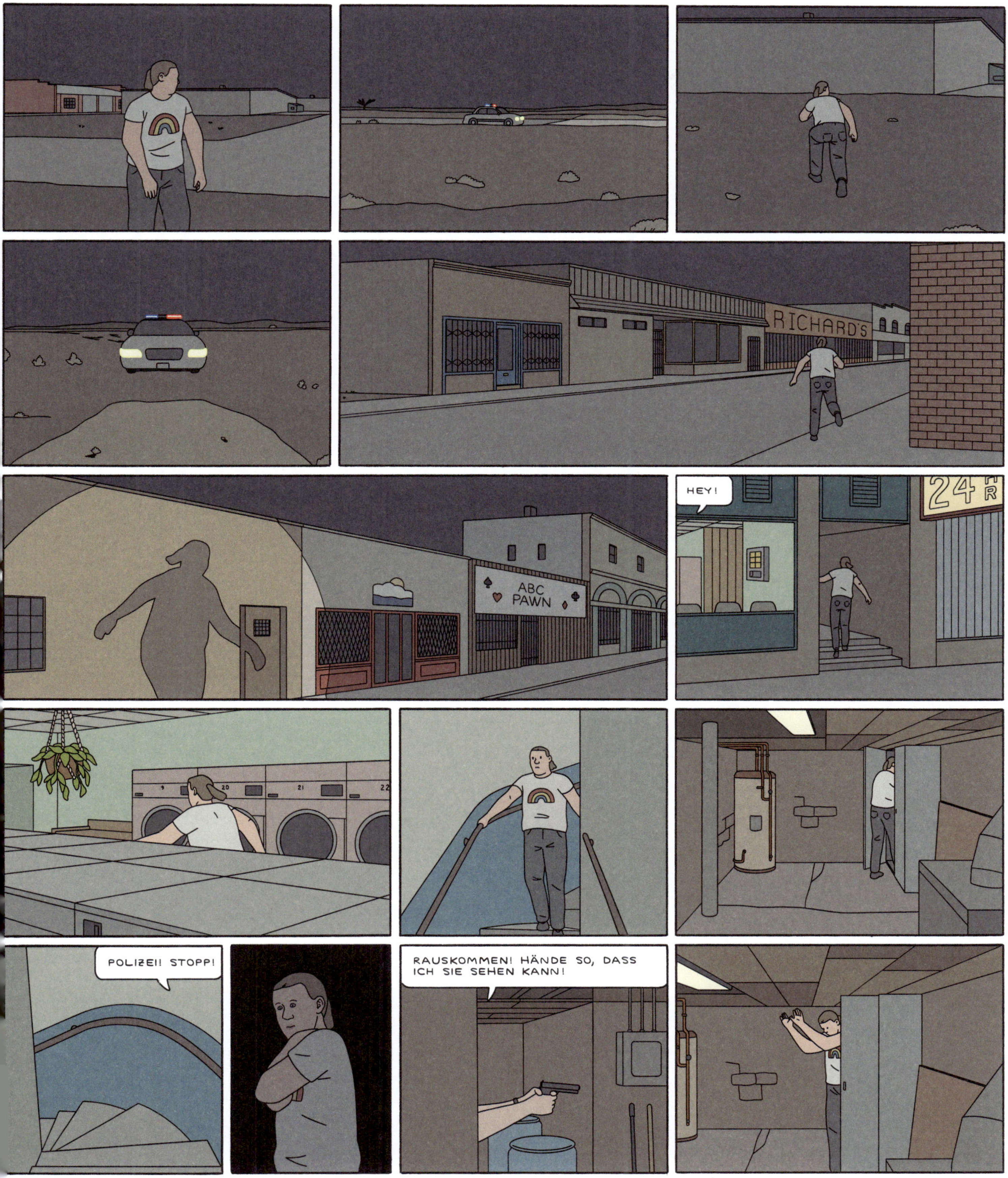
RICHARD'S
ABC PAWN
HEY!
24 HR
POLIZEI! STOPP!
RAUSKOMMEN! HÄNDE SO, DASS ICH SIE SEHEN KANN!

AUF DEN BODEN!
NEIN.
AUF. DEN. VER-DAMMTEN. BODEN.
AU!
AH!
HÄNDE AUF DEN RÜCKEN.
DAS IST ER!
BIST DU BEREIT, MIR ZU SAGEN, WAS PASSIERT IST?
TUT MIR LEID.
IST DAS EIN GESTÄNDNIS?
ES WAR EIN UNFALL.
DU BIST ERLEDIGT.
ICH WILL EINEN ANWALT.
HEH. IS' KLAR.
SOLLTEN SIE MIR NICHT MEINE RECHTE VORLESEN?
BIST DU JETZT DER CHEF?
ICH HAB NICHTS WEITER ZU SAGEN.

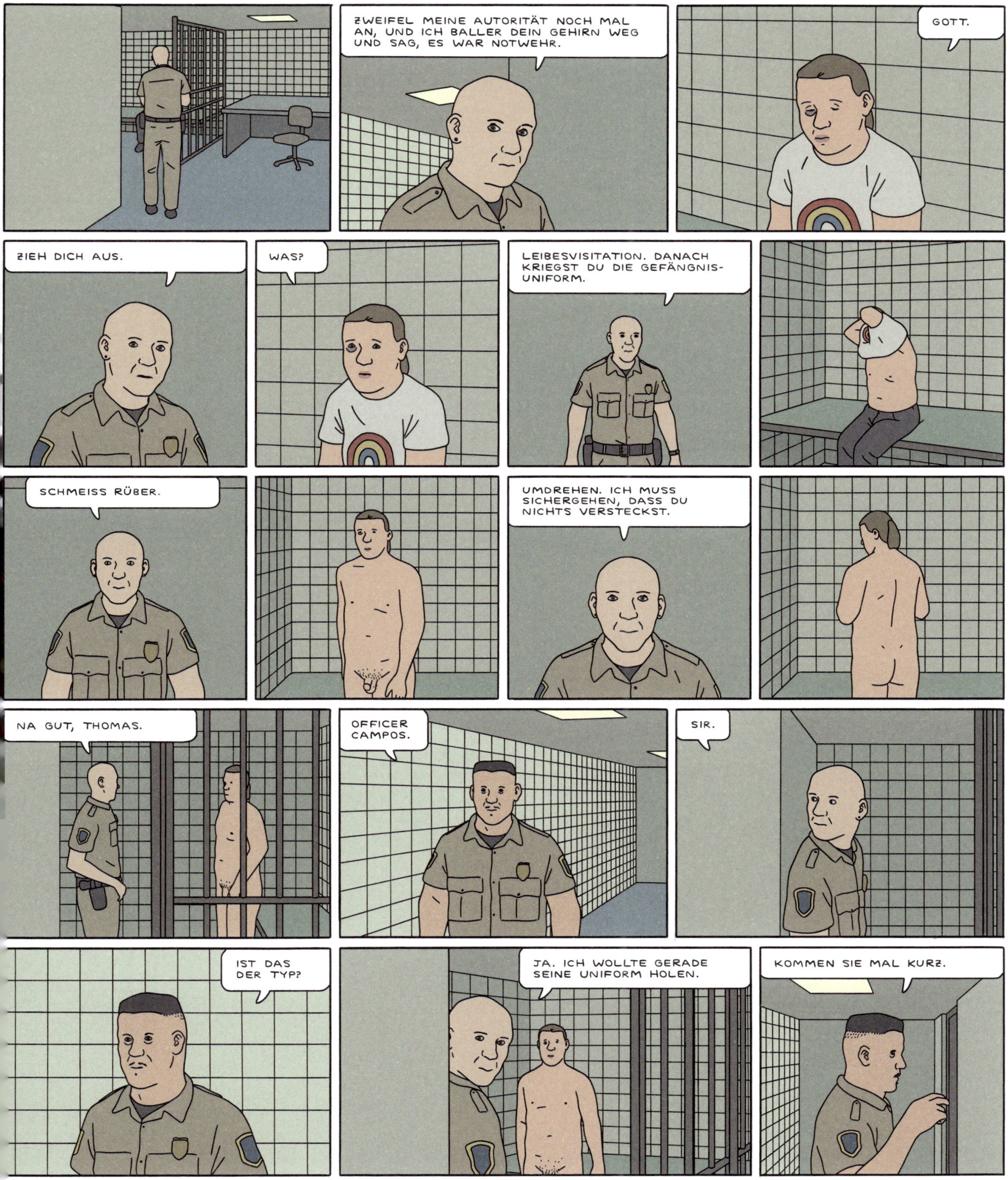
ZWEIFEL MEINE AUTORITÄT NOCH MAL AN, UND ICH BALLER DEIN GEHIRN WEG UND SAG, ES WAR NOTWEHR.
GOTT.
ZIEH DICH AUS.
WAS?
LEIBESVISITATION. DANACH KRIEGST DU DIE GEFÄNGNIS-UNIFORM.
SCHMEISS RÜBER.
UMDREHEN. ICH MUSS SICHERGEHEN, DASS DU NICHTS VERSTECKST.
NA GUT, THOMAS.
OFFICER CAMPOS.
SIR.
IST DAS DER TYP?
JA. ICH WOLLTE GERADE SEINE UNIFORM HOLEN.
KOMMEN SIE MAL KURZ.

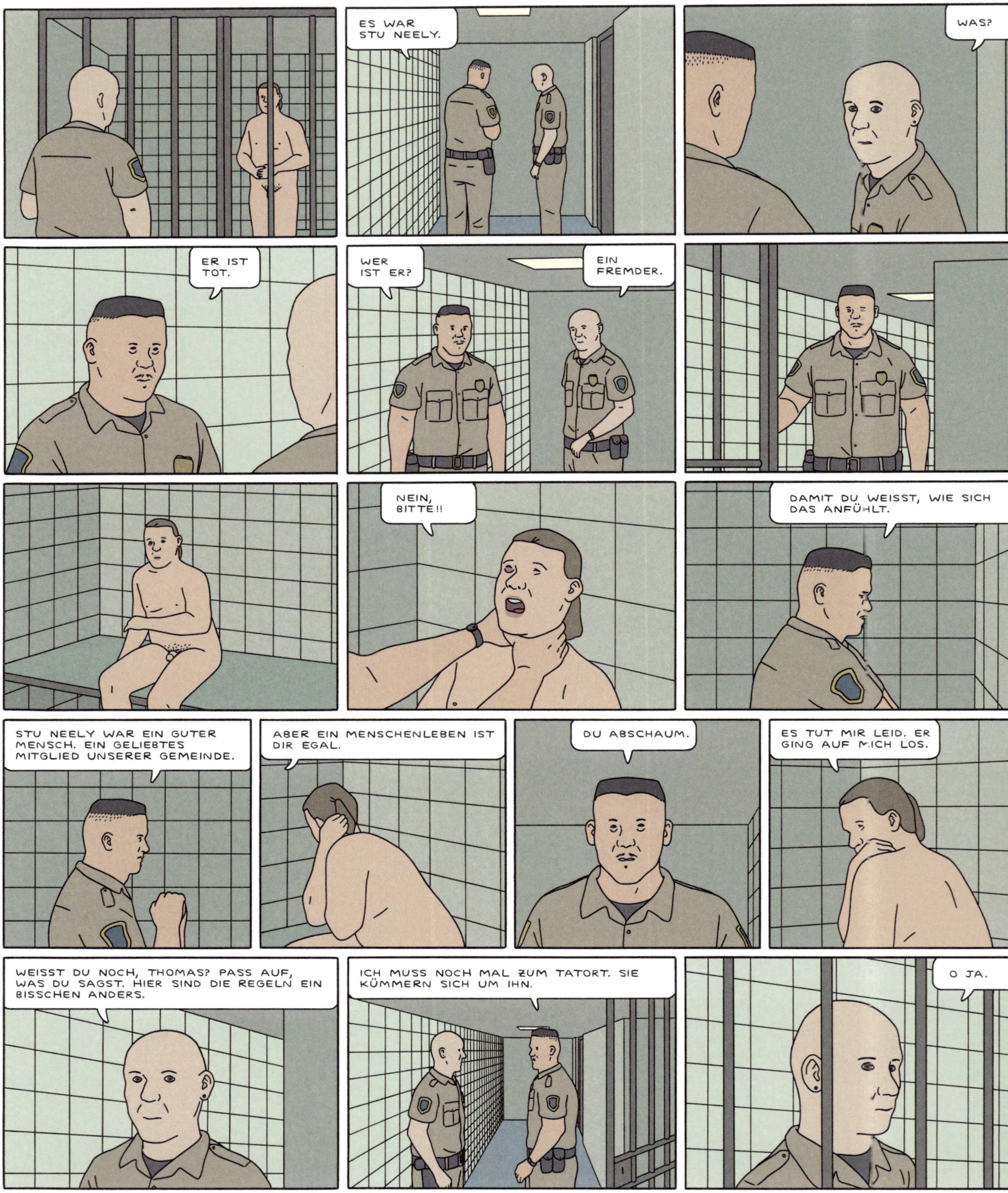
ES WAR STU NEELY.
WAS?
ER IST TOT.
WER IST ER?
EIN FREMDER.
NEIN, BITTE!!
DAMIT DU WEISST, WIE SICH DAS ANFÜHLT.
STU NEELY WAR EIN GUTER MENSCH. EIN GELIEBTES MITGLIED UNSERER GEMEINDE.
ABER EIN MENSCHENLEBEN IST DIR EGAL.
DU ABSCHAUM.
ES TUT MIR LEID. ER GING AUF MICH LOS.
WEISST DU NOCH, THOMAS? PASS AUF, WAS DU SAGST. HIER SIND DIE REGELN EIN BISSCHEN ANDERS.
ICH MUSS NOCH MAL ZUM TATORT. SIE KÜMMERN SICH UM IHN.
O JA.

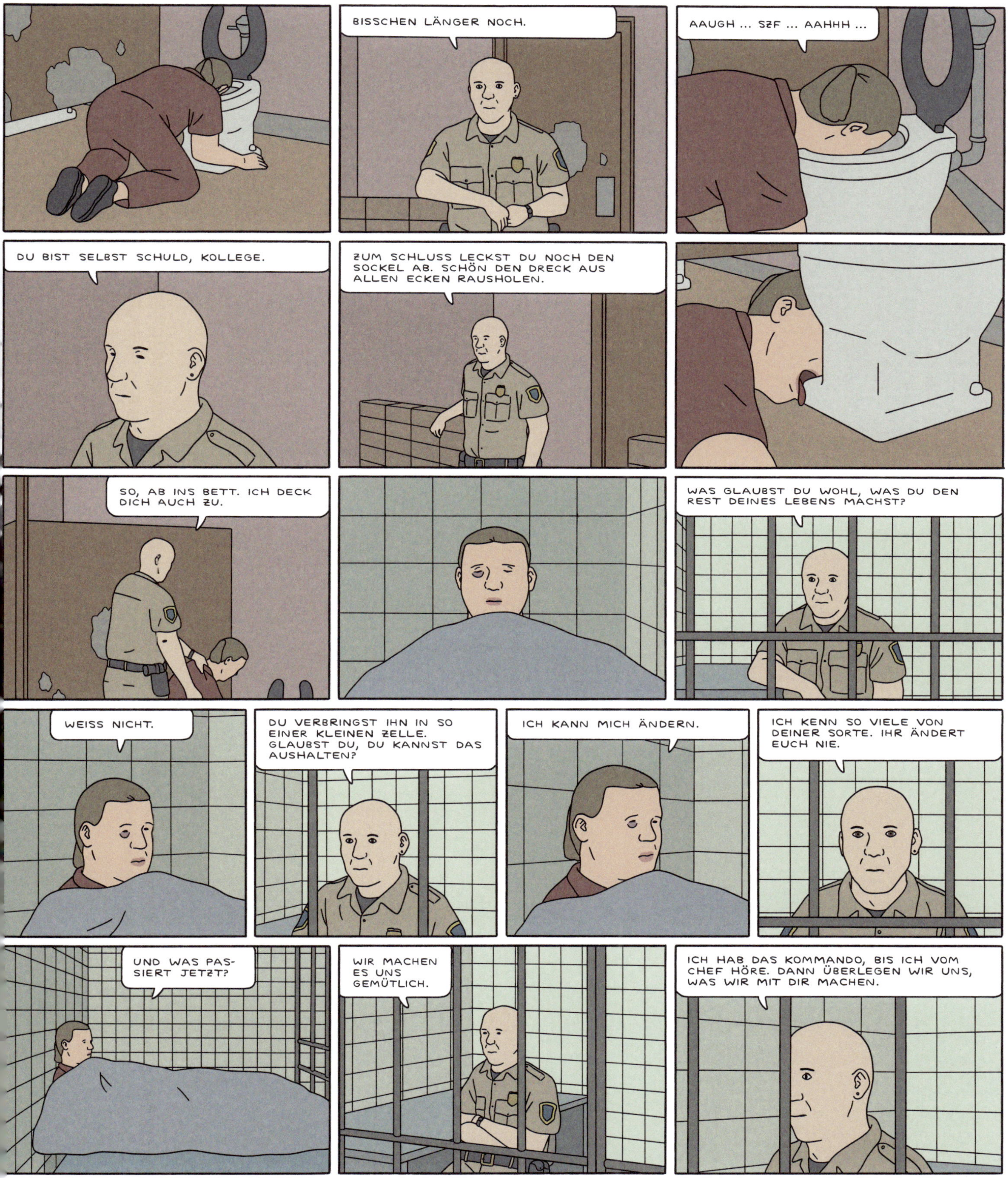
BISSCHEN LÄNGER NOCH.
AAUGH ... SZF ... AAHHH ...
DU BIST SELBST SCHULD, KOLLEGE.
ZUM SCHLUSS LECKST DU NOCH DEN SOCKEL AB. SCHÖN DEN DRECK AUS ALLEN ECKEN RAUSHOLEN.
SO, AB INS BETT. ICH DECK DICH AUCH ZU.
WAS GLAUBST DU WOHL, WAS DU DEN REST DEINES LEBENS MACHST?
WEISS NICHT.
DU VERBRINGST IHN IN SO EINER KLEINEN ZELLE. GLAUBST DU, DU KANNST DAS AUSHALTEN?
ICH KANN MICH ÄNDERN.
ICH KENN SO VIELE VON DEINER SORTE. IHR ÄNDERT EUCH NIE.
UND WAS PASSIERT JETZT?
WIR MACHEN ES UNS GEMÜTLICH.
ICH HAB DAS KOMMANDO, BIS ICH VOM CHEF HÖRE. DANN ÜBERLEGEN WIR UNS, WAS WIR MIT DIR MACHEN.

BESETZT.
DANIELLE, BIST DU'S?
OH. HI.
AH, DU BIST WACH.
GUT GESCHLAFEN?
SEHR GUT. ZU GUT. WOLLTE GAR NICHT SO LANGE SCHLAFEN.
UND WAS STEHT AN?
NA JA, ICH WOLLTE EIGENTLICH ZUR BÜCHEREI.

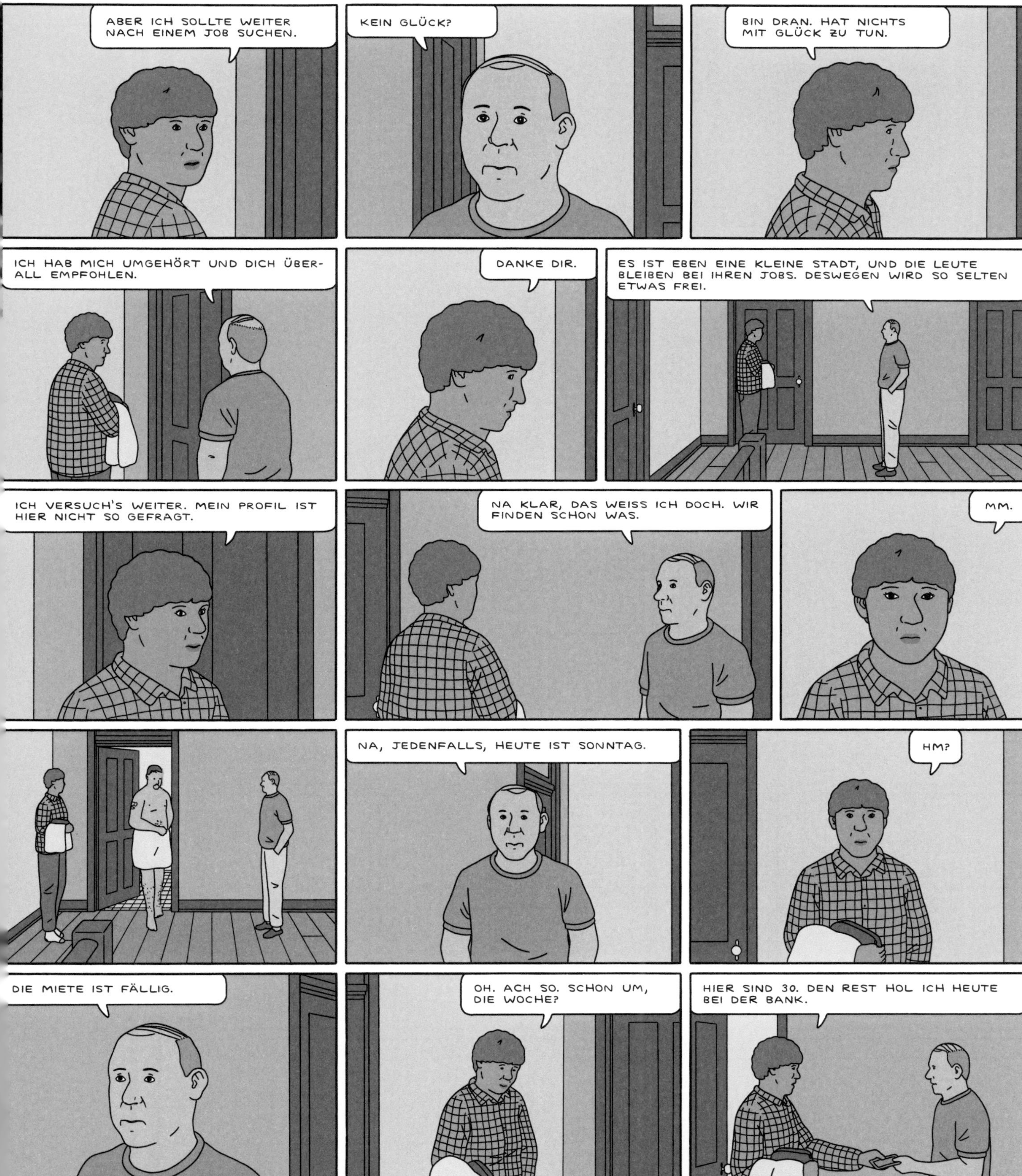
ABER ICH SOLLTE WEITER NACH EINEM JOB SUCHEN.
KEIN GLÜCK?
BIN DRAN. HAT NICHTS MIT GLÜCK ZU TUN.
ICH HAB MICH UMGEHÖRT UND DICH ÜBERALL EMPFOHLEN.
DANKE DIR.
ES IST EBEN EINE KLEINE STADT, UND DIE LEUTE BLEIBEN BEI IHREN JOBS. DESWEGEN WIRD SO SELTEN ETWAS FREI.
ICH VERSUCH'S WEITER. MEIN PROFIL IST HIER NICHT SO GEFRAGT.
NA KLAR, DAS WEISS ICH DOCH. WIR FINDEN SCHON WAS.
MM.
NA, JEDENFALLS, HEUTE IST SONNTAG.
HM?
DIE MIETE IST FÄLLIG.
OH. ACH SO. SCHON UM, DIE WOCHE?
HIER SIND 30. DEN REST HOL ICH HEUTE BEI DER BANK.

GUTEN MORGEN.
HALLO.
DANIELLE!
HI.
SIE SIND JA NOCH DA. IHNEN SCHEINT UNSERE KLEINE STADT ZU GEFALLEN. BLEIBEN SIE?
WEISS NOCH NICHT. VIELLEICHT, WENN ICH 'NEN JOB FINDE.
ES KOMMT, WIE ES KOMMT, HM?
JA.
SCHÖN, SIE ZU SEHEN.

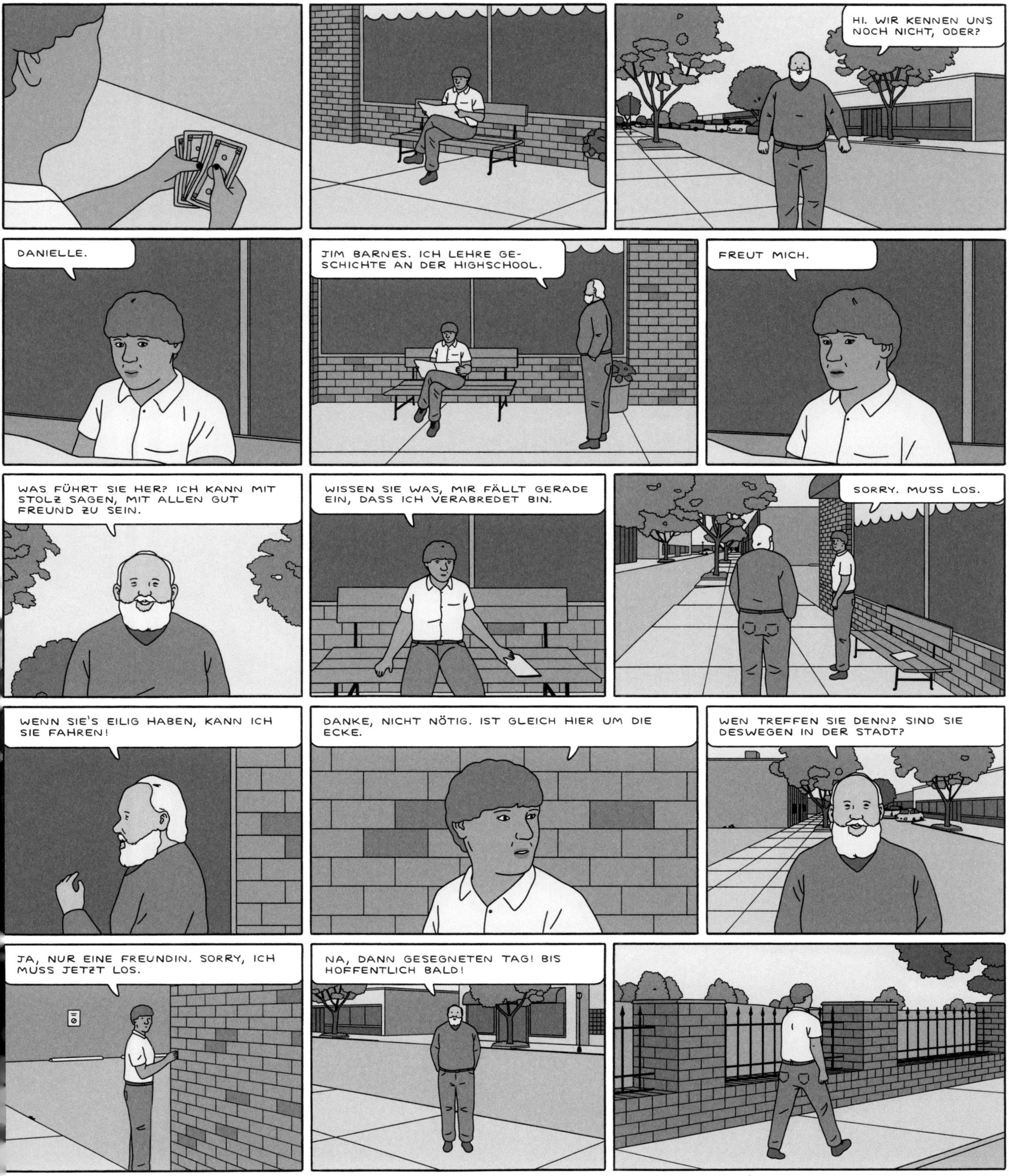
HI. WIR KENNEN UNS NOCH NICHT, ODER?
DANIELLE.
JIM BARNES. ICH LEHRE GE-SCHICHTE AN DER HIGHSCHOOL.
FREUT MICH.
WAS FÜHRT SIE HER? ICH KANN MIT STOLZ SAGEN, MIT ALLEN GUT FREUND ZU SEIN.
WISSEN SIE WAS, MIR FÄLLT GERADE EIN, DASS ICH VERABREDET BIN.
SORRY. MUSS LOS.
WENN SIE'S EILIG HABEN, KANN ICH SIE FAHREN!
DANKE, NICHT NÖTIG. IST GLEICH HIER UM DIE ECKE.
WEN TREFFEN SIE DENN? SIND SIE DESWEGEN IN DER STADT?
JA, NUR EINE FREUNDIN. SORRY, ICH MUSS JETZT LOS.
NA, DANN GESEGNETEN TAG! BIS HOFFENTLICH BALD!

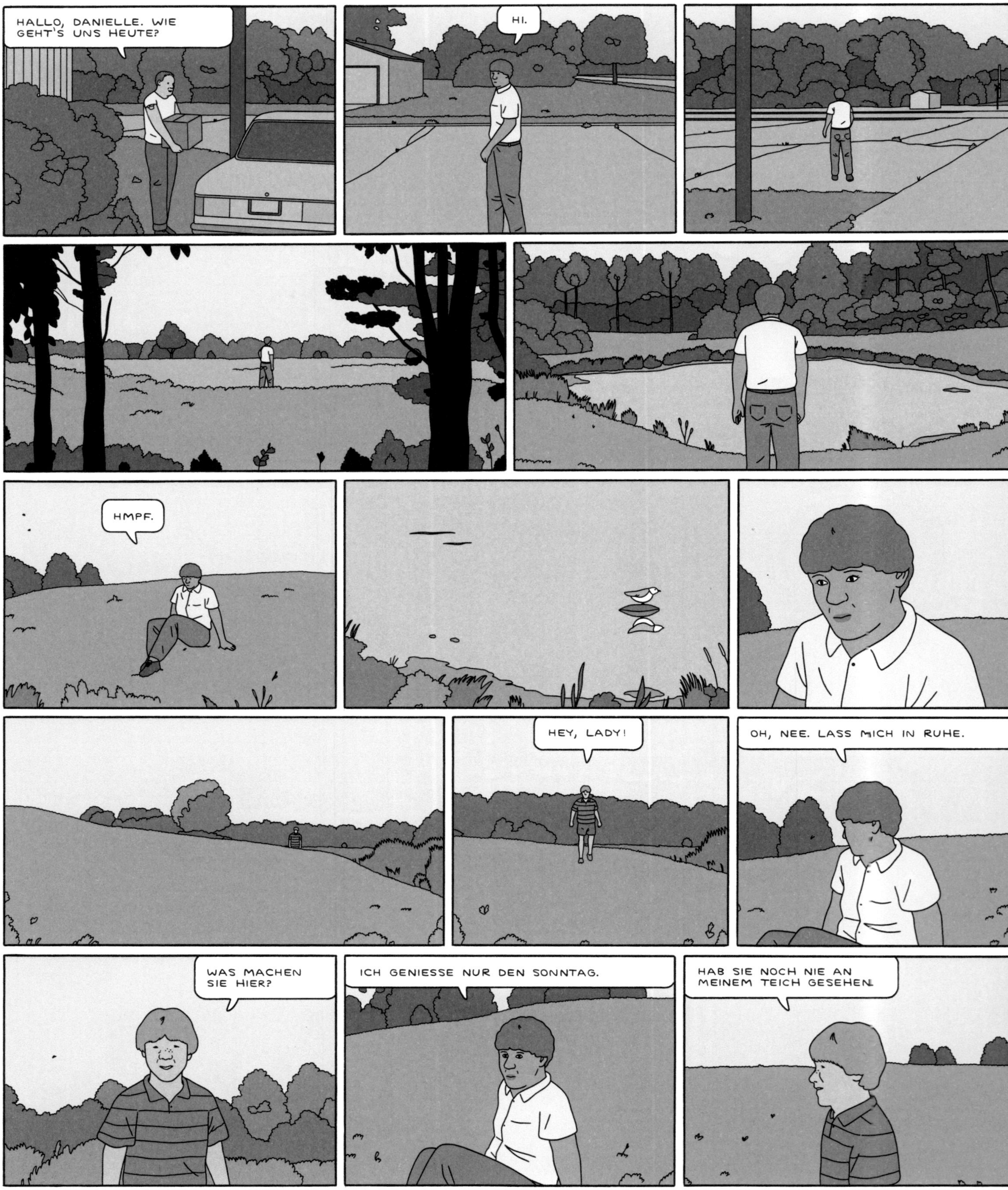
HALLO, DANIELLE. WIE GEHT'S UNS HEUTE?
HI.
HMPF.
HEY, LADY!
OH, NEE. LASS MICH IN RUHE.
WAS MACHEN SIE HIER?
ICH GENIESSE NUR DEN SONNTAG.
HAB SIE NOCH NIE AN MEINEM TEICH GESEHEN.

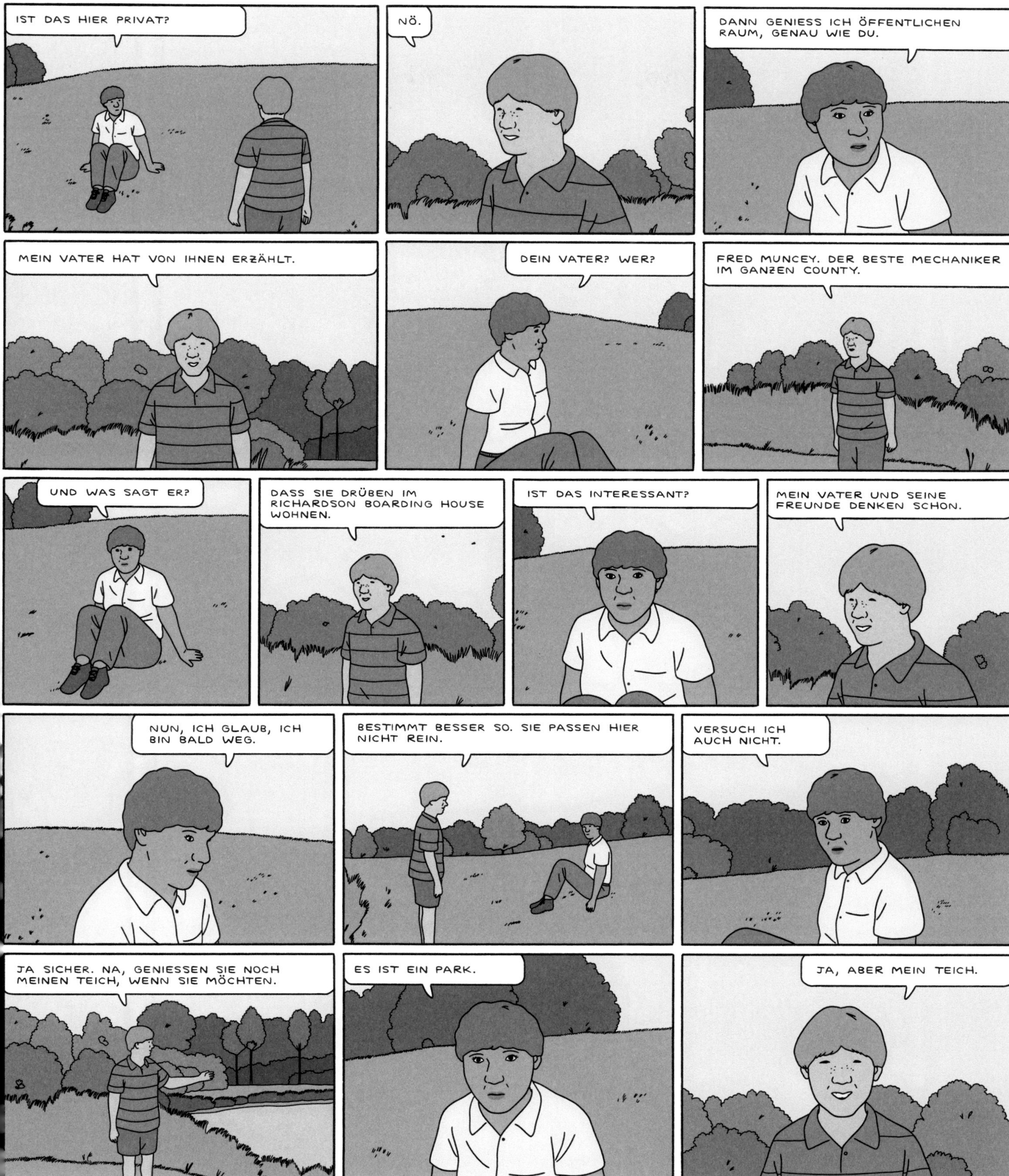
IST DAS HIER PRIVAT?
NÖ.
DANN GENIESS ICH ÖFFENTLICHEN RAUM, GENAU WIE DU.
MEIN VATER HAT VON IHNEN ERZÄHLT.
DEIN VATER? WER?
FRED MUNCEY. DER BESTE MECHANIKER IM GANZEN COUNTY.
UND WAS SAGT ER?
DASS SIE DRÜBEN IM RICHARDSON BOARDING HOUSE WOHNEN.
IST DAS INTERESSANT?
MEIN VATER UND SEINE FREUNDE DENKEN SCHON.
NUN, ICH GLAUB, ICH BIN BALD WEG.
BESTIMMT BESSER SO. SIE PASSEN HIER NICHT REIN.
VERSUCH ICH AUCH NICHT.
JA SICHER. NA, GENIESSEN SIE NOCH MEINEN TEICH, WENN SIE MÖCHTEN.
ES IST EIN PARK.
JA, ABER MEIN TEICH.

HALLO, MS. KROLL.
HALLO, JIM.
AYCARE
JEMANDEN ABHOLEN?
OH, NEIN, TUT MIR LEID. ARBEITEN HEUTE NUR SIE HIER?
JA, NUR ICH. SUCHEN SIE STEPHANIE?
NEIN, SCHON GUT, DANKE.
CLEANERS

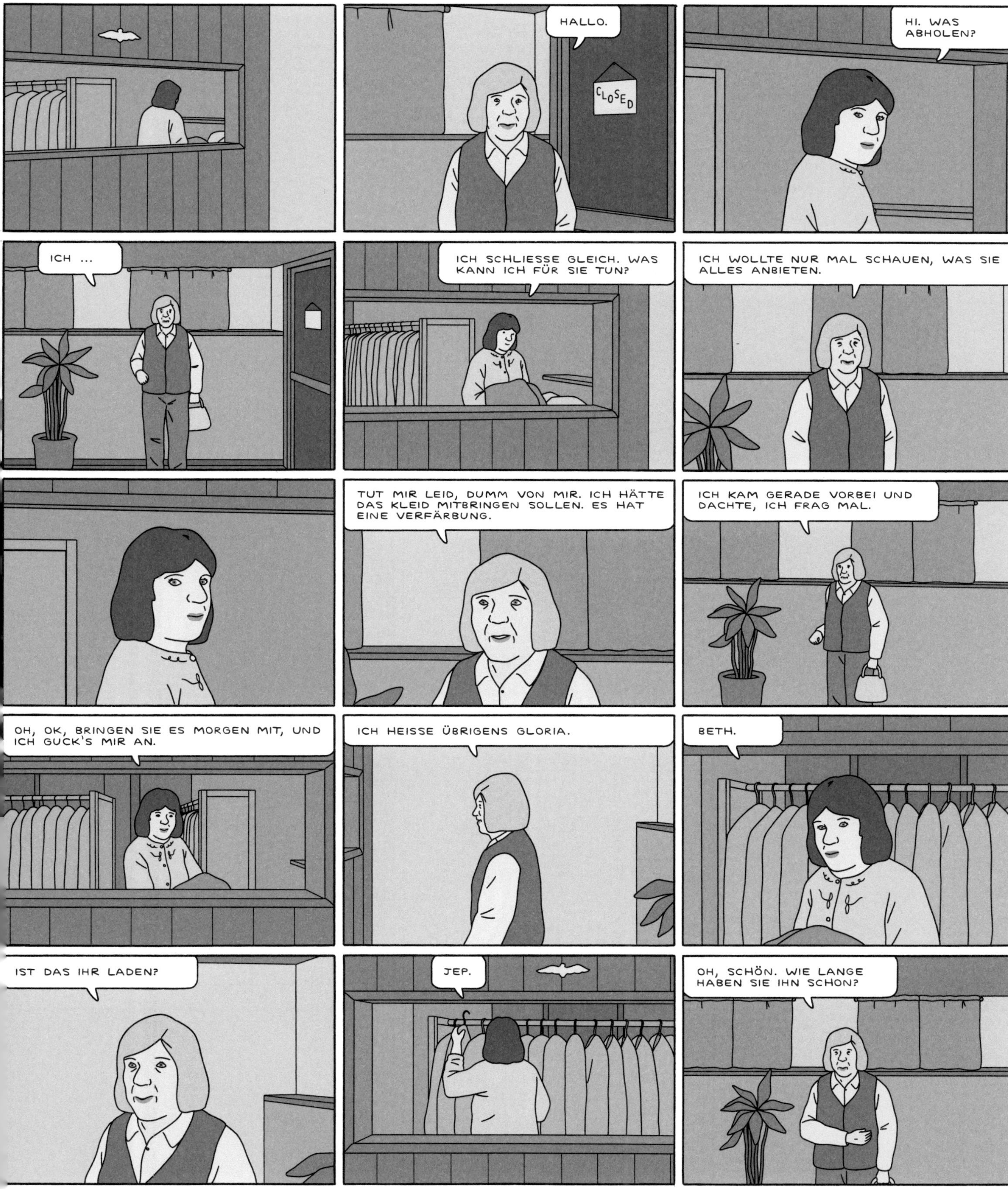
HALLO.
CLOSED
HI. WAS ABHOLEN?
ICH ...
ICH SCHLIESSE GLEICH. WAS KANN ICH FÜR SIE TUN?
ICH WOLLTE NUR MAL SCHAUEN, WAS SIE ALLES ANBIETEN.
TUT MIR LEID, DUMM VON MIR. ICH HÄTTE DAS KLEID MITBRINGEN SOLLEN. ES HAT EINE VERFÄRBUNG.
ICH KAM GERADE VORBEI UND DACHTE, ICH FRAG MAL.
OH, OK, BRINGEN SIE ES MORGEN MIT, UND ICH GUCK'S MIR AN.
ICH HEISSE ÜBRIGENS GLORIA.
BETH.
IST DAS IHR LADEN?
JEP.
OH, SCHÖN. WIE LANGE HABEN SIE IHN SCHON?

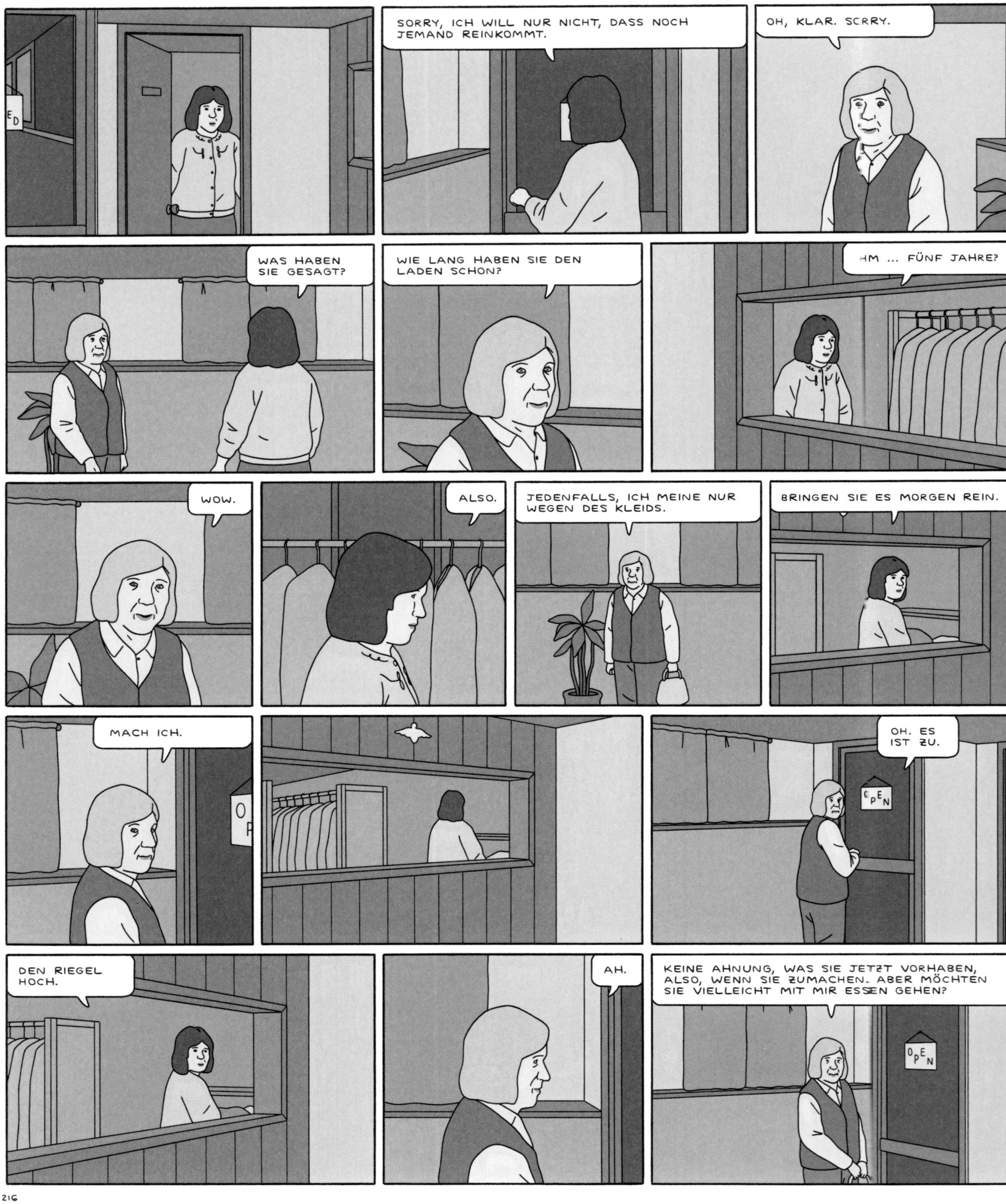
SORRY, ICH WILL NUR NICHT, DASS NOCH JEMAND REINKOMMT.
OH, KLAR. SORRY.
WAS HABEN SIE GESAGT?
WIE LANG HABEN SIE DEN LADEN SCHON?
HM ... FÜNF JAHRE?
WOW.
ALSO.
JEDENFALLS, ICH MEINE NUR WEGEN DES KLEIDS.
BRINGEN SIE ES MORGEN REIN.
MACH ICH.
OH. ES IST ZU.
OPEN
DEN RIEGEL HOCH.
AH.
KEINE AHNUNG, WAS SIE JETZT VORHABEN, ALSO, WENN SIE ZUMACHEN. ABER MÖCHTEN SIE VIELLEICHT MIT MIR ESSEN GEHEN?
OPEN

OH.
ICH WOLLTE IN DAS LOKAL DIE STRASSE RAUF. ES WÄRE MIR EINE FREUDE.
NA, DAS IST SEHR NETT VON IHNEN.
WÄRE DOCH SCHÖN. ICH KENN HIER NICHT SO VIELE LEUTE.
JA, TUT MIR LEID. BIN VERPLANT.
AH.
AUCH OK.
WOLLTE NUR FRAGEN.
OPEN
JA, SORRY. ICH HAB WAS VOR.
OK. DANN MORGEN?
JA, AUF JEDEN FALL. BRINGEN SIE DAS KLEID MIT, UND ICH SEH'S MIR AN.
AB 10 UHR.
DANKE. GUTE NACHT.

OH, HI.
GEHEN SIE REIN?
GEHEN SIE VOR. ICH FINDE MEINE SCHLÜSSEL NICHT.

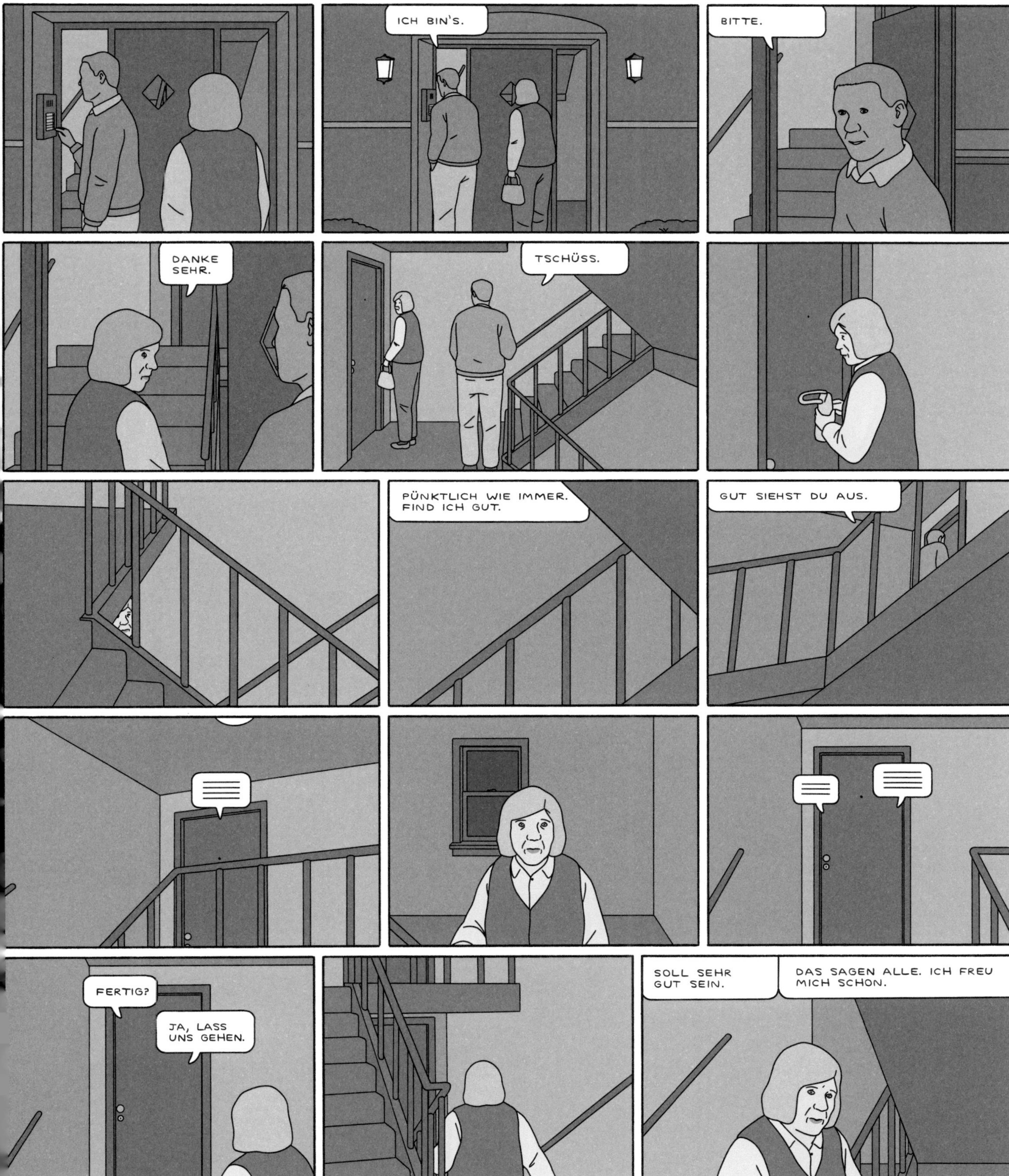

ICH BIN'S.
BITTE.
DANKE SEHR.
TSCHÜSS.
PÜNKTLICH WIE IMMER. FIND ICH GUT.
GUT SIEHST DU AUS.
FERTIG?
JA, LASS UNS GEHEN.
SOLL SEHR GUT SEIN.
DAS SAGEN ALLE. ICH FREU MICH SCHON.

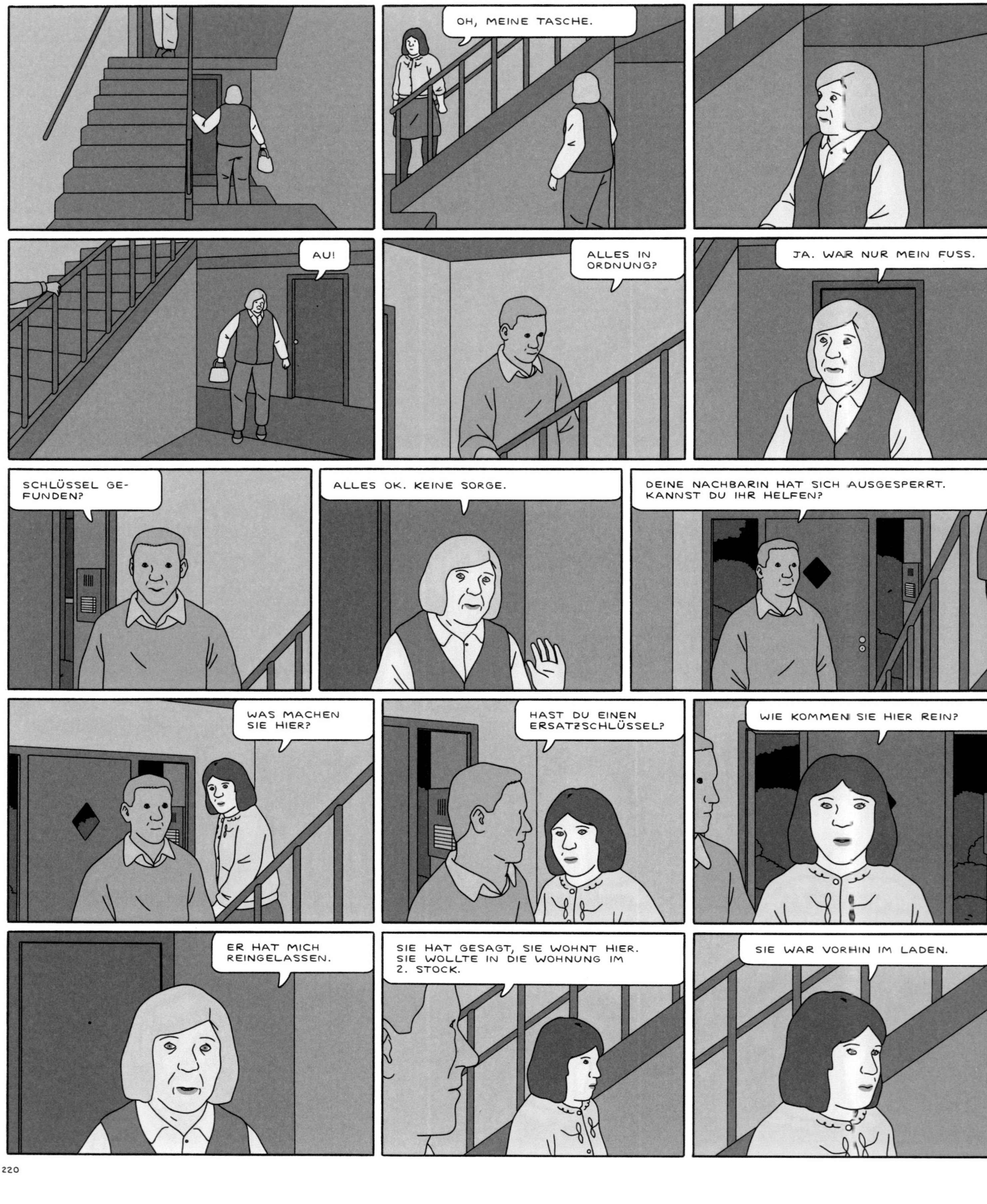
OH, MEINE TASCHE.
AU!
ALLES IN ORDNUNG?
JA. WAR NUR MEIN FUSS.
SCHLÜSSEL GEFUNDEN?
ALLES OK. KEINE SORGE.
DEINE NACHBARIN HAT SICH AUSGESPERRT. KANNST DU IHR HELFEN?
WAS MACHEN SIE HIER?
HAST DU EINEN ERSATZSCHLÜSSEL?
WIE KOMMEN SIE HIER REIN?
ER HAT MICH REINGELASSEN.
SIE HAT GESAGT, SIE WOHNT HIER. SIE WOLLTE IN DIE WOHNUNG IM 2. STOCK.
SIE WAR VORHIN IM LADEN.

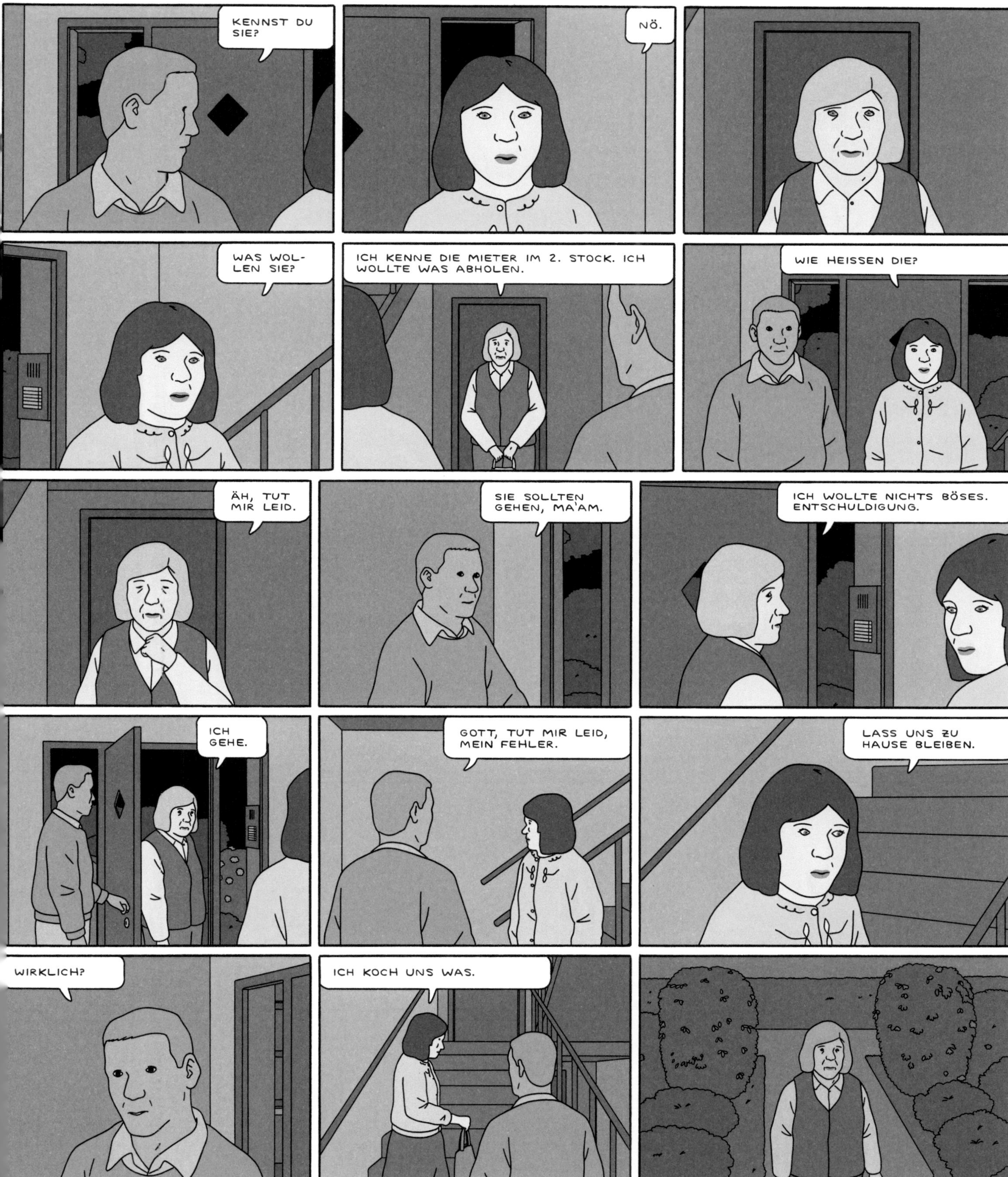
KENNST DU SIE?
NÖ.
WAS WOLLEN SIE?
ICH KENNE DIE MIETER IM 2. STOCK. ICH WOLLTE WAS ABHOLEN.
WIE HEISSEN DIE?
ÄH, TUT MIR LEID.
SIE SOLLTEN GEHEN, MA'AM.
ICH WOLLTE NICHTS BÖSES. ENTSCHULDIGUNG.
ICH GEHE.
GOTT, TUT MIR LEID, MEIN FEHLER.
LASS UNS ZU HAUSE BLEIBEN.
WIRKLICH?
ICH KOCH UNS WAS.

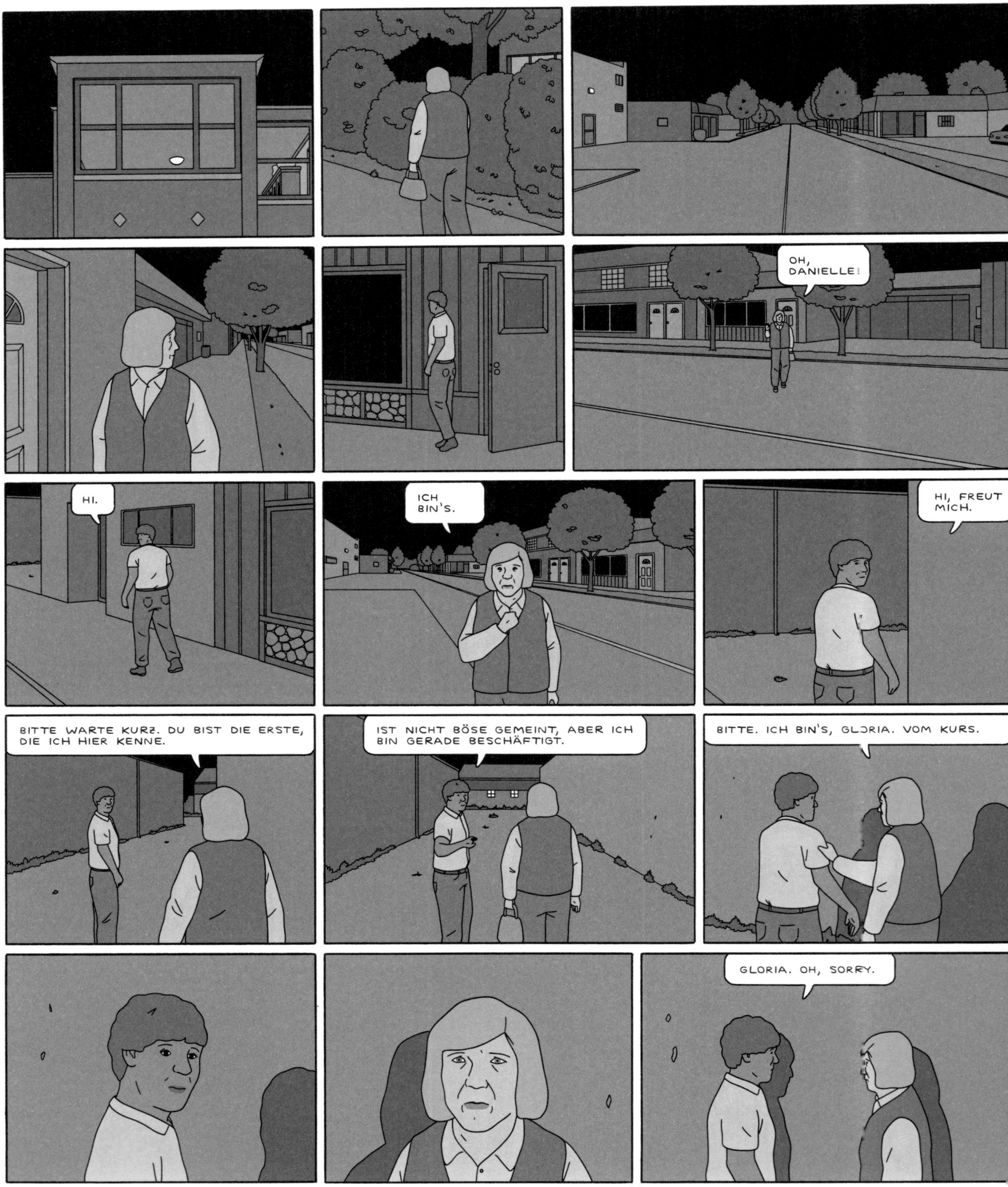
OH, DANIELLE!
HI.
ICH BIN'S.
HI, FREUT MICH.
BITTE WARTE KURZ. DU BIST DIE ERSTE, DIE ICH HIER KENNE.
IST NICHT BÖSE GEMEINT, ABER ICH BIN GERADE BESCHÄFTIGT.
BITTE. ICH BIN'S, GLORIA. VOM KURS.
GLORIA. OH, SORRY.

WAR EIN HARTER TAG.
O JA.
IST NOCH JEMAND HIER?
NUR BETH.
WO IST SIE?
ICH WOLLTE MIT IHR REDEN, ABER SIE WEISS NICHT, WER ICH BIN.
EIN MANN IST BEI IHR.
EIN MANN?
JA.
JOHN ETWA?
ÄH. JA.
NA KLAR.
ICH MUSS AUFHÖREN.
WOMIT DENN?
MIT DEM KURS.
OH.

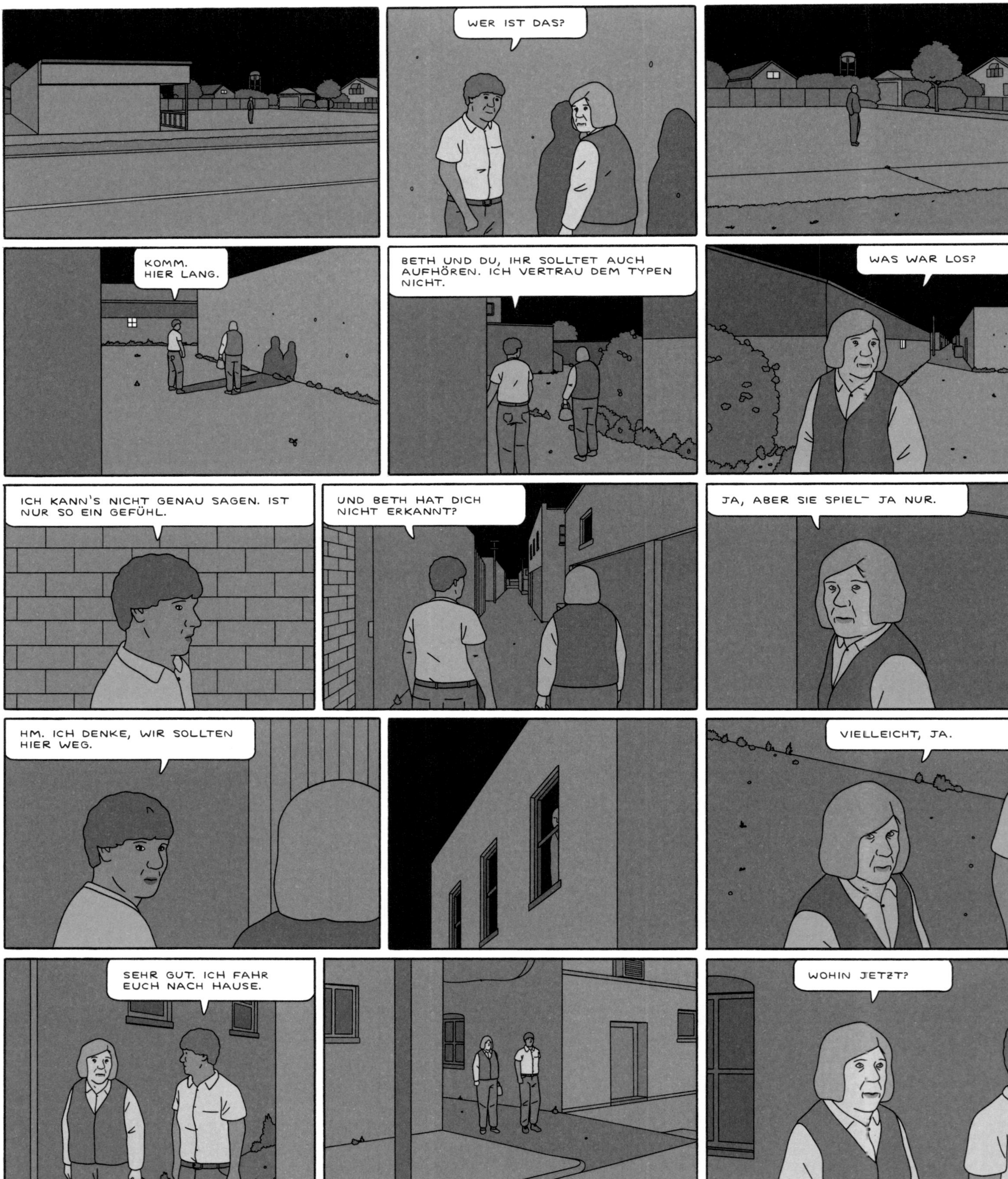
WER IST DAS?
KOMM. HIER LANG.
BETH UND DU, IHR SOLLTET AUCH AUFHÖREN. ICH VERTRAU DEM TYPEN NICHT.
WAS WAR LOS?
ICH KANN'S NICHT GENAU SAGEN. IST NUR SO EIN GEFÜHL.
UND BETH HAT DICH NICHT ERKANNT?
JA, ABER SIE SPIELT JA NUR.
HM. ICH DENKE, WIR SOLLTEN HIER WEG.
VIELLEICHT, JA.
SEHR GUT. ICH FAHR EUCH NACH HAUSE.
WOHIN JETZT?

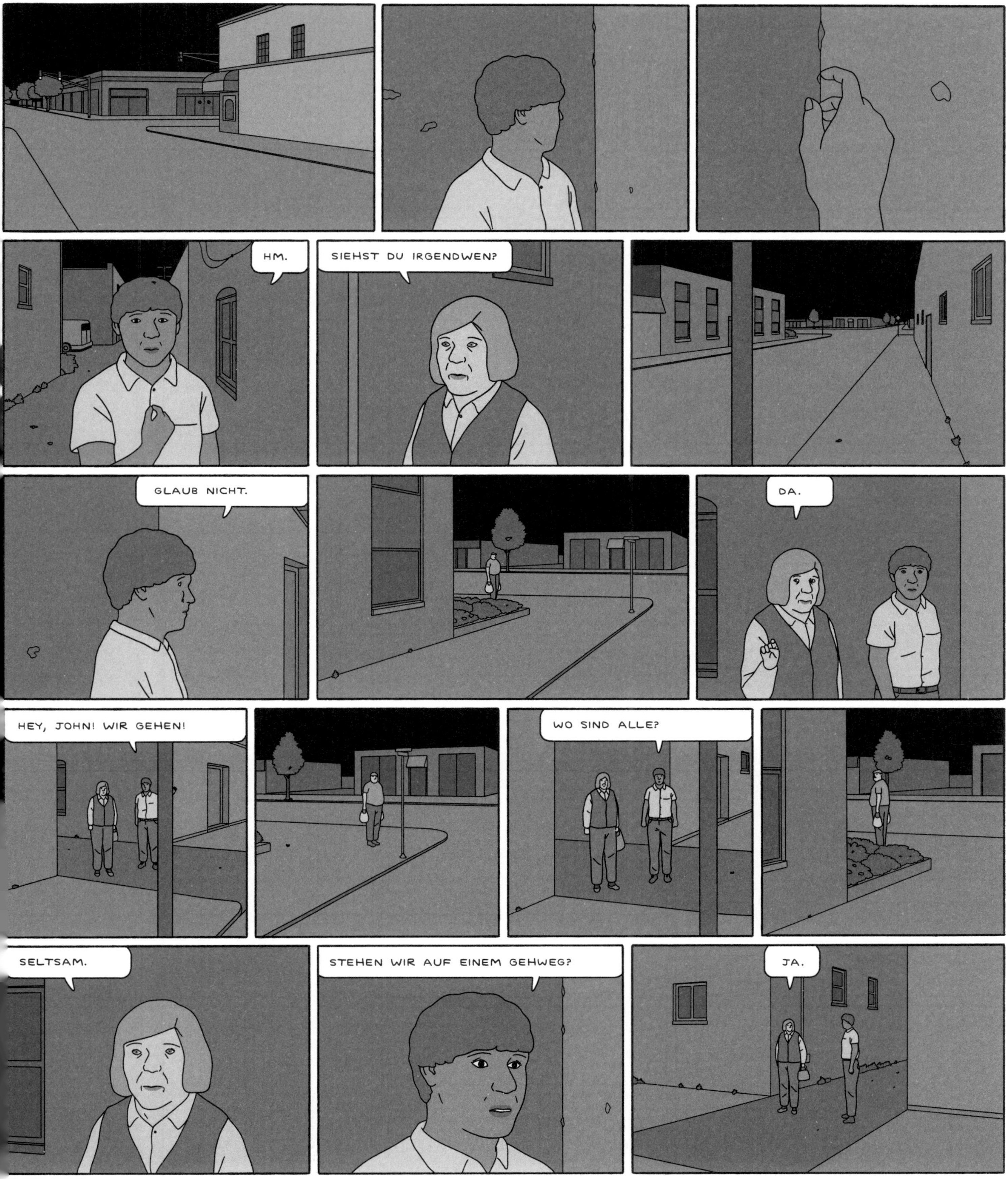
HM.
SIEHST DU IRGENDWEN?
GLAUB NICHT.
DA.
HEY, JOHN! WIR GEHEN!
WO SIND ALLE?
SELTSAM.
STEHEN WIR AUF EINEM GEHWEG?
JA.

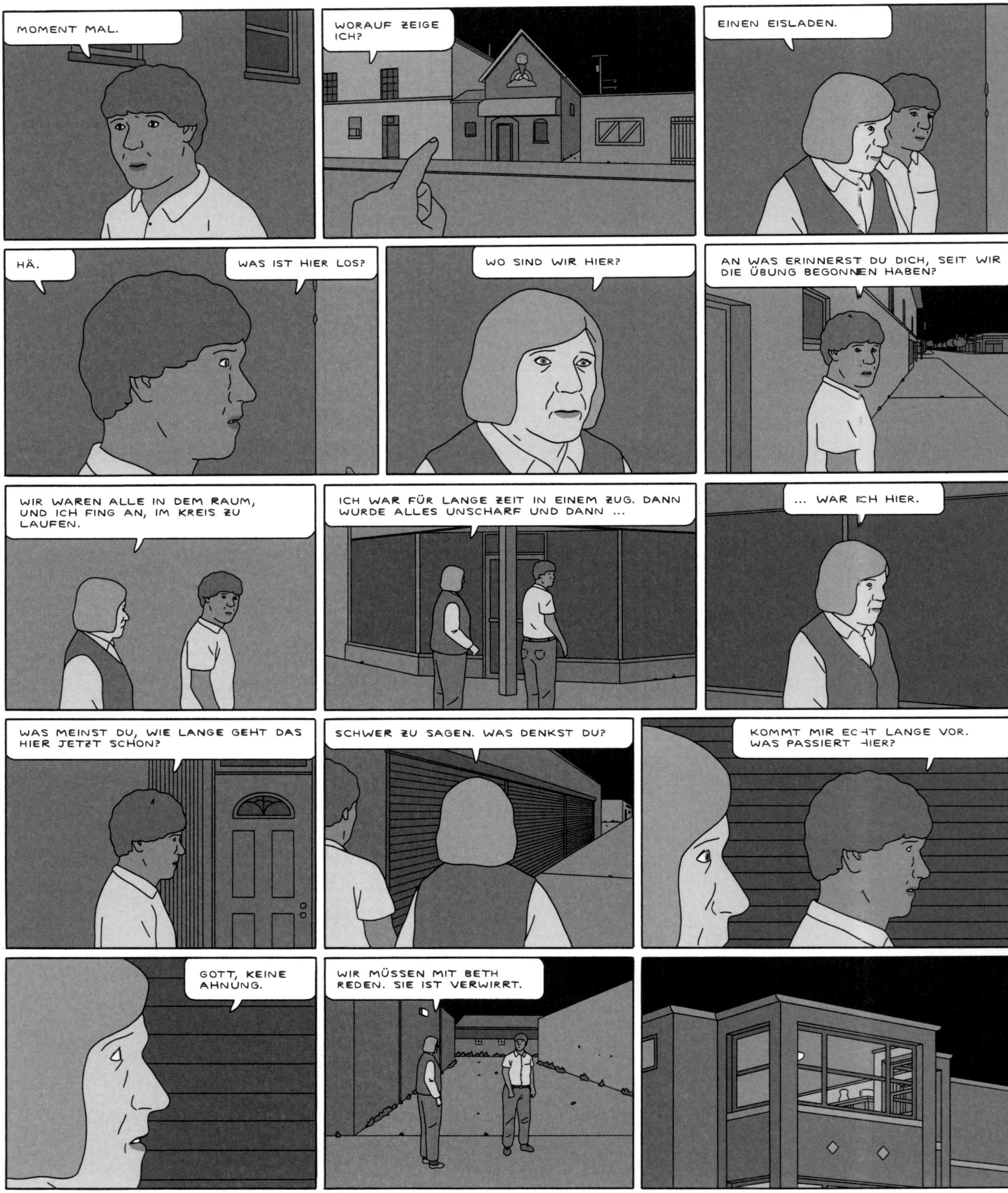
MOMENT MAL.
WORAUF ZEIGE ICH?
EINEN EISLADEN.
HÄ.
WAS IST HIER LOS?
WO SIND WIR HIER?
AN WAS ERINNERST DU DICH, SEIT WIR DIE ÜBUNG BEGONNEN HABEN?
WIR WAREN ALLE IN DEM RAUM, UND ICH FING AN, IM KREIS ZU LAUFEN.
ICH WAR FÜR LANGE ZEIT IN EINEM ZUG. DANN WURDE ALLES UNSCHARF UND DANN …
… WAR ICH HIER.
WAS MEINST DU, WIE LANGE GEHT DAS HIER JETZT SCHON?
SCHWER ZU SAGEN. WAS DENKST DU?
KOMMT MIR ECHT LANGE VOR. WAS PASSIERT HIER?
GOTT, KEINE AHNUNG.
WIR MÜSSEN MIT BETH REDEN. SIE IST VERWIRRT.

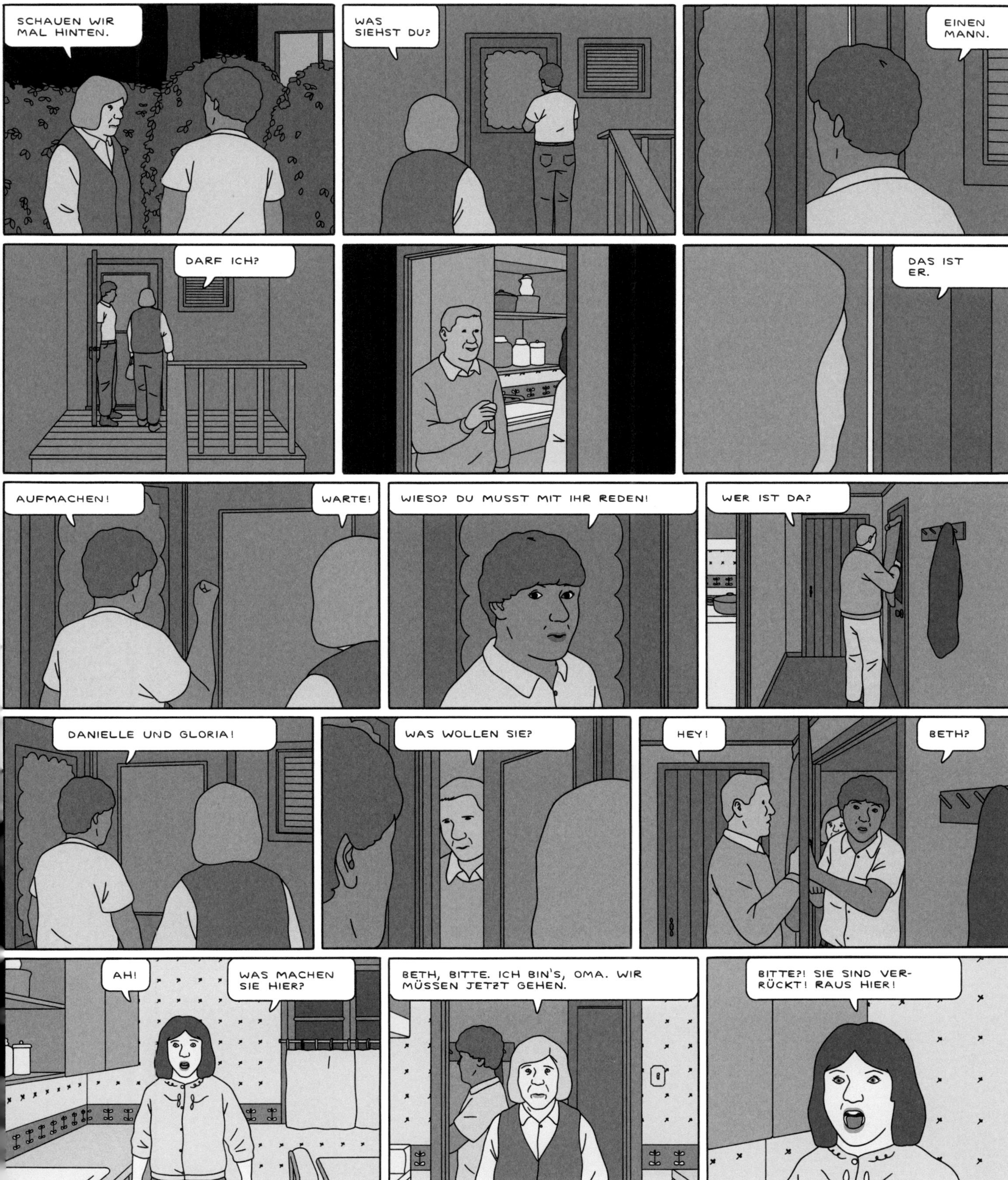
SCHAUEN WIR MAL HINTEN.
WAS SIEHST DU?
EINEN MANN.
DARF ICH?
DAS IST ER.
AUFMACHEN!
WARTE!
WIESO? DU MUSST MIT IHR REDEN!
WER IST DA?
DANIELLE UND GLORIA!
WAS WOLLEN SIE?
HEY!
BETH?
AH!
WAS MACHEN SIE HIER?
BETH, BITTE. ICH BIN'S, OMA. WIR MÜSSEN JETZT GEHEN.
BITTE?! SIE SIND VERRÜCKT! RAUS HIER!

ICH BIN'S, DANIELLE, AUS DEM KURS. DAS IST EINE SCHAUSPIELÜBUNG, ERINNERST DU DICH?
WOVON SPRECHEN SIE?
KOMM, ICH BRINGE DICH UND GLORIA NACH HAUSE.
SIE BLEIBT HIER. RAUS AUS IHRER WOHNUNG!
WO IST JOHN?
WAS?
SIE HALTEN SIE HIER GEGEN IHREN WILLEN FEST. ICH RUFE DIE POLIZEI.
DAS IST ABSOLUT LÄCHERLICH!
ICH ERZÄHL DENEN VOM KURS.
OKAY, DAS REICHT JETZT!
ICH DULDE KEINE DROHUNGEN.
MOMENT ...
DAS GEHT SO NICHT. DIESE PERSÖNLICHEN ANGRIFFE SIND VÖLLIG INAKZEPTABEL.

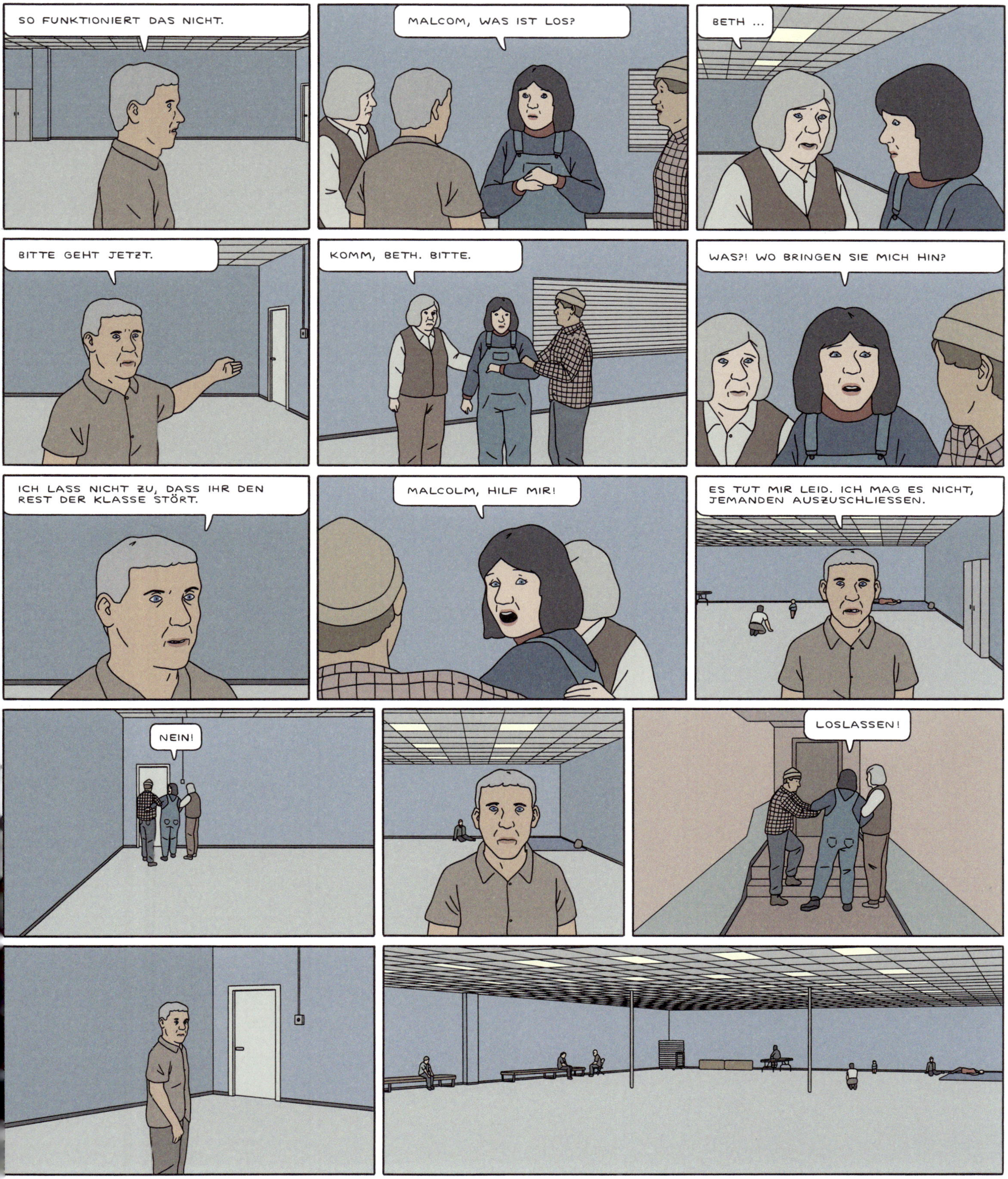
SO FUNKTIONIERT DAS NICHT.
MALCOM, WAS IST LOS?
BETH ...
BITTE GEHT JETZT.
KOMM, BETH. BITTE.
WAS?! WO BRINGEN SIE MICH HIN?
ICH LASS NICHT ZU, DASS IHR DEN REST DER KLASSE STÖRT.
MALCOLM, HILF MIR!
ES TUT MIR LEID. ICH MAG ES NICHT, JEMANDEN AUSZUSCHLIESSEN.
NEIN!
LOSLASSEN!

LAAANG-
WEILIG!
SAMMEL DOCH NOCH EIN BISSCHEN MEHR FEUERHOLZ.
DU HAST VERSPROCHEN, DASS WIR HEUTE BOOT FAHREN.
ES IST SCHON SPÄT, SCHATZ. VIELLEICHT MORGEN?
DAS HAST DU GESTERN AUCH SCHON GESAGT.
WAS MEINST DU DAZU?
WÄRE SCHÖN, SICH MAL ZU BEWEGEN.
OK. DANN LASS UNS MAL AKTIV WERDEN.

LOU, WAS MACHST DU? KOMM, WIR LEINEN DICH AN.
KANN ER NICHT MITKOMMEN?
WUFF!
JA, WARUM EIGENTLICH NICHT.
WOHIN, HERR KAPITÄN?
WIR FAHREN ZUR ANDEREN SEESEITE RÜBER.
AYE-AYE.
GANZ SCHÖN ANSTRENGEND. ICH BIN SO FAUL GEWORDEN.
MOM, ICH HAB HUNGER.
WIR SIND DOCH GERADE ERST LOS. WARTE, BIS WIR AUF HALBEM WEG SIND.

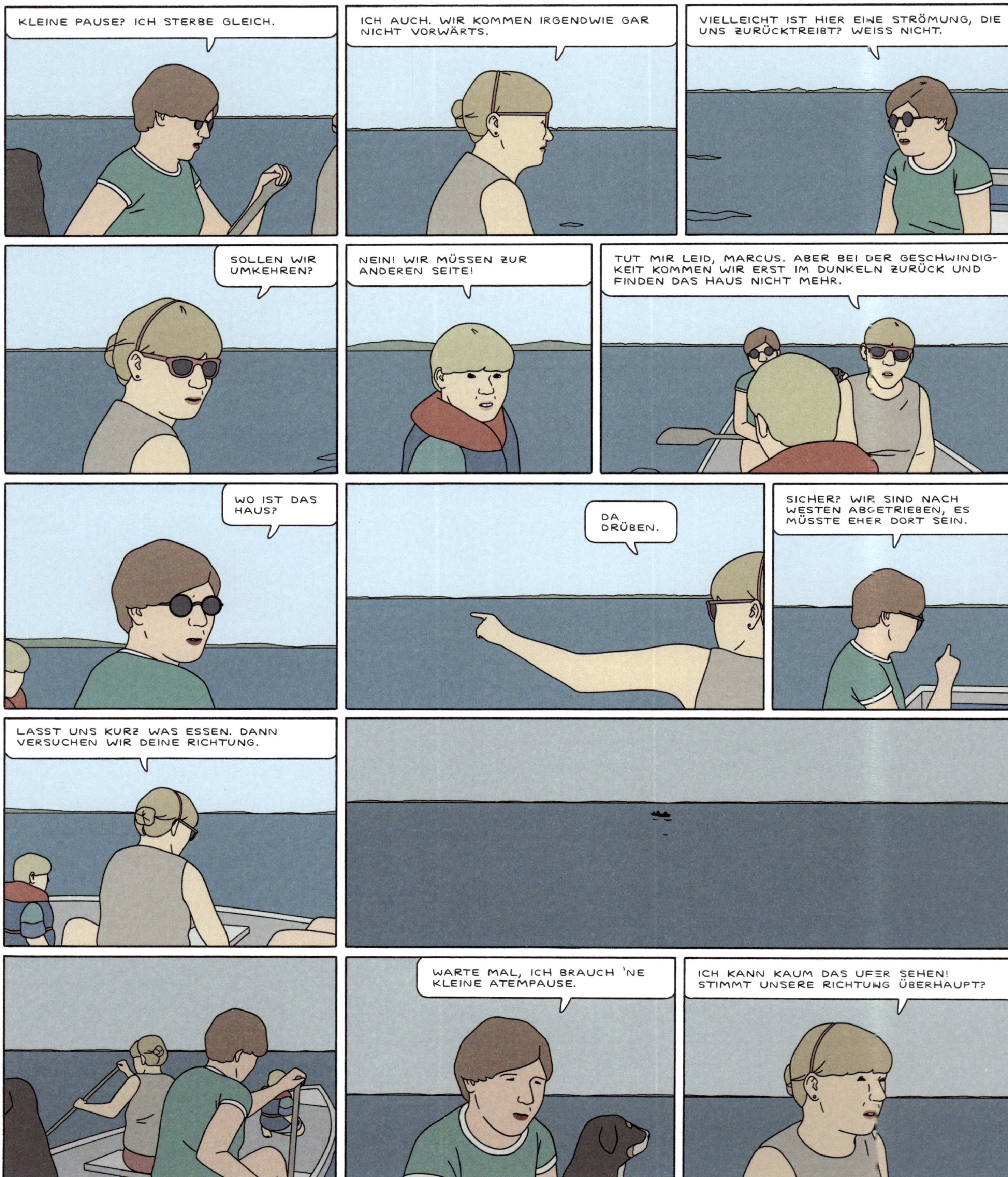
KLEINE PAUSE? ICH STERBE GLEICH.
ICH AUCH. WIR KOMMEN IRGENDWIE GAR NICHT VORWÄRTS.
VIELLEICHT IST HIER EINE STRÖMUNG, DIE UNS ZURÜCKTREIBT? WEISS NICHT.
SOLLEN WIR UMKEHREN?
NEIN! WIR MÜSSEN ZUR ANDEREN SEITE!
TUT MIR LEID, MARCUS. ABER BEI DER GESCHWINDIGKEIT KOMMEN WIR ERST IM DUNKELN ZURÜCK UND FINDEN DAS HAUS NICHT MEHR.
WO IST DAS HAUS?
DA DRÜBEN.
SICHER? WIR SIND NACH WESTEN ABGETRIEBEN, ES MÜSSTE EHER DORT SEIN.
LASST UNS KURZ WAS ESSEN. DANN VERSUCHEN WIR DEINE RICHTUNG.
WARTE MAL, ICH BRAUCH 'NE KLEINE ATEMPAUSE.
ICH KANN KAUM DAS UFER SEHEN! STIMMT UNSERE RICHTUNG ÜBERHAUPT?

JA. DIE SONNE GEHT UNTER. WIR MÜSSEN NUR WEITER RICHTUNG SÜDEN, DANN KOMMEN WIR SCHON AN.
SIEHST DU WAS?
NEIN. IN KEINER RICHTUNG.
GOTT, WAS MACHEN WIR DENN JETZT?
MM ...
ALLES OK, SCHATZ. AUF EINEM SEE GEHT MAN NICHT VERLOREN.
HIER, WILLST DU ERDNÜSSE?
WAS IST PASSIERT? SIND WIR DURCH EINE MÜNDUNG GEFAHREN?
NEIN. ICH KENN JEDE ECKE DIESES SEES. ER IST GROSS, ABER NICHT SO GROSS.
OK. WENN WIR IMMER IN EINE RICHTUNG FAHREN, KOMMEN WIR JA IRGENDWO AN.

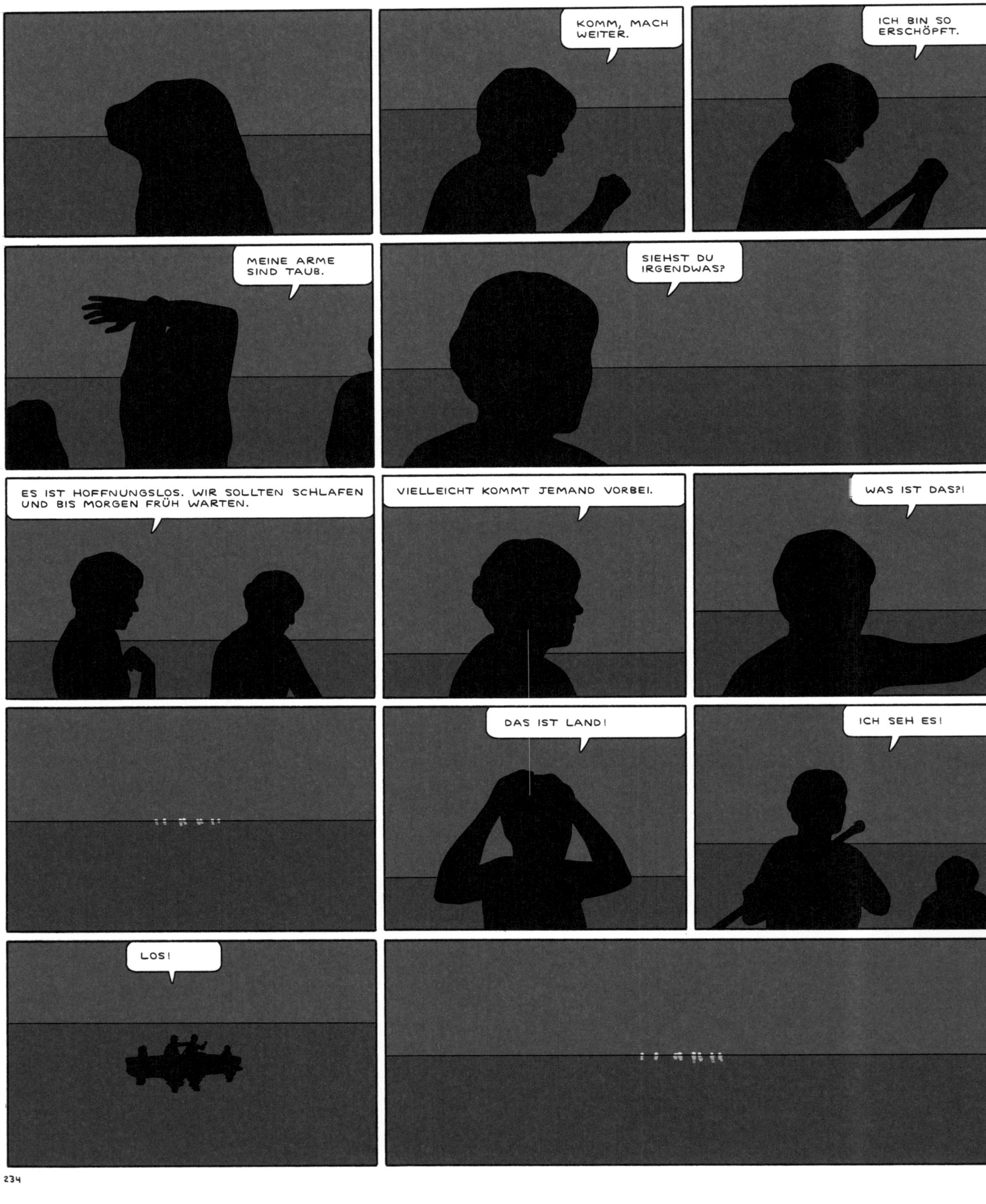
KOMM, MACH WEITER.
ICH BIN SO ERSCHÖPFT.
MEINE ARME SIND TAUB.
SIEHST DU IRGENDWAS?
ES IST HOFFNUNGSLOS. WIR SOLLTEN SCHLAFEN UND BIS MORGEN FRÜH WARTEN.
VIELLEICHT KOMMT JEMAND VORBEI.
WAS IST DAS?!
DAS IST LAND!
ICH SEH ES!
LOS!

SAM'S PIT
ALY'S HUT
TONIGHT ONLY UPSTAIRS
OPTICIANS
DISCOUNT!
ICES
HOTEL
CHEAP ROOMS
ESCAP
HALLO, MR. KENSINGTON.
GUTEN ABEND.

MR. KENSINGTON?
IST MIR EINE EHRE.
SCOTT SOKOL. ICH BIN HRE KONTAKT-
PERSON AN DIESEM STANDORT.
STIMMT! HALLO, SCOTT, ENDLICH SEHEN
WIR UNS AUCH MAL.
WIR SIND SO DANKBAR, DASS SIE KOMMEN
KONNTEN. WAR JA NICHT LEICHT, EINEN
TERMIN ZU FINDEN.
WIR HABEN ZURZEIT AL_E VIEL ARBEIT,
ABER DAS IST DOCH GUT, ODER?
NATÜRLICH. ES GIBT SO VIEL, WORAUF
WIR UNS FREUEN KÖNNEN.
HABEN SIE NOCH
FRAGEN AN MICH?
DENKE NICHT.

DANN WIRD DAS EIN KINDERSPIEL.
HALLO.
NA GUT.
ICH WEISS, WIR BRENNEN ALLE DARAUF ANZUFANGEN, ALSO FASSE ICH MICH KURZ.
ABSOLUTES KLISCHEE – ABER UNSEREN GAST MUSS ICH WIRKLICH NICHT VORSTELLEN.
ZWEIFELLOS HABEN WIR ALLE SEINE ARBEIT VERFOLGT. ER IST DER STAR IN UNSERER BRANCHE.
ES IST EINE EHRE, DASS ER HIER IST. BEGRÜSSEN SIE ALSO BITTE MIT MIR UNSEREN GESCHÄTZTEN GAST, MR. DAVID KENSINGTON.

SEHR FREUNDLICH. DANKE FÜR IHRE NETTEN WORTE, MR. SOKOL.
NA DANN.
ICH HAB VIEL GELERNT IM BUSINESS.
DER SCHLÜSSEL ZUM ERFOLG IST ERFINDUNGSREICHTUM.
UND DAMIT ZU MEINEM ERSTEN PUNKT.
WIR LEBEN IN EINER NOCH NIE DAGEWESENEN ZEIT VOLLER UNSICHERHEIT UND KONFLIKT.
ABER WER CLEVER IST, HAT AUCH ENDLOSE MÖGLICHKEITEN.
HM. ICH HÄTTE MIR DOCH WAS AUFSCHREIBEN SOLLEN.
MIT EUCH KANN ICH OFFEN REDEN. OHNE FLOSKELN.
IHR ALLE WISST: THIS IS THE PLACE TO BE.
WIR GEBEN INNER- UND AUSSERHALB UNSERER BRANCHE DEN TAKT VOR. WIR TUN DINGE, DIE NOCH VOR 10 JAHREN UNVORSTELLBAR WAREN.
IN DEN NÄCHSTEN DEKADEN WERDEN WIR UNSEREN PLANETEN BUCHSTÄBLICH NEU GESTALTEN.

MEIN TEAM ARBEITET GERADE AN EINEM PROJEKT IN DER MONGOLEI. SUPER EXCITING. WARTET NUR AB.
ESTLAND HAT INTERESSANTE ENTWICKLUNGEN. AUCH WESTAFRIKA SIEHT VIELVERSPRECHEND AUS.
GERADE HAB ICH MIR UNSERE MÖGLICHKEITEN IN BOLIVIEN ANGESCHAUT.
UND ICH HAB EIN PAAR EISEN IM FEUER, ÜBER DIE ICH NOCH NICHT SPRECHEN KANN, ABER DIE ROLLEN WIR DANN IM NÄCHSTEN JAHR AUS.
WO AUCH IMMER ICH HINKOMME: DIE BEGEISTERUNG IST SPÜRBAR, DIE NACHFRAGE IST DA.
ABER DAS MUSS ICH EUCH JA NICHT SAGEN – DAFÜR SEID IHR HIER!
WIE GESAGT, AUFREGENDE ZEITEN. GO OUT AND MAKE THINGS HAPPEN!
GIBT'S FRAGEN, ODER SOLL ICH WEITERMACHEN?
DAS WAR GROSSARTIG!
SIE SOLLTEN MIT VICTORIA MASSINI REDEN. SIE IST EIN SUPERTALENT. ICH ARRANGIER DAS.
WÜRDE MICH FREUEN. HAB NUR GUTES GEHÖRT.

TOLLE PRÄSENTATION, MR. KENSINGTON.
WIR WÜRDEN UNS GERNE ÜBER EINE PARTNERSCHAFT UNTERHALTEN. WIR SIND IM DEVELOPMENT, GLEICH AUSSERHALB VON TULSA.
ICH GLAUBE, DIE ZAHLEN WÜRDEN IHNEN SEHR GEFALLEN.
SCHAUEN WIR MAL. VEREINBAREN SIE WAS MIT MEINEM BÜRO.
DARF ICH IHN KURZ ENTFÜHREN?
DAS WAR PHANTASTISCH. WIR WISSEN DAS WIRKLICH ZU SCHÄTZEN.
SEHR GERNE.
HIER IST EIN KLEINER BONUS VON GANZ OBEN.
ALS ZEICHEN DER DANKBARKEIT.
WOW. RICHTEN SIE MEINEN DANK AUS.
SIE WOLLEN BESTIMMT GERNE ZURÜCK INS HOTEL. ICH GLAUBE, SIE REISEN MORGEN SEHR FRÜH AB.
JA, DAS STIMMT WOHL.
DIE SUITE IST ZAUBERHAFT. WENN'S PROBLEME GIBT, RUFEN SIE MICH AN.
DANKE, SCOTT.
IN 10 MINUTEN WARTET UNTEN EIN WAGEN FÜR SIE. LASSEN SIE SICH ZEIT.

AX'S
AX'S
THE PALACE
Corral
Story
ST
ANGEL?
HEY, JOHN. WAS GEHT?
DARF ICH?
WAS MACHST DU HIER?
ICH WOLLT MAL NACH DIR SEHEN.
WIE KOMMST DU ZURECHT?
SEHR GUT. ICH LIEBE ES HIER.

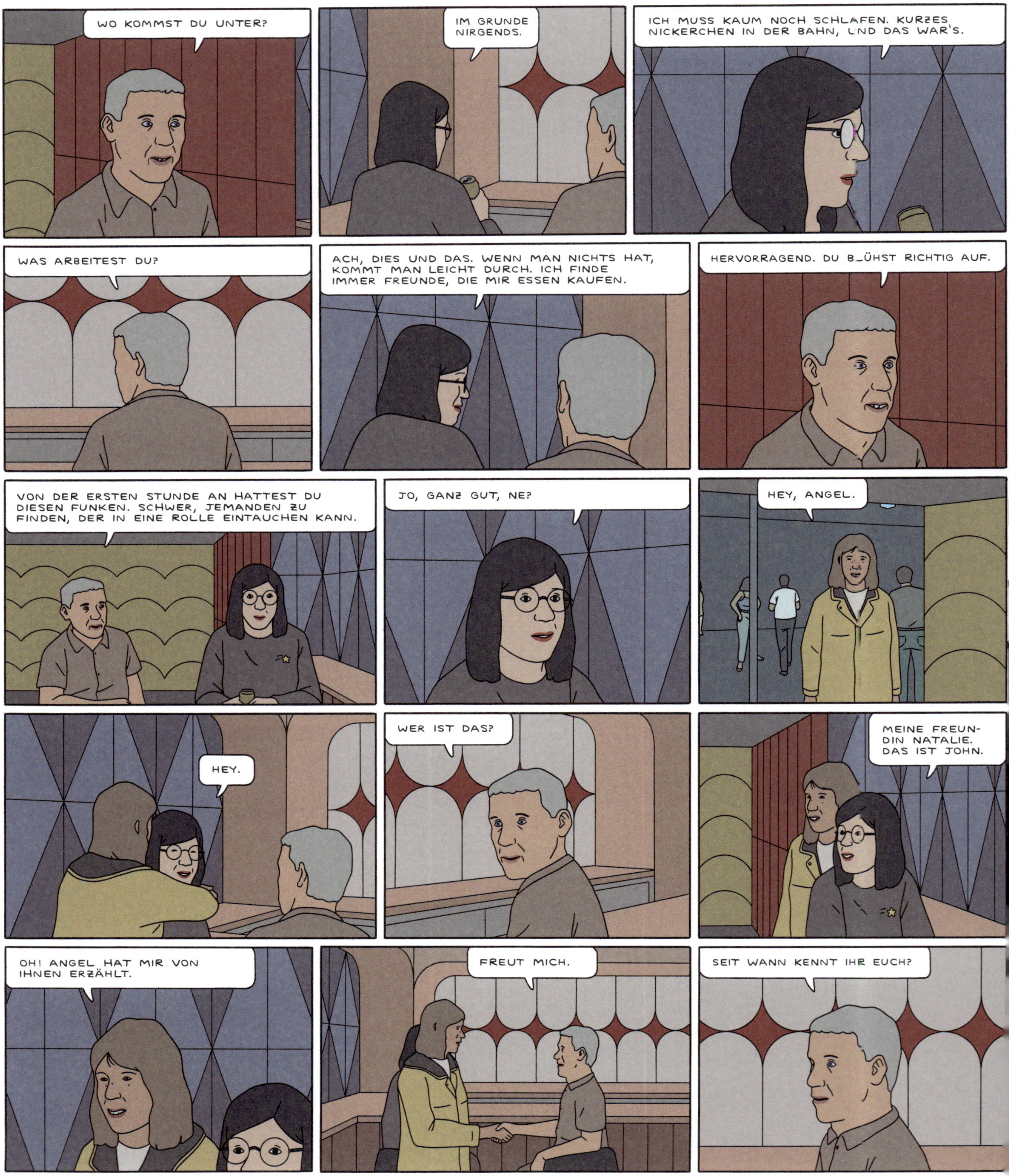
WO KOMMST DU UNTER?
IM GRUNDE NIRGENDS.
ICH MUSS KAUM NOCH SCHLAFEN. KURZES NICKERCHEN IN DER BAHN, UND DAS WAR'S.
WAS ARBEITEST DU?
ACH, DIES UND DAS. WENN MAN NICHTS HAT, KOMMT MAN LEICHT DURCH. ICH FINDE IMMER FREUNDE, DIE MIR ESSEN KAUFEN.
HERVORRAGEND. DU BLÜHST RICHTIG AUF.
VON DER ERSTEN STUNDE AN HATTEST DU DIESEN FUNKEN. SCHWER, JEMANDEN ZU FINDEN, DER IN EINE ROLLE EINTAUCHEN KANN.
JO, GANZ GUT, NE?
HEY, ANGEL.
HEY.
WER IST DAS?
MEINE FREUNDIN NATALIE. DAS IST JOHN.
OH! ANGEL HAT MIR VON IHNEN ERZÄHLT.
FREUT MICH.
SEIT WANN KENNT IHR EUCH?

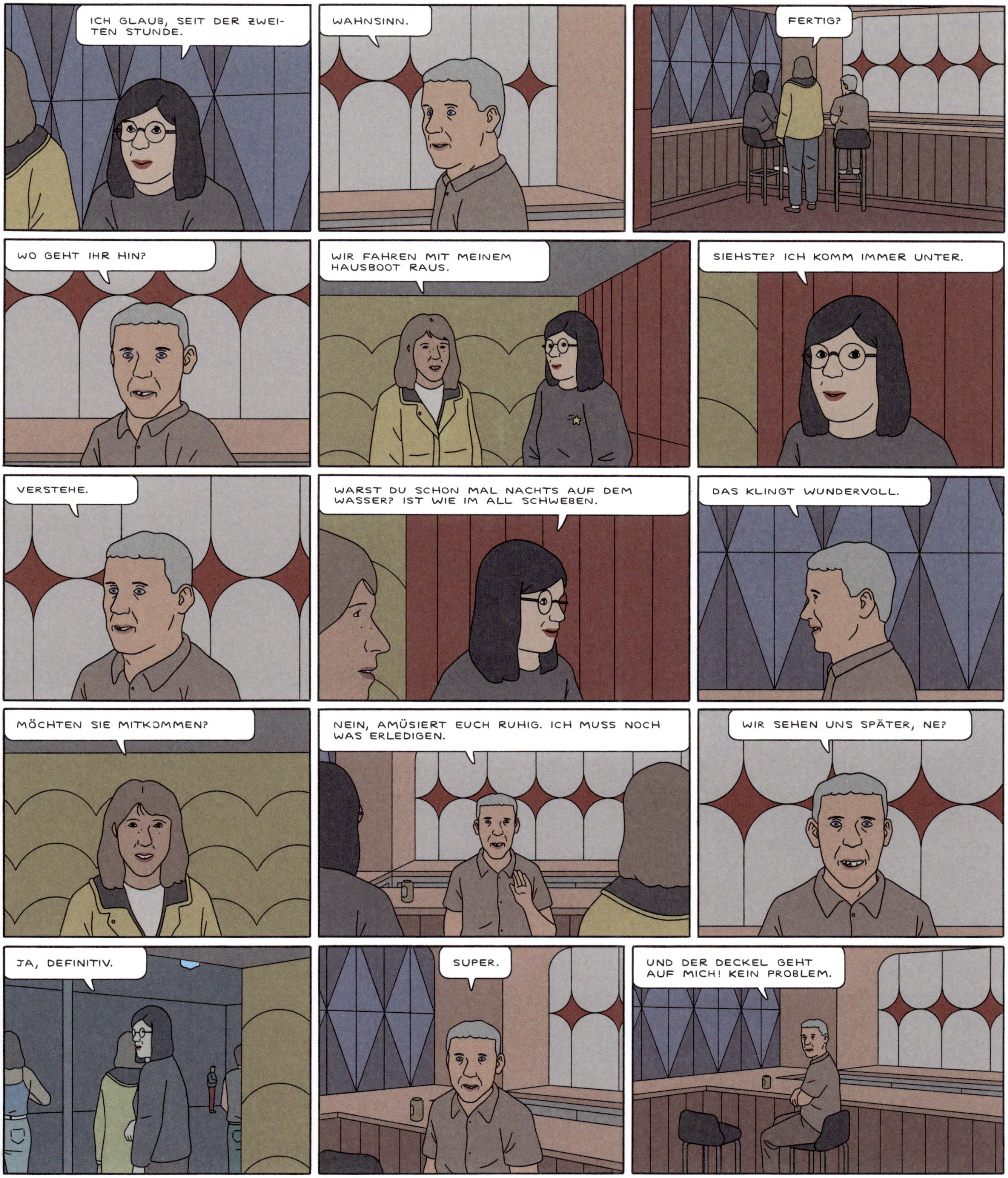
ICH GLAUB, SEIT DER ZWEI-
TEN STUNDE.
WAHNSINN.
FERTIG?
WO GEHT IHR HIN?
WIR FAHREN MIT MEINEM
HAUSBOOT RAUS.
SIEHSTE? ICH KOMM IMMER UNTER.
VERSTEHE.
WARST DU SCHON MAL NACHTS AUF DEM
WASSER? IST WIE IM ALL SCHWEBEN.
DAS KLINGT WUNDERVOLL.
MÖCHTEN SIE MITKOMMEN?
NEIN, AMÜSIERT EUCH RUHIG. ICH MUSS NOCH
WAS ERLEDIGEN.
WIR SEHEN UNS SPÄTER, NE?
JA, DEFINITIV.
SUPER.
UND DER DECKEL GEHT
AUF MICH! KEIN PROBLEM.

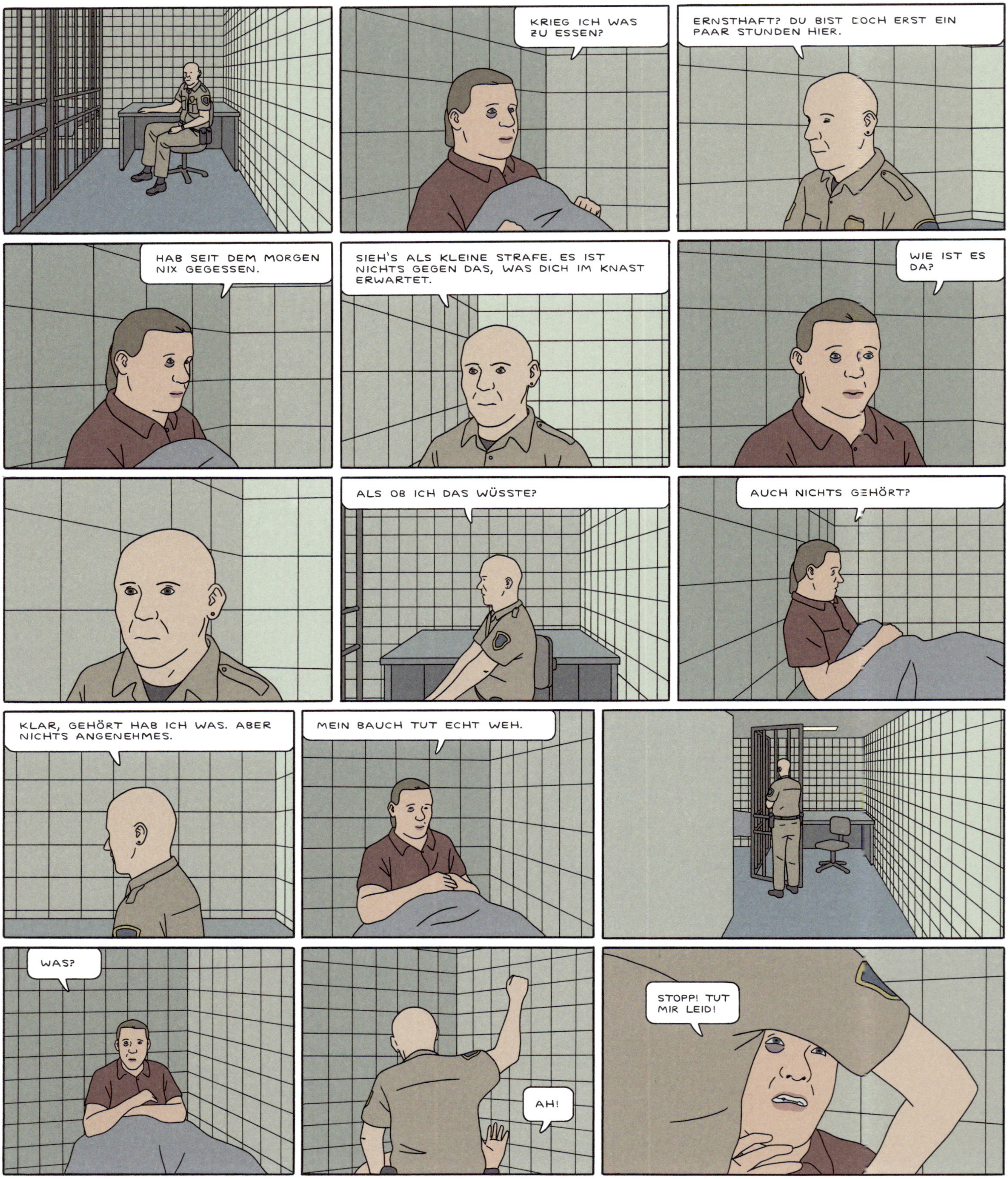
KRIEG ICH WAS ZU ESSEN?
ERNSTHAFT? DU BIST DOCH ERST EIN PAAR STUNDEN HIER.
HAB SEIT DEM MORGEN NIX GEGESSEN.
SIEH'S ALS KLEINE STRAFE. ES IST NICHTS GEGEN DAS, WAS DICH IM KNAST ERWARTET.
WIE IST ES DA?
ALS OB ICH DAS WÜSSTE?
AUCH NICHTS GEHÖRT?
KLAR, GEHÖRT HAB ICH WAS. ABER NICHTS ANGENEHMES.
MEIN BAUCH TUT ECHT WEH.
WAS?
AH!
STOPP! TUT MIR LEID!

BITTE!
NEIL.
SHERIFF.
HERKOMMEN.
ZEIT ZU GEHEN. ES IST ALLES IM WAGEN.
SUPER.
SIE WISSEN, WO SIE HINMÜSSEN?
JEP.
SCHAFFEN SIE DAS?
NATÜRLICH.
ES IST EINE LANGE FAHRT. HOLEN SIE SICH UNTERWEGS WAS ZU ESSEN.
OK, DANKE.
ICH MUSS ZU STU NACH HAUSE UND ES DER FAMILIE BEIBRINGEN.
WAS FÜR EIN ALPTRAUM. MEIN BEILEID.

HOCH.
LOS. AB.

SOLLEN WIR MAL RAUS AUS DER STADT?
KLAR.
WOHIN?
HAST DU EINE KARTE?
ICH KANN DIE LICHTER GAR NICHT MEHR SEHEN.
ICH GLAUB, ICH SEH NOCH WAS DA DRÜBEN.
SINNLOS.
TUT MIR LEID, MOM.

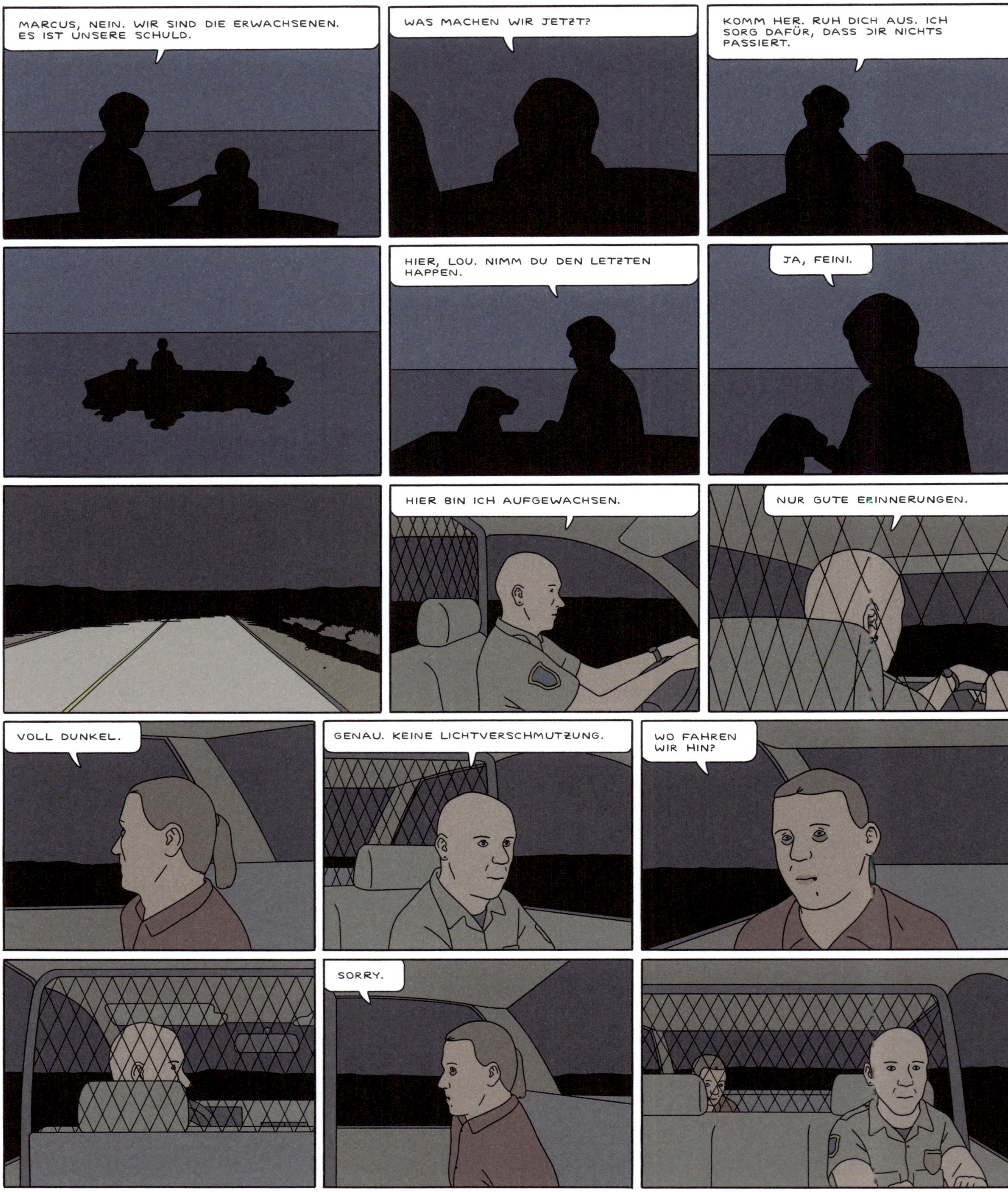
MARCUS, NEIN. WIR SIND DIE ERWACHSENEN. ES IST UNSERE SCHULD.
WAS MACHEN WIR JETZT?
KOMM HER. RUH DICH AUS. ICH SORG DAFÜR, DASS DIR NICHTS PASSIERT.
HIER, LOU. NIMM DU DEN LETZTEN HAPPEN.
JA, FEINI.
HIER BIN ICH AUFGEWACHSEN.
NUR GUTE ERINNERUNGEN.
VOLL DUNKEL.
GENAU. KEINE LICHTVERSCHMUTZUNG.
WO FAHREN WIR HIN?
SORRY.

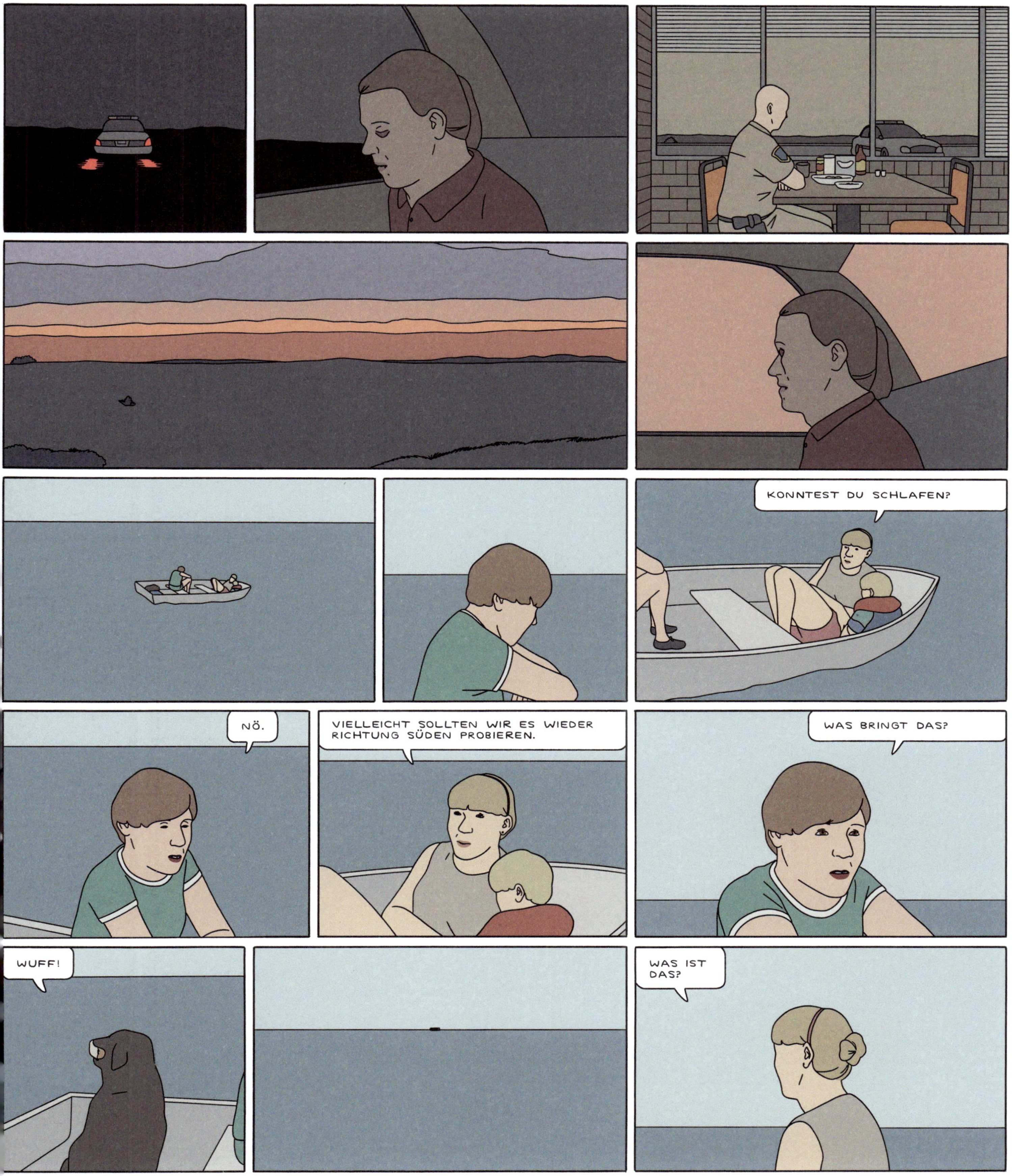
KONNTEST DU SCHLAFEN?
NÖ.
VIELLEICHT SOLLTEN WIR ES WIEDER RICHTUNG SÜDEN PROBIEREN.
WAS BRINGT DAS?
WUFF!
WAS IST DAS?

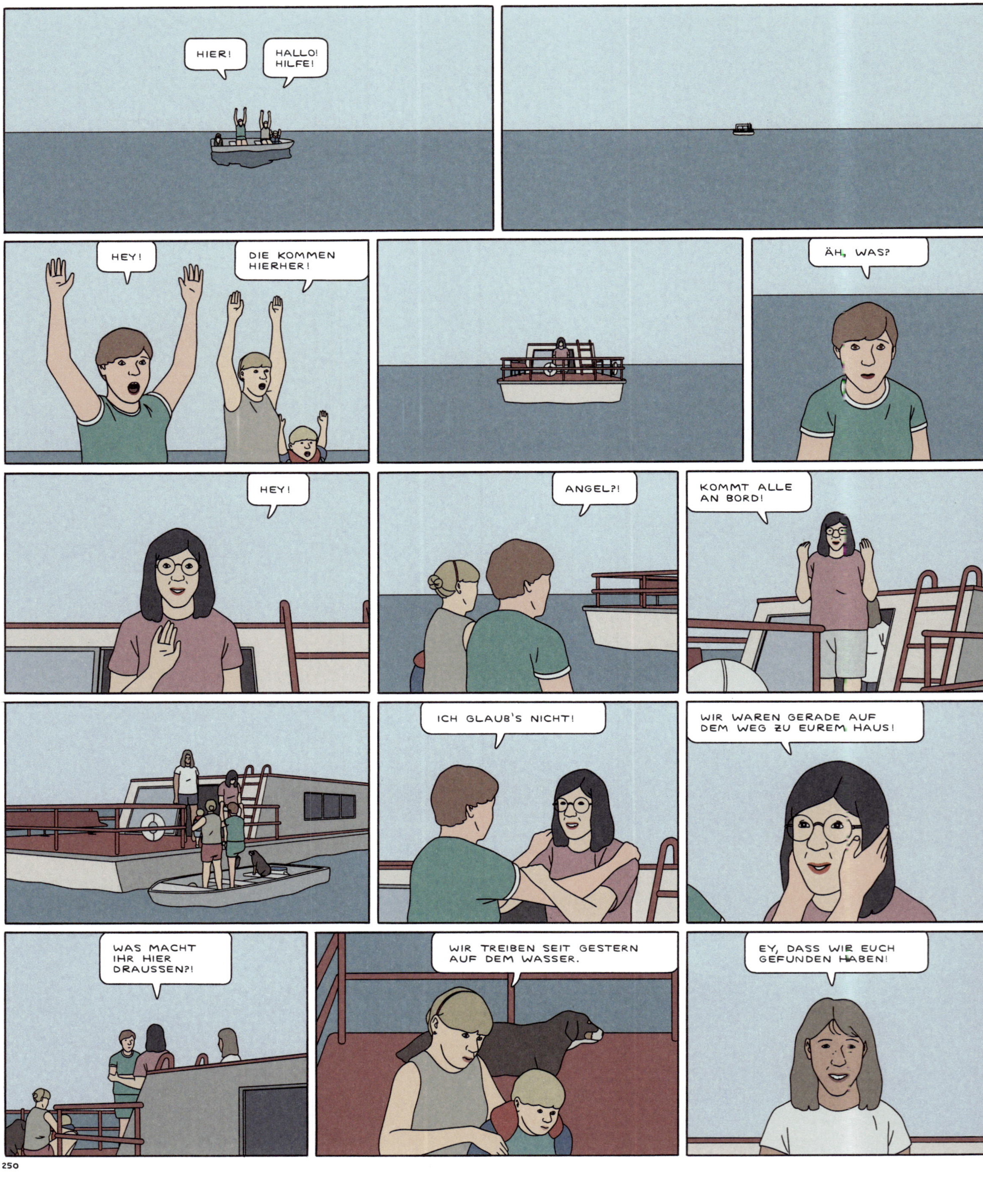
HIER!
HALLO! HILFE!
HEY!
DIE KOMMEN HIERHER!
ÄH, WAS?
HEY!
ANGEL?!
KOMMT ALLE AN BORD!
ICH GLAUB'S NICHT!
WIR WAREN GERADE AUF DEM WEG ZU EUREM HAUS!
WAS MACHT IHR HIER DRAUSSEN?!
WIR TREIBEN SEIT GESTERN AUF DEM WASSER.
EY, DASS WIR EUCH GEFUNDEN HABEN!

LEUTE, DAS IST NATALIE. ES IST IHR BOOT.
ROSIE, RAYANNE, MARCUS UND LOU.
SCHÖN, EUCH ZU TREFFEN.
IHR HABT BESTIMMT HUNGER. FRÜH-STÜCK? WER WILL KAFFEE?
DAS WÄR SO TOLL.
MACHT'S EUCH BEQUEM. UNTEN GIBT ES AUCH EIN BAD.
ICH KÜMMER MICH. WIR SIND RUCK-ZUCK WIEDER AN LAND.
MR. KENSINGTON?
JA, GENAU.

GUTEN MORGEN, SIR.
WÄRE ES OKAY, WENN WIR EINEN KURZEN ZWISCHENSTOPP EINLEGEN WÜRDEN?
DAUERT ES LANG?
NUR EINE MINUTE. IST HIER UM DIE ECKE. DANN GEHT'S GLEICH FÜR SIE WEITER.
DAS PASST.
DANKE.
WIE GEHT'S IHNEN HEUTE?
WUNDERVOLL.
SCHÖN.
DA SIND WIR SCHON. HAB'S JA GESAGT.
HI, GUTEN MORGEN!
GUTEN MORGEN, WADE.
JOHN?
HALLO, DAVID. WIE GEHT'S DIR?

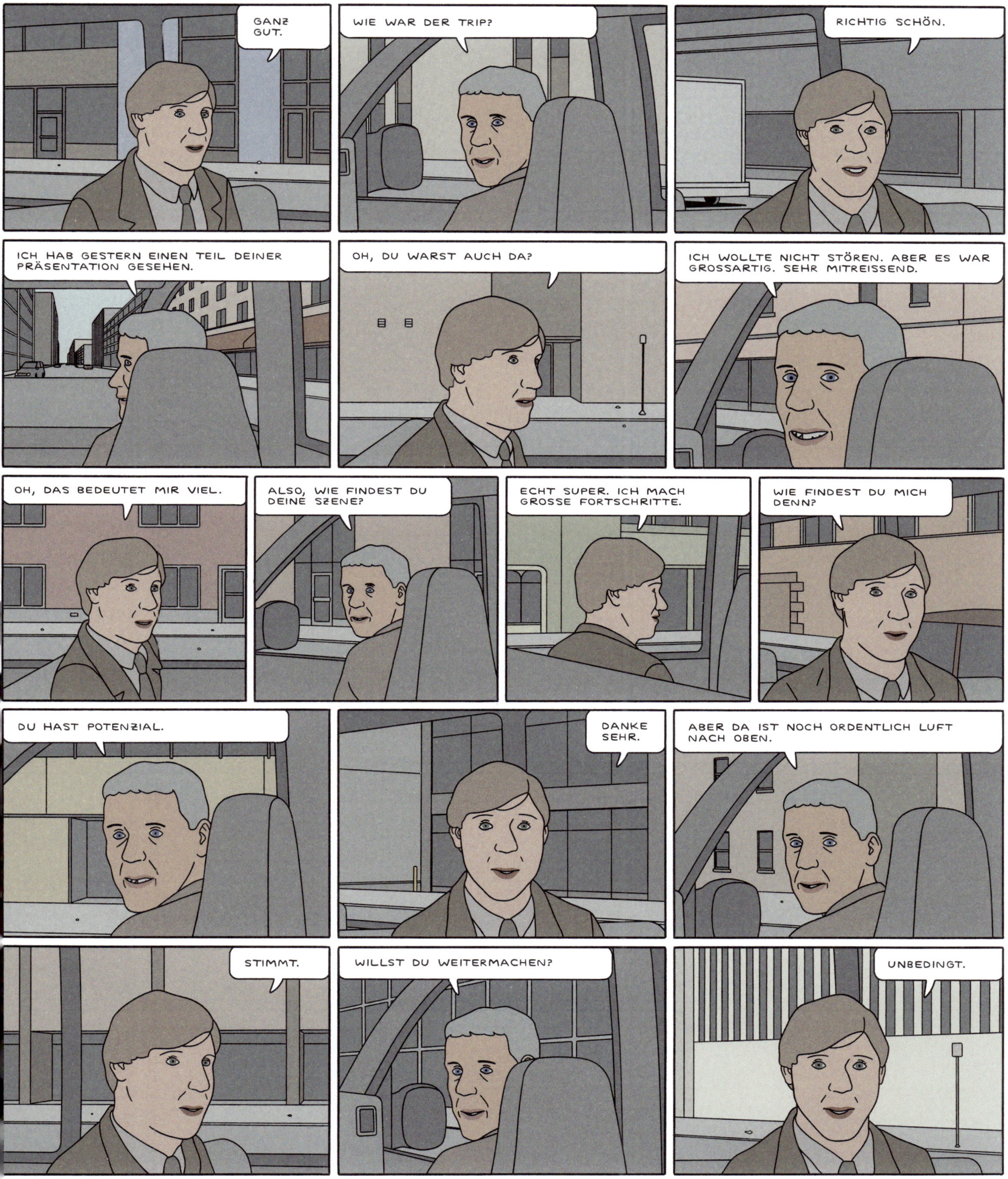
GANZ GUT.
WIE WAR DER TRIP?
RICHTIG SCHÖN.
ICH HAB GESTERN EINEN TEIL DEINER PRÄSENTATION GESEHEN.
OH, DU WARST AUCH DA?
ICH WOLLTE NICHT STÖREN. ABER ES WAR GROSSARTIG. SEHR MITREISSEND.
OH, DAS BEDEUTET MIR VIEL.
ALSO, WIE FINDEST DU DEINE SZENE?
ECHT SUPER. ICH MACH GROSSE FORTSCHRITTE.
WIE FINDEST DU MICH DENN?
DU HAST POTENZIAL.
DANKE SEHR.
ABER DA IST NOCH ORDENTLICH LUFT NACH OBEN.
STIMMT.
WILLST DU WEITERMACHEN?
UNBEDINGT.

VOLL DER TRIP, HM?
HAHA, JA. ICH KANN UNSER GLÜCK NICHT FASSEN.
VERSTEHST DU DEN REIZ JETZT?
ES WAR INTERESSANT.
WILLST DU MIT DER GRUPPE WEITER-MACHEN?
WEISS NOCH NICHT.
MOM, LAND!
GUCK MAL DA, ROSIE!
WIR SIND FAST DA. DU MUSST DICH BALD ENTSCHEIDEN.
WOW.

WEISST DU, WO WIR SIND?
JA, MUSS MICH KURZ ORIENTIEREN.
WIR SIND GENAU RICHTIG.
KOMMT, LEUTE! HIER ENTLANG.
ES GEHT BESTIMMT AUCH EINFACHER, ABER WIR SIND AUF DEM RICHTIGEN WEG.
ALLES OKAY?
BIN NUR MÜDE.
SIND GLEICH DA.

WHOA.
WAS GEHT AB?
OFFICER, BITTE!
WO SIND WIR?
LOS GEHT'S.
AH.
WIR SIND WOHL DIE ERSTEN HIER.

VOLL SCHÖN. IST DAS DEIN HAUS?
NEIN, ES GEHÖRT JOHN.
WIE? JOHN?
HALLO ALLERSEITS! DA SIND WIR.
WAS IST DENN PASSIERT?
ACH, DAS GEHÖRT ZU UNSERER SZENE.
O GOTT. BIN ICH ERLEICHTERT.
TOLL, EUCH ALLE ZU SEHEN. HAHA.
WO WILLST DU HIN?
ICH DACHTE …
WIR SIND NOCH NICHT FERTIG.
WO SIND DIE ANDEREN?
DIE KOMMEN GLEICH.

DARF ICH WAS TRINKEN?
JA. NUR ZU.
DANKE.
WOW. DIE WAREN SCHNELLER.
WAHNSINNIG GUTE ARBEIT. PURE TRANSZENDENZ.
WIR KÖNNEN JETZT FAST ABSCHLIESSEN. ES FEHLEN NOCH EIN PAAR LEUTE.
DENNIS.
ROSIE, DU HIER! ICH FREU MICH SO.
WAS MEINST DU?
HAT JOHN NICHTS GESAGT?
NEIN. WIESO?
WIR SIND AUFGENOMMEN. DIE NÄCHSTE PHASE DES KURSES BEGINNT GENAU JETZT.
WAS?

AH, DA SIND SIE.
SEID WILLKOMMEN!
LERNT EUCH KENNEN. KEINE SCHEU.
JOHN, WAS IST HIER LOS?
MITTWOCHABENDKURS TRIFFT FREITAGMORGENKURS!
VERLIEREN WIR KEINE ZEIT. WIR HABEN EINE LANGE FAHRT VOR UNS.
PRO VAN EINE KURSHÄLFTE, BITTE, DANN KÖNNT IHR EUCH KENNENLERNEN.
HINTER DER LANDESGRENZE MACHEN WIR PAUSE MIT KAFFEE UND DONUTS.

MEIN GOTT.
JOHN, HALT, WARTE!
JETZT BEGINNT DIE FÜNFTE STUNDE. ABER MACHT EUCH KEINE SORGEN WEGEN DER BEZAHLUNG.
WIR SOLLEN EINFACH MITKOMMEN?
BLEIBST DU HIER?
JA!
TUT MIR LEID, DAS ZU HÖREN. DU HAST DER GRUPPE SO VIEL GEGEBEN.

DIE BLEIBEN AUCH HIER!
WIR KÖNNEN JETZT NICHT EINFACH AUFHÖREN. DIE GESCHICHTEN, DIE WIR ERZÄHLEN, SIND ZU WICHTIG.
WO BRINGST DU SIE HIN?
ES GIBT EINE GRÖSSERE GRUPPE. EIN WAHRER BIENENSTOCK.
WIR BRINGEN TALENTE AUS DEM GANZEN LAND ZUSAMMEN. DORT GEHT DIE EIGENTLICHE ARBEIT LOS.
DAS IST VERRÜCKT!
FAHRT DOCH NICHT EINFACH MIT IHM MIT!
DENNIS.
ICH BIN RAUS.
IST OKAY.
WAS SOLL ICH DENN ALLEN SAGEN? DEINEN ELTERN? BEI DEINER ARBEIT?
DAS REGELT SICH SCHON. ICH WILL DIESE CHANCE NICHT VERPASSEN.
WAS IST MIT DER WOHNUNG? DEN RECHNUNGEN? WIR SIND VERHEIRATET!
DU VERSTEHST ES EINFACH NICHT.

DAS SIND ALLES LEERE PHRASEN, DA STECKT NICHTS DAHINTER.
ACH WAS.
ANGEL, BITTE.
DAS STEHT GAR NICHT ZUR DISKUSSION.
UND DEINE KATZE?
ACH, ISABELLE. MEINE SÜSSE.
ICH WERD SIE VERMISSEN. DU PASST BESTIMMT GUT AUF SIE AUF.
RAYANNE ...
HEY, KOMMST DU MIT?
NEIN.
WIE SCHADE. WERD DICH VERMISSEN.
SORRY.
HAST DU ES DIR ÜBERLEGT?

ICH BIN ERSCHÜTTERT.
DAS HÖRE ICH NICHT GERNE.
WARUM MACHST DU DAS?
WEIL ICH ES LIEBE. ES IST MEIN LEBEN.
DU KANNST DAS UNMÖGLICH MACHEN.
ROSIE, ICH BIN NUR RECRUITER. DU TUST SO, ALS WÜRDE ICH DIE ORGANISATION LEITEN.
ES WIRD SPÄT. WIR MÜSSEN LOS.
WADE, ICH FOLGE DIR. GIB ORDENTLICH GAS!
KOMMT ZURÜCK!
WARTET!

HALLO! BRAUCHEN SIE HILFE?

UND, WAS MEINST DU?
WEISS NICHT. IST VIEL GELD.
WIR KÖNNEN UNS DIE ZAHLEN NOCH MAL ANSEHEN. IM LAUFE DEINES LEBENS MACHST DU TAUSENDE!
MEINES LEBENS …
UND, WORÜBER SPRECHT IHR BEIDE?
EINE UNGLAUBLICHE INVESTITIONSMÖGLICHKEIT.
WEISS NICHT, WEISS NICHT.
BETH, ICH HAB DICH DOCH GEBETEN, SIE NICHT MIT DIESEN SPIELCHEN AUFZUREGEN.
HEATHER, ES IST ZEIT FÜRS BETT.
ACH, UND DEINE GROSSMUTTER HAT ANGERUFEN, SIE KOMMT DICH MORGEN NICHT BESUCHEN.
AH.
ES SOLL SCHLECHTES WETTER GEBEN. SIE VERSUCHT ES ÜBERMORGEN ODER DEN TAG DRAUF.
ICH WARTE EINFACH HIER.

NICK DRNASO WURDE 1989 GEBOREN UND WUCHS IN PALOS HILLS (ILLINOIS) AUF. ER IST DER AUTOR VON "BEVERLY" (2016) UND "SABRINA" (2018). SEINE BÜCHER WURDEN IN 16 SPRACHEN ÜBERSETZT. ER LEBT MIT SEINER FRAU UND ZWEI KATZEN IN CHICAGO.

DANKE: SARAH LEITTEN, TRACY HURREN, LING MA, IVAN BRUNETTI, MARGOT FERRICK, PEGGY BURNS, JULIA POHL-MIRANDA, TOM DEVLIN, ALISON NATURALE, MEGAN TAN, SHIRLEY WONG, TRYNNE DELANEY, KAIYA CADE SMITH BLACKBURN, REBECCA LLOYD, LUCIA GARGIULO, FRANCINE YULO, EMMA ALLEN, CHRIS WARE, ROB SEVIER, JASON RICHMAN UND CHRIS OLIVEROS.

KAREN KÖHLER SCHREIBT THEATERSTÜCKE, HÖRSPIELE, DREHBÜCHER UND PROSA. IHR DEBÜT "WIR HABEN RAKETEN GEANGELT" WURDE BEGEISTERT AUFGENOMMEN. 2019 ERSCHIEN IHR ERSTER ROMAN "MIROLOI". SIE LEBT AUF ST. PAULI UND ARBEITET DERZEIT AN ZWEI NEUEN BÜCHERN.

DANIEL BESKOS IST MITGRÜNDER DES HAMBURGER MAIRISCH VERLAGS UND DANEBEN ALS ÜBERSETZER, MODERATOR UND VERANSTALTER TÄTIG. 2013 ERFAND ER DEN INDIEBOOKDAY UND SEIT 2015 IST ER MITVERANSTALTER DES HAMBURGER LITERATUR- UND MUSIKFESTIVALS HAM.LIT. GEMEINSAM MIT KAREN KÖHLER ÜBERSETZTE ER BEREITS "SABRINA", DAS 2019 BEI BLUMENBAR ERSCHIENEN IST.